シュプランガー教育学の宗教思想的研究

山邊光宏 著

東信堂

目　　次

序章　シュプランガー教育学における宗教と良心……………………… 3

第Ⅰ部　シュプランガーの宗教思想

第1章　宗教基礎論………………………………………………………… 15
　第1節　非神学者の立場………………………………………………… 15
　第2節　普遍的宗教性の探究…………………………………………… 24
　第3節　宗教と文化……………………………………………………… 32
第2章　シュプランガー宗教思想における主観―客観問題…………… 43
　第1節　諸宗教思想における主観―客観問題の
　　　　　シュプランガーによる理解と受容………………………… 43
　第2節　宗教的体験と主観―客観問題………………………………… 51
　第3節　宗教の内面化…………………………………………………… 55
第3章　シュプランガーの宗教思想とドイツ観念論…………………… 59
　第1節　ドイツ観念論の宗教思想史的考察…………………………… 59
　第2節　ドイツ観念論に対するシュプランガーの宗教的見解……… 69
第4章　シュプランガーの神秘主義……………………………………… 74
　第1節　神の諸類型と主観―客観問題………………………………… 75
　第2節　神の体験と主観―客観問題…………………………………… 82
第5章　シュプランガーの宗教的ヒューマニズム……………………… 94
　第1節　宗教とヒューマニズムの歴史的概観………………………… 94
　第2節　弁証法神学批判と宗教的ヒューマニズム…………………… 96
第6章　シュプランガーの現世的敬虔……………………………………114
　第1節　宗教の意味………………………………………………………114
　第2節　現世的敬虔………………………………………………………117
　　　1　感情の現世的敬虔――情緒的宗教……………………………118
　　　2　行為の現世的敬虔――行為の宗教……………………………119
　　　3　知の現世的敬虔――知の宗教…………………………………120

第3節　宗教の内面化と良心の覚醒……………………………………123
第7章　シュプランガーの宗教思想から見た良心論………………………128
　第1節　良心の意味と良心論の特質……………………………………128
　　1　内奥の秘密の関知者………………………………………………128
　　2　善悪の声……………………………………………………………129
　　3　高次の自己の中核…………………………………………………130
　　4　自尊心………………………………………………………………132
　　5　神の声………………………………………………………………133
　第2節　宗教思想から見た良心論………………………………………135
　　1　主観─客観問題の視座から………………………………………135
　　2　ドイツ観念論の視座から…………………………………………136
　　3　神秘主義の視座から………………………………………………137
　　4　宗教的ヒューマニズムの視座から………………………………141
　　5　現世的敬虔の視座から……………………………………………144

第Ⅱ部　良心教育への構想

第8章　シュプランガー教育思想における主観─客観問題……………151
　第1節　精神生活の構造…………………………………………………151
　第2節　精神生活の構造と教育…………………………………………157
　第3節　主観的精神の優位と良心の覚醒………………………………165
第9章　シュプランガーの道徳思想における主観─客観問題…………171
　第1節　精神生活の構造と道徳との関連における主観─客観問題……171
　第2節　社会的道徳と個人的倫理との関連における主観─客観問題…177
第10章　シュプランガーの教育思想から見た良心論……………………185
　第1節　道徳への教育……………………………………………………185
　　1　道徳と宗教と良心…………………………………………………185
　　2　社会的道徳と個人的倫理…………………………………………186
　　3　道徳教育における自由と拘束……………………………………189
　第2節　畏敬の念への教育………………………………………………193
　　1　畏敬の意味と対象…………………………………………………193
　　2　畏敬の念への教育と内界・良心の覚醒…………………………194
　第3節　人間性への教育…………………………………………………198

1　宗教的人間性と人間性の意味 …………………………198
　　2　人間性への教育の道 ……………………………………200
結章　良心教育の可能性について ……………………………212
　第1節　教育の可能性について ………………………………212
　第2節　良心教育への道 ………………………………………218
　　1　道徳への教育から ………………………………………219
　　2　畏敬の念への教育から …………………………………220
　　3　自己省察への教育から …………………………………220
　　4　自尊と自己批判への教育から …………………………221
　　5　責任意識への教育から …………………………………223
　　6　愛への教育から …………………………………………223
　　7　全体性への教育から ……………………………………227
　　8　内界覚醒への教育から …………………………………227

　　　　付論Ⅰ　シュプランガーのソクラテス観
　　　　　　──良心の覚醒を中心にして──

Ⅰ　良心の覚醒の元祖としてのソクラテス ……………………232
Ⅱ　心の教育としての魂の世話と対話法 ………………………236
Ⅲ　教育的革新としての良心原理 ………………………………244

　　　　付論Ⅱ　老いと死の人間形成論的考察

Ⅰ　老いと死の今日的課題 ………………………………………249
Ⅱ　老いの回想の人間形成的意義 ………………………………254
Ⅲ　生と死とを媒介する良心 ……………………………………258
　　おわりに ……………………………………………………260

参考文献 ……………………………………………………………263
あとがき ……………………………………………………………279
人名・事項索引 ……………………………………………………281

シュプランガー教育学の宗教思想的研究

山　邊　光　宏

序章　シュプランガー教育学における宗教と良心

　シュプランガーの教育学の研究には、その宗教思想の研究が不可欠であろう。というのは、特にシュプランガーの場合には、宗教と教育とがきわめて密接に関連しており、かつ彼の宗教思想のなかには、教育学の本質的・根本的問題が秘められているからである。これをシュプランガー自身に語らせれば、次の通りである。すなわち、「すべての宗教的問題は、その本質に従えば、教育問題の側面であるのみではなく、教育問題の中核をなすものである。何故ならば、もしわれわれが、教育においては『人間社会のための有用性』という目標だけが問題となるのではないと考えるならば、まさに人間がその本質の中心から倫理的に究極的な意味決定をし、宗教的に究極的な意味体験をするように教育されることこそが重要であるということを、われわれは認めなくてはならないから[1]」である。

　シュプランガーは、宗教に関するあらゆる著作を神学者や宗教学者としてではなく、哲学者や教育学者として書いており、彼のあらゆる宗教思想は強く教育学に動機づけられている。従って、彼にとっては「教育学の宗教的基盤」こそが問題なのである。本研究における中心的な動機と目的もまた、シュプランガー自身の場合と全く同様に、神学や宗教学ではなく、確かに教育学にあるというべきである。筆者は、シュプランガー教育学の研究のためにこそ、シュプランガー宗教思想の研究を試みるものである。本研究を、その宗教思想のなかに秘められている、教育学の本質的な問題を探り当てる旅路にしたい。

　さて、本研究全体にわたる最大の枠組概念を3つだけあげるとすれば、シュプランガーにおける「宗教思想」—「良心論」—「教育思想」に他ならない。本研究では、これらが3つにして1つ、つまり三位一体であることを、明らかにしていきたい。また、その際「良心論」は、「宗教思想」と「教育思想」との結節点であり、接点であることをも、併せて論

究していきたいと考えている。

　しかも、それら三者について、終始各々における「主観─客観問題」を中心に考察することにする。何故ならば、「主観─客観関係」という図式こそ、シュプランガーの思想一般を、従ってその宗教思想と良心論と教育思想をも支えている基本的思考様式に他ならない、と考えるからである。この点に着眼してシュプランガー研究を進めていくならば、体系に欠けているといわれている彼の幾多の宗教的、及び教育学的著作をも、必ずやわれわれの手で体系化する道も開かれてくるであろう。

　それでは次に、特に本研究テーマに関わる、先行研究について一通りの確認をしておく必要がある。

　まず、わが国の戦前の教育学界において、シュプランガーの知名度はきわめて高かったということである。これは、戦前の教育学専門書を一見しただけで明らかであろう。特に、大正10年頃から昭和初期にかけては、文化教育学者としてのシュプランガーは、日本の教育学界に最も多く紹介された一人である。その頃、彼の主著の邦訳書も、数冊公刊され、多くの教育学者が彼を引用している。しかしながら、宗教思想的視座からのまとまったシュプランガー教育学の研究は、見いだされない。それどころか、宗教思想だけの、あるいは良心論だけのまとまった研究さえも、見いだされない。

　その後昭和10年頃から、わが国における教育思想の国粋主義的潮流のなかで、シュプランガー教育学はほんの一部それに組み込まれようとしたといえなくもないが、基本的には次第に批判されることになる。さらに、昭和10年代の中頃から、ますますわが国の教育学界はシュプランガーから離れてしまい、日本では彼に関する文献も公刊されなくなってしまった。それに代わって、ナチスの全体主義教育を支持する代表的理論家であった E. クリークらが、日本の教育界に影響を与えるようになったのである。

　戦後のわが国では、J. デューイに代表されるような、経験主義的教育

学の圧倒的な勢いに押されて、シュプランガー教育学は時代遅れで、非科学的で、抽象的である、というように批判されることもまれではなかった。しかし、そうした時代状況にもかかわらず、いやそうした状況だからこそ、ますますシュプランガーらのドイツ教育学の研究の必要性を痛感し、本格的なシュプランガー研究を行うようになった人たちもいる。

　長井和雄は、『シュプランガー』(1957年)において、シュプランガー教育学を体系的に論述している。同書に１つ章を設けて、「シュプランガーにおける宗教と教育」について考察している。長井は、そのなかでシュプランガーの「現世的敬虔」や「内在的神秘主義」については、日本では誰よりも早く正確な論述と紹介をしている。ただ、宗教思想自体においてもそれ以上の範囲には及んではいないし、まして教育思想や良心論との構造的な関連づけにまでは至っていない、といわざるをえない。

　このことは、その30年後に公刊された同じ長井によるドイツ語版の論文「シュプランガーの『現世的敬虔』と日本人の宗教心[2]」(1987年)においても、全く同様である。なるほどそのなかで長井は、シュプランガーの現世的敬虔としての宗教の多様性と日本人の宗教の複合性とを比較しながら、両者の共通性を論究し、かつ日本の宗教と文化について最新の文献をも援用しながら、見事な紹介をドイツ語で行ってはいるが、やはりそれ以上には及んでいない。それ以外には、長井によるまとまった形の宗教論や良心論は、実質的には皆無であるといってもよかろう。『神奈川大学人文研究』第Ⅳ集 (1955年) に所収の長井による「シュプランガーの宗教論」もあるが、その内容は前掲書『シュプランガー』に所収の「宗教論」と大筋においてほぼ同じであるといえる。長井はその書をさらにきわめて豊かな内容へと大きく発展させて、主著『シュプランガー研究』(1973年)を公刊したが、何故か同書においてはシュプランガーの宗教思想は、いや宗教思想的なものでさえも、全く言及されていない。

　そうした状況だからこそ、本研究では、シュプランガーの宗教思想自体における研究範囲をいっそう拡大し、しかもこれと彼の教育思想との

関連を探究しなくてはならないと考える。

　次に、村田　昇のシュプランガー研究について、述べておかなくてはならない。これについてもやはり、シュプランガーの「宗教思想や良心論との関連における教育学研究」を中心に見ていくことにする。村田の主著『国家と教育――シュプランガー政治教育思想の研究』(1969年) は、きわめて高い評価を与えられてきたといえるが、それが宗教思想的視座からの考察ではないので、ここではその内容を分析する必要はなかろう。ただ、同書に含まれている「良心論」は、宗教思想とある程度つながっていると思われる。もともとシュプランガーにあっては、良心と宗教とは一体のものだからである。それ故に、良心から宗教へとアプローチする道と、逆に宗教から良心へとアプローチする道とがある。つまり、両者は双方向的なものでなくてはならない。しかも、先に触れたように、シュプランガーの場合には、宗教思想と良心論と教育思想とは、三位一体であるといえる。

　こうしたことに関連して、村田　昇は『シュプランガー教育学の研究』(1996年) の「まえがき」で、次のように書いている。すなわち、「第二次大戦後に特に強調されている『良心の覚醒』については、シュプランガーの宗教論とも関わってより深められなければならないが、これは今後の課題としたい。旧著『現代道徳教育の根本問題』(1968年) は、シュプランガーの道徳教育論に拠って論じたものであるが、いずれそれを『良心の覚醒』によって深めていく心算である[3]」と。ここで、村田はまず、「良心の覚醒」こそ、シュプランガー教育学の鍵概念であるとし、この解明のためには宗教思想にまで入っていかなくてはならないことを強調し、これが自分の今後の課題 (仮に「課題1」と呼ぶことにする) であると考えている。さらに、村田は、自分が長年にわたって研究してきた、シュプランガーに依拠した道徳教育思想を「良心の覚醒」という鍵概念によって深化することが、今後の課題 (仮に「課題2」と呼ぶことにする) であるといっていることになる。

その３年後に公刊した『パウルゼン　シュプランガー教育学の研究』(1999年)においてこそ、村田は上述の課題、特に「課題２」を達成しようとしたのである。同書の「まえがき」における著者の次の言葉が、これを裏づけている。すなわち、「本論では………シュプランガーの道徳観及び良心観の本質に迫り、そこから彼の道徳教育思想を考察しようとした[4]」と。この「課題２」は、同書において達成されているといえる。紙面もたくさんさいて、詳細な論述が行われている。

　しかしながら、「良心の覚醒」の解明のために、さらに一歩踏み込んで「宗教思想」にまで深く入っていく、という「課題１」は、まだ部分的にしか達成されていないように思われる。だからこそ、シュプランガー研究において村田と共通の問題意識をもっている筆者は、本研究において「宗教思想的視座からの考察」を試みずにはおれない。これによって、まことに僭越ではあるが、村田の優れた先行研究に対してささやかな補完ができればと考えている。たとえ、大海にほんの一滴しか付加できないとしても、やはりそれが必要であろう。

　さらに、シュプランガーの本国ドイツでは、そうした方面の先行研究は、どうなっているのだろうか。管見の限りでは、本研究に関わるまとまった本格的な著書や論文は、まだ公刊されていない。部分的な研究はいくらか散在するが、構造的で全体的にまとまったものはまだ見いだされないのである。せいぜい、以下のような程度を越えていないといえる。すなわち、紙数は少ないとはいえ、シュプランガー宗教思想の研究においてはある程度は評価でき、しかもそれが良心論と若干は関連づけられてはいるが、その際教育思想との関連づけにまで及んでいないような研究である[5]。逆に、良心論と教育思想とが関連づけられており、従って良心教育論としては評価できる場合には、今度は宗教思想とのつながりが欠けているか、あるいは不十分である、というようなものがある。例えば、H. J. マイヤーのシュプランガーにおける良心教育論は、「宗教思想」―「良心論」―「教育思想」の三者を一応は一体のものとして論究して

はいるが、宗教については紙数も少なく、もう一歩踏み込みが求められ、全体としての構造的な体系化も十分であるとはいえない[6]。本研究は、この点をも補完しなくてはならない。これは、先の村田　昇のあの「課題１」にほぼ対応するといえよう。

　それでは次に、本研究の概要を述べておくことにしよう。

　第１章は、第Ⅰ部「シュプランガーの宗教思想」のための「序章」的な役割をもっている。だから、第Ⅰ部全体の基盤となっているものについて考察する。それは、すなわち、シュプランガーにおける「非神学者の立場」と「普遍的宗教性の探究」と「宗教と文化との相互交流」という３つに要約することができる。

　第２章では、シュプランガー宗教思想を、その「主観―客観問題」を中心に考察する。すなわち、その「主観―客観関係」の基本的構造の解明を試みたい。何故ならば、「主観―客観関係」という図式こそ、シュプランガーの宗教思想一般をも支えている基本的思考様式に他ならない、と考えるからである。まず、初期のシュプランガーが、ドイツで展開された諸宗教思想をいかに理解し、受容したかを見ていく。続いて、こうしたことに関わるシュプランガー自身の所論全体の中核は、宗教的「体験」であり、主観―客観関係もまた、彼の場合には、結局は体験の問題に帰着することを明らかにする。最後に、宗教の体験化は主観化であるが、シュプランガーにおいては主観化とは「内面化」を意味し、これこそが戦後の「良心」や「良心の覚醒」の強調へと発展していったのではないかと思われる。

　第３章では、まず宗教思想史的に見れば、「ドイツ観念論」は一種の「神秘主義」、一種の「宗教的ヒューマニズム」、また一種の「現世的敬虔」であることを論述する。さらに、「プロテスタント正統主義」や「弁証法神学」に代表されるような、狭義の宗教・キリスト教のみの立場からの、ドイツ観念論は宗教ではないとするドイツ観念論批判に対するシュプランガーの反批判を考察する。これを通して、より広義の宗教的視点に立

って、ドイツ観念論が宗教的であると一貫して主張する、シュプランガー自身の立場を明らかにしたい。

第4章では、シュプランガーの宗教思想について、時と所を越えた最も広義の、また普遍的で現世的な「神秘主義」に着眼して考察する。何故ならば、彼の教育思想の解明のためには、その基盤になっている宗教思想を明らかにしなくてはならないが、彼の宗教思想における顕著な特質の1つが神秘主義に他ならない、と考えるからである。しかも、本章でもまた、「主観—客観関係」を中心に考察する。この図式こそ、シュプランガーの神秘主義をも支えている基本的な思考様式であると思われるからである。その第一の視点は「神の諸類型と主観—客観問題」であり、第二は「神の体験と主観—客観問題」である。これら2つの視点から明らかにしたいことは、シュプランガーにとって真の客観とは「体験を通して主観のなかに入り込んだ客観」「主観（内面）化された客観」のことであり、これは「主観の内なる主—客合一（融合）」を意味し、さらに主観の中核は「良心」である、ということなのである。

第5章では、シュプランガー宗教思想の三大特質の1つと思われる「宗教的ヒューマニズム（人文主義）」について考察する。シュプランガーの「現世的敬虔」も、彼の宗教思想の一大特質であるといわれているが、そのより深い理解のためにもまた、彼の「宗教的ヒューマニズム」の究明が不可欠ではないかと考える。さらに、シュプランガー教育学の研究にとっては、「良心の覚醒」の意味を解明することが最大の課題であるが、これは難事中の難事であり、従来の研究は常にここで行きづまってしまったといえよう。ところが、良心論は、シュプランガーにあっては深く宗教思想と結びついている。この点も考えて、本章でもまた、併せて彼の「良心論」にも迫ってみたい。

第6章では、まず、前章までの内容と関連づけながら、「現世的敬虔」の視座から、あらためてシュプランガーにおける「宗教の意味」について考えてみることにする。すなわち、「現世的敬虔」は最も新しい宗教概

念であり、近・現代人で、しかも宗教の素人や教会参りをしない人たちをも対象にしたものであること、だから「誰でもの信仰」を意味することを論述する。次に、それには大別して、「感情の現世的敬虔」「行為の現世的敬虔」「知の現世的敬虔」という三種類があることを述べる。進んで、そうした敬虔としての世俗的宗教においては、第2章や第4章などの場合にもまして、問題は客観としての歴史的既成宗教ではなくて、個々人の「良心」のなかでの宗教的「体験」であることを明らかにする。最後に、「宗教の内面化と良心の覚醒」について言及するが、これは第Ⅰ部の「宗教思想」から第Ⅱ部の「教育思想」へのかけ橋の役割を果たすであろう。

　第7章では、「シュプランガーにおける良心論の宗教思想的考察」を試みたい。彼の宗教思想と教育思想とのいずれにおいても、それぞれ中核に位置しているものが、良心論に他ならない。そうだとすれば、彼のあらゆる宗教思想は「宗教的良心論」に収斂されていることになる。この点に着眼して、本章では前章までの論述を踏まえて、以下のような視座からシュプランガーの「宗教的良心論」に迫ってみたい。すなわち、(1)主観―客観問題の視座から　(2)ドイツ観念論の視座から　(3)神秘主義の視座から　(4)宗教的ヒューマニズムの視座から　(5)現世的敬虔の視座から、それぞれ解明を試みることにする。だから、本章では、第Ⅰ部「シュプランガーの宗教思想」における各々の良心論が、あらためて全体として構造的に体系化されることになる。

　第8章から、第Ⅱ部「良心教育への構想」へと入っていく。最初の第8章では、シュプランガーの教育思想における「主観―客観問題」の基本的構造の解明を試みたい。彼の教育思想の根本図式は、宗教思想や良心論の場合と同様に、「主観―客観問題」であり、これこそが彼の教育思想の支柱になっていることを明らかにしようとする。このことによって、体系に欠けているといわれているシュプランガー教育学を、体系化する糸口をつかみたい。ところが、そのためには、併せてシュプランガーの

「精神哲学」、あるいは「文化哲学」、あるいは「生命・生活哲学」を究明する必要がある。これこそが、直接、彼の「教育思想」の基盤を形成しているからである。そうして、精神哲学と教育思想とを支える支柱こそが、「主観─客観関係」であることを明らかにする。最後に、第6章における「宗教の内面化と良心の覚醒」についての言及の部分を、いっそう教育学的に発展させるために、「主観的精神の優位と良心の覚醒」に関する論究を加えることにする。

第9章では、前章の考察に立脚して、「シュプランガーの道徳思想における主観─客観問題」の基本的構造の解明を試みたい。というのは、彼の「主観─客観問題」は「道徳思想」において最も典型的に展開されており、かつ道徳学説はシュプランガー教育思想において中心的な地位を占めるといえるからである。前章が総論であるとすれば、本章はその各論の1つの典型であるといってよかろう。まず、前章で考察した「精神哲学」の基礎の上に、シュプランガーの「道徳思想」は構築されていることを明らかにする。進んで、主観と客観との密接な関係を、彼の道徳学説において考察する。それは、「超個人的道徳」と「個人的倫理」との関係に関する理論に他ならない。その際、主観的精神の倫理的核心としての良心と道徳の客観的側面とは、密接に関連し相互作用している。これもまた、「良心という主観を軸にしながらの主─客の相互作用」、あるいは「良心を中核とした主観の内なる主─客合一」であることを明らかにする。

第10章では、「シュプランガーの教育学的良心論」を考察する。第7章は、「シュプランガーの宗教的良心論」であったが、前者は後者と一体のものであり、後者の発展である。また、後者は前者の基盤となっており、両者は密接に関連し合っている。両者の関連と接点としての良心論こそ、シュプランガー宗教思想とシュプランガー教育思想とを結びつける結節点であることに、筆者は着眼した。こうしたことを念頭に置いて、本章では「道徳への教育」「畏敬の念への教育」「人間性への教育」という3

つの視座から、シュプランガーにおける良心論の教育学的考察を試みることにする。

　結章では、「良心教育の可能性」について考察する。まず、「教育の可能性」から考えてみる。これを踏まえて次に、本章の中心問題である「良心教育への道」を探究する。良心を直接子どもにつくってやったり、植え付けることは、不可能であろう。良心教育については、具体的な方法論の展開は困難か、もしかしたら不可能かもしれない。しかし、それへの道筋とか、広義の方途のようなものは、見いだせるのではなかろうか。こうした意味での「良心教育への道」の可能性を、良心教育と不可分の関係にあると思われる、以下のような8つの教育の視座から探り当ててみたい。すなわち、「道徳への教育」「畏敬の念への教育」「自己省察への教育」「自尊と自己批判への教育」「責任意識への教育」「愛への教育」「全体性への教育」「内界覚醒への教育」というそれぞれの視座から、その問題に迫ってみることにする。

　なお、用語法の問題で、1つ注釈を加えておく。これは本章だけでなく、本研究全体に関わることであるが、シュプランガー自身においては「良心教育」には、「良心への教育」と「良心の教育」とがある。「良心への教育」とは、まだ目覚めていない良心を目覚めさせるための「下準備的援助」と「障害の除去」とを意味する。それに対して、「良心の教育」は、すでに目覚めている良心に「耳を傾けさせ、目覚めさせ続けることへの援助」、またこの良心をよりいっそう「醇化することへの援助」を意味する[7]。このように「良心教育」には、2種類があることは知っていなくてはならない。しかし、本研究においては、これをその都度あまり問題にする必要はなかろう。

　付論Iでは、シュプランガーが、西欧における「良心の覚醒」の古典的源流であるソクラテスの思想をどのようにみずからの教育学の主要な構成要素にしてきたかを明らかにしようとする。シュプランガーは、古典研究に専念し、そこからみずからの思想的基盤を得ている。

付論IIでは、逆に、シュプランガー教育学の現代的意義を浮き彫りにしようとする。ここでは、「老いと死の人間形成論」について、老人自身の自己教育、もしくは生涯学習という視座から論究する。しかも、ここでもまた、シュプランガーの「良心論」を中心にして、これと「宗教思想」と「教育思想」とを関連づけながら考察する。さらに、彼に関する文献以外の新しい文献をも併せて援用することによって、それらとも矛盾しないシュプランガー思想の現代的意義を浮き彫りにしてみたい。もちろん、本研究内容の全体をも含めて、彼のほとんどすべての思想に現代的意義を見いだすことはできるが、最後に付論IIを設けて、その典型的な例を1つ考察してみることにした。

注

1 　Eduard Spranger : Das deutsche Bildungsideal der Gegenwart in geschichts-philosophischer Beleuchtung, 1926. In : Gesammelte Schriften, Bd.V, Max Niemeyer Verlag Tüingen, 1969. S.72. (以下『シュプランガー全集』については、GSと略記する)

　なお、長井和雄も、シュプランガーにおける宗教と教育との不可分性の論証に際して、本文該当箇所のその言葉を援用している。(長井和雄「シュプランガーの宗教論」『神奈川大学人文研究』第IV集、1955年、67頁)

2 　Vgl. Kazuo Nagai : Sprangers "Weltfrömmigkeit" und die japanische Religiosität, In : Hein Retter/Gerhard Meyer-Willner (Hersg.), Zur Kritik und Neuorientierung der Pädagogik im 20. Jahrhundert, Verlag August Lax Hildesheim, 1987. S.234-246.

3 　村田　昇著『シュプランガー教育学の研究』(京都女子大学研究叢刊26) 京都女子大学、1996年、「まえがき」3頁。

4 　村田　昇著『パウルゼン　シュプランガー教育学の研究』(京都女子大学研究叢刊33) 京都女子大学、1999年、「まえがき」5頁。

5 　Vgl. Hein Retter : Kulturprotestantismus — Mystik — Gewissensethik — Sprangers christlicher Humanismus und der Protestantismus heute, In : Gerhard Meyer-Willner (Hersg.), Eduard Spranger — Aspekte seines Werks aus heutiger Sicht, Verlag Julius Klinkhardt・Bad Heilbrunn/Obb. 2001. S.142-195.

6 　Vgl. Hermann J. Meyer : Der Primat des Gewissens — Die metaphysischen

Grundlagen der Gewissenstheorie Eduard Sprangers, In : Walter Eisermann/Hermann J. Meyer/Hermann Rörs (Hersg.), Maßstäe — Perspektiven des Denkens von Eduard Spranger, Schwann Düsseldorf, 1983. S.43-73.

7 Vgl. Meyer : a. a. O., S.64-65.

第Ⅰ部　シュプランガーの宗教思想

第1章　宗　教　基　礎　論

第1節　非神学者の立場

　シュプランガー (Eduard Spranger, 1882-1963) は、宗教に関する著作のすべてを神学者としてではなく、むしろ哲学者、心理学者、教育学者として書いたといえよう。彼の立場は、神学科や哲学科における神学や宗教哲学の研究がとる立場と、決して同様ではない。こうした「非神学者」 (Nicht-Theologe) としての彼の立場は、トレルチ (E. Troeltsch, 1865-1923) などの合理主義的見方とは異なって、宗教的現実の「直観的把握」(intuitives Innewerden) ということを重視する。従って、その現実を現実として捉えるのであり、分析を極め説明し尽そうとするのではない。

　また、シュプランガーは、いかなる形式によっても論じ尽されえない人生の意味をも、非合理的なものの概念と結びつけて考える。彼は宗教的な人生問題との不断の格闘のなかで、あるいは現実の教育問題や文化的課題との不断の闘いのなかで、自身の宗教思想を展開していく。なるほど彼は多くの神学を読み、多くの神学者と交際を重ねながら、みずからの宗教思想を発展させていったので、結果的には宗教をテーマにした彼の著作のなかには神学、あるいは神学的なものもかなり含まれているといっていい。しかしだからといって、シュプランガーの宗教研究は、その動機と目的、および方法において、決して神学そのものの専門家と同様のものではない。

　これをシュプランガー自身に語らせれば、次の通りである。すなわち、「現世的敬虔の場合にも認められなくてはならない、人を震撼させる根本経験 (erschütternde Grunderfahrung) というものを越えて、キリスト教神

学の領域にまで踏み込むことは私の使命でもないし、それはまた私の力の及ばないところでもある。私は神学者ではない[1]」と。こうした「『非神学者』としての彼の立場は、………しかし同時に、キリスト教的信仰のなかに根を張っている一種の実存的なもの(eine existentielle Verwurzelung im christlichen Glauben) によって規定されている[2]」のである。つまり、例えていえば、キリスト教的信仰という大地のなかに一種の実存的なものという作物が根をおろしているということになろう。ここで、いや一般にシュプランガーの場合には、christlicher Glaubeは、「キリスト教信仰」ではなく、むしろ「キリスト教的信仰」、あるいは「広義のキリスト教的信仰」を意味すると見てよかろう。というのは、彼のキリスト教および宗教の概念は、きわめて広いからである。

　上のシュプランガー自身の言葉の引用文でも明らかなように、彼は自分自身が神学や宗教学の「素人」であり、平凡なキリスト教徒であることを認めているのである。また、「現世的敬虔」(Weltfrömmigkeitという1940年の講演、著作としては1941年公刊)において最も明瞭に表現されているように、彼の宗教思想の最大の特色は、何といっても「万人に共通に開かれた宗教」であり、「誰でもの信仰」なのである。しかも、こうしたことは、シュプランガーの宗教に関するあらゆる著作において、また彼の宗教研究と宗教的態度とにおける全生涯を通して、終始一貫しているといっていい。すなわち、シュプランガーのベルリン大学時代(1909年から1911年まで＝27歳から29歳まで、とんで1920年から1946年まで＝37歳から64歳まで)、ライプツィッヒ大学時代(1911年から1920年まで＝29歳から37歳まで)、およびテュービンゲン大学時代(1946年から1954年まで＝64歳から72歳まで)、さらにその後生涯を閉じるまで（1963年＝81歳まで）のすべての時代を通して、終始一貫していたといえよう。

　非神学者としてのシュプランガーは、特定の宗教や宗派による固定的な拘束にとらわれない「宗教と神との不断の探究者」であったといえよう。基本的に、生涯を通して一貫して、彼は自身がもっているものでは

なく、情熱的に探し求めているものをこそ語っているのではなかろうか。また、万人に対しても、探し求め続けることをこそ求めているのではなかろうか。これを、いわば「進行形の宗教思想」、あるいは「変化の宗教思想」と呼ぶことが許されるのではなかろうか。

シュプランガーのいわゆる初期にあたるライプツィッヒ大学時代から構想がねられ始め、いわゆる中期のベルリン大学時代に公刊された主著『青年の心理』のなかで、彼は次のように述べている。すなわち、「あの最も偉大な神秘 (das größte Geheimnis) との相互交渉のなかで、われわれは不断に成長し続ける。そうして、他の方面ではほとんど新しい生活動機を生み出すことのない老年になってさえ、宗教の領域では、予想しなかった深いものが開けてくることがある。宗教が永遠の伴奏であるとしても、それはわれわれの活動的生活のメロディーと共に変化するのである。もっと適切にいえば、宗教のなかには、われわれの生存の変化する動機と神性との間の緊張から生まれる永遠の運動がある。神性はそれ自身安定しているが、われわれの憧憬と闘いにとってはある時は近く、ある時は遠く、装いを変えて現れる。このように神はわれわれのなかで変化し成長する。しかし神は、そのすべての形態において、何ぴとも到達できない光のなかに宿る永遠の精神の反射 (der Reflex des ewigen Geistes) に他ならない[3]」と。つまり、神自身はあくまでも永遠で絶対的な存在ではあるが、われわれ人間の力をもってしては、その「反射」しか見ることができない、ということであろう。神学者たちが何と主張しようと、シュプランガーの考え方によれば、有限な人間はやはり「神そのものの反映」にしか出会うことができないのである。彼は絶対的な神そのものの存在を確信しながらも、特定の宗教や宗派、あるいは特定の教会や神学者によって絶対化されてしまった神に対しては、これをさまざまな形で批判している。だからといって、否定はしていないと見るべきであろう。彼の望むところは、さまざまな立場の人たちが、宗教について「対話」を重ねることによって、たとえ神そのものの反射であっても、可能

な限り真実の反射に限りなく近づくことだけであると思われる。実際、シュプランガー自身まぎれもなく、全生涯を通して宗教と神との探究者であり続けたといえよう。

ところで、宗教教育学者ボーネ（Gerhard Bohne, 1895－1977）は、ベルリン大学でシュプランガーのもとで研究し、二さんの教育大学教授等を歴任の後、1948－1961年にキール教育大学教授を勤めた。そのボーネが師シュプランガーに自著『教育の基盤』（Grundlagen der Erziehung, Bd. I, 1951）を送り届けたが、シュプランガーは同書においてボーネが直接自分の見解を批判しているのを見たのである。それを契機に、2人は書簡の交換によって宗教論争を行うことになった。その内容を分析してみたい。というのは、これによって、上述のようにシュプランガーが非神学者の立場に立ち、かつ宗教と神との不断の探究者であったことがいっそう明確になるからである。ここでは、シュプランガーのいわゆる後期、つまりテュービンゲン大学時代に属する1952年2月から3月までの2人の書簡を見ていくことにする。

まず、シュプランガーは、同年2月5日付けのボーネ宛の書簡で次のように書いている（以下手紙文であるにもかかわらず、「である調」で表現する）。すなわち、「現代の福音主義の神学者たちによるいろいろな教育書の場合と同様に、私はあなたの著書における把握の中心と一致することができなかった。………他の著者たちをあしらうあなたのやり方は、私に抗議を余儀なくさせる。そうして、あなたの著書と私の間にはバリケードのようなものがあるので、何としても私はあなたに抗議しなくてはならない[4]」と。しかし、「結局のところ神の真実自体（die Wahrheit Gottes selbst）を所有している（と思っている、筆者補足）人とだけは、議論は本質的に不可能である。だから、私は次のことを告白するにとどめよう。すなわち、福音主義のキリスト教徒として、私は現代神学の命令に服従する状況にない[5]」と。ここで、シュプランガーは、まさに自分がまことの福音主義のキリスト教徒であることを不断に求め続けているからこそ、既存

の固定的神学には従うことができない、といっていると見てよかろう。上にすぐ続いて、彼は書いている。「その命令のなかに、なるほど神学者の言葉は聞こえるが、しかし愛についても述べている、神の言葉の拘束的意義 (der bindende Sinn des Gotteswortes) を、私は聴き取ることができない[6]」と。ここで、神学者の言葉ではなく、神の愛を中核とした神の言葉によって拘束され義務づけられる必要性を説いている。

　シュプランガーは72歳の著書『知られざる神』(1954年) のなかでも、「神は愛なり」と説き、しかもその際、神の愛は絶対的なものである。というのは「神は何ぴとも到達できない、光のなかに住んでいる[7]」からである。そうした絶対的な神の愛を信じ、不断に求め続ける者こそが、「神の探究者」(Gottsucher) なのである。その場合にも、神は依然として「知られざる神」のままであるかもしれないが、真の神そのものから生まれてくるものの「象徴」、あるいは前述の「反射」を捉えることだけは可能であろう。これだけが、神と宗教との探究者としての、シュプランガーの生涯の課題であり、目標であったのである。

　さて、上の書簡の言葉にすぐ続いて、シュプランガーは仮に百歩譲ったとしたら、次のようになると書いている。すなわち、「たとえ万一、人間がそもそも『神から語る』(von Gott her reden) ことができ………、キリストの加護ときわめて深く理解されるべき聖霊のもとで、自己の情熱的な神の探究から (von inbrünstigem Gottsuchen her) 語ることが、許されるべきでなかったとしても、まさに現代の福音主義神学の所有する者は幸いなり (beati possidentes) というのとは別の意味においても、神が人間に出会う可能性だけは開かれていなくてはならないであろう[8]」と。つまり、シュプランガーはここで、福音主義や弁証法神学との「対話」の可能性を暗に示していると見ていい。たとえ弁証法神学などの特定の立場に対してどんなに激しく批判することがあっても、基本的にシュプランガーは、最後には「対話」への道を見いだしていると見てまず間違いなかろう。にもかかわらずやはり、この引用文によっても明らかなように、

「所有する者は幸いなり」とは正反対の立場を貫いている。神ならぬ人間自身が、宗教的真実や神の言葉そのものを所有することは決してできない、という態度を貫いている。彼にとっては、所有ではなく、不断の探究こそが大切なのである。宗教思想や教育思想を初め、一般にシュプランガーの思想は、客観的存在としての全体を、主観としての個々人の情熱的な探究と創造的な諸力とに由来させている。客観的宗教をも彼は、こうした主観的源泉にまで導き返しているといえよう。そうして、その中核が、個人的「良心」に他ならない。

　さて次に、上のシュプランガーの書簡に対するボーネの返信（1952年2月15日付け）を見てみよう。上の最後の引用文に対して、ボーネは次のように書いている。すなわち、「あなたはあなたの手紙のなかで………あなたがキリストの加護ときわめて深く理解されるべき聖霊とのもとで、ただ不断の探究にのみ生きてきたことを告白しているとすれば、私はそれに対して、私もまさにこのキリストの加護以外の何ものも『もっては』いないと考えている、というであろう。その場合、われわれが不断の探究について、あるいは不断の新たな経験や不断のより深い把握について語ろうと、おそらく語が異なるにすぎず、必然的に事実の相違を意味するものであってはならない[9]」と。つまり、表現様式や言葉の相違にもかかわらず、2人の基本的な考え方は、それほど隔たっていないということであろう。むしろ、対話によって互いに近づいてきたのであろう。

　また、ボーネは、宗教や神についての、あるいは神学的な「真実を信じる人は無数にいるのであり、確かに神学者がその最初の人ではない」とし、宗教的真実は神学者が所有する独占物ではなく、万人に開かれていることを認めている。そうして、ボーネは次のように続けている。すなわち、「あなたが『現世的敬虔』のなかで放蕩息子について、また『魂の魔術』のなかで神の受肉について書いていることで、あなたは、私が考える通り、あなたも（この真実をもっており、筆者補足）この真実から生きていることをみずから告白しているのである。このことを表現するた

めに、たとえあなたが何か異なった概念手段を用いるとしても[10]」と。ここでも、言葉の違いほどには、2人の見解は異なっていないことが明らかであろう。なるほど情熱的に不断の探究をするシュプランガー自身も、宗教的な、あるいは神学的な真実や理論をもっていることは否定できない。しかし、それはあくまでも固定的で狭義のものでもなければ、単にもっぱら外部から受身的に与えられ、自身の宗教的経験から遊離したものでもないのである。シュプランガーはあくまでも、単なる既成宗教と単なる神学そのものとにおける真実と教義とを金科玉条の如く宗教の専門家がもつことに対してきびしく批判し、かつ当然自分自身もその逆の立場を身をもって貫徹したと見てまず間違いない。

　さかのぼって書簡の交換の8年前にあたる、1944年7月20日のヒトラー爆殺事件の容疑でシュプランガーは同年秋に70日間ベルリンのモアビッド刑務所に収監されたが、その時の獄中日誌で彼がこぼしている、次の言葉がここで参考になるであろう。すなわち、「20歳の時から私は、『もっていないようにもつこと』(zu haben, als hätten wir nicht)という忠言を、それが新約聖書のどこにあるかを全く知らないままに、常によく理解していた。一部気質の問題かもしれないが、私は抑制された喜び(gedämpfte Freude)しか知らない。実際、地上では一切が貸与されているにすぎない。すなわち、期限つきの所有にすぎない[11]」と。その「もっていないようにもつこと」という言葉は、シュプランガー自身がみずからの生の体験を通して発見し、その後生涯の「モットー」になったのである。そうして、先の文脈につなげていえば、シュプランガーは「宗教や神についての、また神学的な真実をもっていないようにもっている」ということになろう。また、「抑制された喜び」は「抑制された真実」ということになろう。真実をもっていないようにもっていることは、すわなち抑制された真実をもっていることを意味し、逆も真ではなかろうか。さらに、これも「期限つきの所有にすぎない」ということになろう。

　こうしたことは、シュプランガーの場合には、宗教思想に限らず、教

育思想やその他のあらゆる思想領域についてもいえることではなかろうか。また、彼の生活態度や基本的な行動様式についても、いえることではなかろうか。しかも、彼のあらゆる時代について、当てはまるのではなかろうか。彼の思想の大きな特質の1つは、何といっても「両義性」、あるいは「両面性」である。これを意味するものが、まさしく「もっていないようにもつこと」に他ならない。

　次に、上の引用文中の"gedämpft"に注目しなくてはならない。この語の訳語としては、「抑制された」の他に、「和らげられた」「弱められた」「静められた」「蒸し焼きされた」「ぼかされた」などが見いだせる。これらもまた、シュプランガーの両義性を特質づける表現であるといっていい。彼の思想は、なかなか分かったようで分からない、何かぼやけている、何か煮え切らないなどと批判し、不満をもっている人も少なくないかもしれない。その理由の1つは、そうした意味での「両義性」にあると思われる。しかし、そうした両義性は、シュプランガーの思想があまりに広く、あまりに深いからこそ生まれたものであると見ることができる。それにもまして、彼が、単に理論家としてではなく、現実との生きた対決のなかで身をもって「人間としての生き方」を求め続け、その過程で人間、生活、人生がなかなか割り切れないことを幾度も体験したからでもある。しかも、先の引用文においてシュプランガー自身がこぼしているように、「一部気質の問題かもしれない」。確かに、彼の気質や性格にもよるといえよう。

　さてそれでは、再び書簡の問題に話をもどそう。先に見たボーネからシュプランガー宛の書簡に対する返信としての、シュプランガーからボーネ宛の再度の書簡（1952年3月23日付け）の内容は、どうなっているのだろうか。

　まず、シュプランガーはボーネの先の便に感謝し、その文面には「対話」を続ける可能性が読み取れるとしている。そうして、シュプランガーは「真実をもっている」という当時の神学者、特に弁証法神学者の立

場に自分が対立していることをあらためて強調しているが、その上で、それに比べれば自分がボーネ個人とは必ずしも正反対の立場ではないことがボーネの書簡を読むことによって分かった、という意味のことを述べていると読み取れる。

しかしながら、2人の間にはまだ若干の見解の相違は残っている。シュプランガーは、ボーネに対して、自身の根本的態度が「私は知らない」「何の知識ももっていない」というソクラテス的なものから出発すると明言した上で、「これら一切が、当然あなたの啓示宗教に関係する」と書いている。そうして、以下のように続けている。すなわち、「私はその啓示宗教を分かち合うことができないことを告白する。何故ならば、私の印象によれば、われわれがイエス・キリストにおいて神の愛との最も近い出会いを経験するという点にではなく、むしろ全教義体系、つまり現代の世代の福音主義神学者の手でつくり出された教義学 (Dogmatik) が共に受容されなくてはならないという点に、今日の啓示宗教の実質があるからである。この硬化 (Verfestigung) に、私は反対する[12]」と。つまり、人間が、人間の手で、神や神性を狭隘化すべきではないというのである。

逆に、これを可能な限り広げたものこそが、まさしくシュプランガーのあの「現世的敬虔」に他ならない。そこでは、神の概念はもちろんきわめて広いにもかかわらず、広いものは狭いものをも含んでいる。狭いものを、狭いという理由で排除してしまったその瞬間に、もはや広いものは真に広いものではなくなることは当然であろう。真に広いものは、狭いものをもみずからのなかに包摂し、許容しなくてはならない。宗教的寛容の真義は、そこにある。このことが、シュプランガーにもよく分かっているから、彼はボーネの立場をも含めて、たとえ彼がこの上なく激しく批判している弁証法神学に対してさえ、これを排除し否定しようとしているのではない。相互の対話によって、よりよい道を探究しようとしている、と考えるべきであろう。だからこそ、シュプランガーは一種の弁証法神学と啓示宗教の立場に立っている、そのボーネに対する書

簡のなかで、いろいろと批判した後に、「もし啓示が、出会いや経験という素朴な形においても許容されるとすれば、私は教義上の狭さを感じない[13]」と付言しているのである。

以上は、1952年の書簡の分析であったが、その後1960年10月20日付けで78歳のシュプランガーは、ボーネの65歳の誕生日を祝して書簡をしたためた。そのなかで、シュプランガーはボーネと自分が歩いた道は違いこそすれ、対立はしていないことを強調している。そうして、シュプランガーは、「探究（Suchen）――それは、私には所有（Haben）以上に、ますますなる探究であった――は、同じ目標を目指していた……。われわれの各々は共に最善を尽してきた[14]」と書いている。

第2節　普遍的宗教性の探究

シュプランガーは、あらゆる「世界宗教」（Weltreligion）の探究に適用されうる、普遍的宗教概念を提唱している。彼は、『シュプランガー全集』第Ⅸ巻の編者ベール（Hans Walter Bähr）が書いているように、インドや日本における仏教を始めとして、あらゆる世界宗教というものを、その普遍的カテゴリーにおいて、真に偉大なる宗教と見なすのである[15]。シュプランガーは、ドイツ文化圏のみならず、キリスト教文化圏一般にさえも制約されない「異教の宗教性」に対しても、まことに広くて積極的な理解があり、従ってキリスト教の各宗派との対話はいうまでもなく、非キリスト教的信仰態度との対話をも重んずるのである。

主著『青年の心理』のなかで、シュプランガーは次のようにいっている。すなわち、「宗教心理学は自由を守らなくてはならない。それはある文化圏において支配的であり、おそらくその文化のすべての人々に対して絶対的承認を要求するような、歴史的に育まれた客観的宗教の形式のみにその観点を限定することはできない。歴史的発展そのものが分化に導いてきたし、いくつかの宗教組織は互いに自己の絶対性を同じように要求しているのであるから、なおさらのことである[16]」と。今後、求めら

れ、認められるべきものは「宗教の多様性」、あるいは「宗教的経験の多様性」であるといっているのであろう。しかし、それは単なる多様性ではなく、「多様性を通しての普遍性」、つまり宗教的寛容の精神に立って「多様性を認め尊重した上での普遍性の探究」を意味するものではなかろうか。これをこそ、シュプランガーは生涯求め続けたのではなかろうか。

シュプランガーの考え方によれば、今日、キリスト教は形式的に過去の伝統に執着し、そのためにかえってみずからがみずからの発展の力を奪い取ることがあってはならない。それは、今や「いろいろな差異を越えて」(über die Differenzen hinweg)、「共通の信仰」を積極的に求めなくてはならない、そうした歴史的発展段階に入っていると思われる。また、ますます盛んになっている全世界的コミュニケーションの時代にあって、キリスト教神学も、今後ますます普遍主義的諸展開へと変革されなくてはならないであろう。

シュプランガーは、1952年に、次のようにいっている。すなわち、福音主義神学と啓示宗教との「この硬化に、私は反対する」。そうして「決してキリスト教的ではないが、あるきわめて深い宗教意識から幾百万の人々が生きている、そのような地方に私は行ったことがある。私見によれば、そこにも神がいる。人は、人間として神性を狭隘化すべきではない[17]」と。

そこには、1936年秋から1937年秋までの日独交換教授としての日本滞在の経験も、おそらく含まれているであろう。日本の宗教関係者との対話を通して、シュプランガーは仏教にもかなり関心をもつようになった。そうして、1937年には龍谷大学と高野山大学において「西欧の宗教哲学的問題」と題して講演を行った。そうした演題にもかかわらず、その際彼は日本のいわば「仏教神秘主義」に強い関心を寄せていたと思われる。というのはその講演の内容は、なるほど直接仏教的神秘主義を問題にしたものではなく、広義の神秘主義に関わるものではあったが、シュプラ

ンガーの他のいかなる作品にもまして、もっぱら神秘主義によって貫かれていたからである。彼にとって仏教との出会いが、従来にもまして神秘主義への関心を高める契機となったことは、確かな事実であろう。

その講演の翌年1938年に、帰国したシュプランガーは、ドイツの雑誌に「日本における宗教生活の素人的印象」と題して、同講演の報告をしている[18]。そのなかで彼は、神秘主義の普遍的見地(der universale Aspekt der Mystik)を、次のように説明している。すなわち、「まさしく神秘主義的態度は諸現象の多面性と対立性とを主観—客観の一体化にまで解消するので、それは核心的な問題においてあらゆる人間が平等であるという根源的な立場(Urposition)に到達する[19]」と。こうして、神秘主義にあっては、個々の特殊な多様性は普遍性へと深化し統一される。だから、時と所を越えて、人間はすべて平等であるという「根源的な立場」へと深化していくということになる。シュプランガーにあっては、普遍性とは特殊性・個別性の総体としての多様性の「根源性への回帰」であると見てよかろう。しかも、彼の最も広義の、最も普遍的な神秘主義においては、そうしたことはさまざまな宗教や宗派についてもいえることであろう。シュプランガーは、諸宗教や諸宗派における多様性を許容しながら、それらの差異を越えた根源性への回帰によって、すべてが神秘主義的な普遍的宗教性へと統一されることを求めているといっていい。

さらに、彼の宗教的態度と思想の広さを見てみよう。ベールによれば、「シュプランガーは、特に1933年以降、全教会的な意味において(in ökumenischem Sinn)、カトリック教会に対してもしばしば非常に敬意を表している[20]」のである。すなわち、シュプランガーは1つには世界教会運動、つまり超教派の「教会再一致運動」(Ökumenismus)の流れにも乗って、カトリック教会とも調和を求めていたといえよう。確かに、彼が福音教会よりもカトリック教会をいっそう評価している箇所を、その著作のなかにかなり見いだすことができる。プロテスタンティズム以上に、カトリシズムを支持しているような発言が見いだせる。福音主義、特に弁証法神学に

対しては、しばしばきびしい批判をしているにもかかわらず、カトリシズムに対しても、仏教その他の宗教に対しても確か何も批判はしていない。

　幼少の頃から生涯を閉じる1963年に至るまで、福音教会の教会員であったシュプランガーが、なぜそうなのか。これも、前述の「両義性」によるものであろう。福音教会に対する「抑制された支持」「支持しないような支持」、あるいは「抵抗しながらの支持」「支持しながらの抵抗」によるものと思われる。こうしたやり方によって、シュプランガーは、生涯にわたって巧妙に自己自身の宗教的立場を主張し、宗教思想を形成していったのではなかろうか。また、自分自身の所属する最も信頼できる愛すべき福音教会だからこそ、これに対する内部批判はあくまでもきびしく、逆にカトリック教会などに対しては寛容で、しかも外交辞令的発言が多い、と見ることもできなくはない。表向きの言葉だけでは、本音は分からない。いずれにせよ、シュプランガーの念頭にあったもの、また中心的な意図と目的は、諸宗教、諸宗派を越えた「教会再一致運動」であり、「根源性への回帰」による普遍的宗教の探究であったと見てまず間違いなかろう。

　さらにまた、シュプランガーには「東方教会」(Ostkirche)との出会いもあった。ベールによれば、「シュプランガーのアテネの友人である、神学者ニコラオス・ルヴァリス（Nikolaos Louvaris）が、シュプランガーを東方教会の精神界、すなわち完全な原状態への世界の復帰(Apokatastasis)を説く共同体の精神界と結びつけた[21]」のである。「完全な原状態への世界の復帰」とは、万物再帰（興）、普遍的救済を意味し、先に神秘主義との関連で述べたあの「根源的な立場」や「根源性への回帰」とほぼ同義である。「東方教会の神秘主義」というものもあり、ここではそれと結びついた意味での「完全な原状態への世界の復帰」なのであり、この立場をもシュプランガーは支持していると見ていい。それどころか、一般に彼は、この種の思想をかなり自己の内部に摂取しているのではなかろうか。

これらに関連するものが、シュプランガーのあの「魂の魔術」という概念ではないかと思われる。この彼の言葉には、決して心霊主義(Spiritualismus)の意味は含まれていない。彼はその中期であるベルリン大学時代における3部作である「現世的敬虔」(1941年)、「信仰の心理学のために」(1942年)、および「近代世界におけるキリスト教の運命」(1943年)を取りまとめて、『魂の魔術』(1947年)として公刊した。この書においてもシュプランガーは、時と所を越えた、またいろいろな宗派を越えた、キリスト教の「意味の核心」、その「根本精神」、その「根源的事実」などを探究している。その結果、これらは原始的な「魔術的キリスト教」のなかにこそ発見できるとしたのである。ただ、同書の場合にも、頻繁に用いられている「キリスト教」という語の大部分は、「宗教一般」と読み替えることができるであろう。
　そこで問題となることは、原始的で魔術的な古い宗教のなかに秘められている意味の核心や根源的なもののいわば「現代語への翻訳」であろう。核心的・根源的なものへの回帰によって、時と所を越えた宗教をもう一度再生するためには、その翻訳が欠かせない、とシュプランガーは考えたのである。しかし、ここで翻訳とは、言語というよりも、むしろ内容の問題である。つまり、原層(Urschicht)と原点に立ち返りながらも、そこにとどまることなく、それを現代的に再解釈し再構成する必要がある。シュプランガーは単に原始的で魔術的なものへの復帰だけを主張しているのではなく、その原層に一度は立ち返り、それを底層としてその上に現代的なものを積み重ねていくという「層的理論」(Schichtenlehre)を提唱していると思われる。上掲書の主要な目的と内容も、そこにあると見ていい。
　さて、「根源現象」(Urphänomen)とはゲーテの用語であるが、それは『色彩論』(1810年)のなかで述べられており、多様な現象を通して一貫している必然的連関を意味する。それはなるほど単純ではあるが、ただ単に単純なものではなく、人間の到達しうる終局点でもあるとしている。そ

こに学んで、シュプランガーは戦後の代表的著書『教育学的展望——現代の教育問題』(初版1951年公刊)に所収の「現代の国民学校」(1950年)のなかで、次のようにいっている。すなわち、「ゲーテが『根源現象』と呼んだ最も単純な法則が、植物や動物の生命のなかに存在しているように、植物の栽培や動物の飼育にもまた、人間性の根源思想が存在している。ゲーテが根源現象のなかに直接に神的なものの働きを直観する(傍点は筆者)ことを確信していたように、われわれは人間精神のこの根源に沈潜すべきであろう[22]」と。

　そうした根源現象と根源思想とを体験的に学ぶためには、実際に根源活動を実行しなくてはならないが、その根源活動とは、1つにはそれが人類文化の発端であり、人類史的に見て最も根源的なものであり、1つには倫理的・宗教的な意味において最も根源的なものなのである。植物の栽培や改良、動物の飼育や調教、道具の発明や材料の加工などの労働と生活のなかには、自然があった。全人があった。自然と大地、動植物などへの、また人間に対する愛があった。神や仏もあった。これらのすべてがすべてとつながり合って、全体としての宗教的な世界があった。これらの一切が、全人類の根源的な倫理性と宗教性とを育んでくれたことであろう。全人類に普遍的、かつ根源的な宗教性が育まれたのである。啓蒙主義時代以降の新しい人間も、いや新しい人間であればこそなおさら、一度はそうした根源的宗教性へと立ち返らなくてはならない。これは、たとえ無神論の人、無宗教の人についても、いえることであろう。教育にもある程度、根源活動を導入する必要がある。子どもたちをただ古代人に連れ戻すためにではなく、宗教的なものの原層なり原点を体験させて、時と所を越えた普遍的宗教性を学ばせるためにである。

　ところで、シュプランガーの普遍的宗教性の探究とキリスト教信仰との間には、矛盾はないのだろうか。彼の考え方によれば、万人は神の子であり、神のもとに平等であるという、また万人に対する恩寵というキリスト教の教えに照らしてみれば、異教の宗教性も許容されるべきであ

り、従って両者に矛盾はないのである。それどころか、彼は本来のキリスト教精神、その原点に立ち返るならば、いっそう積極的に普遍的宗教性の探究を試みるべきであると考えているのであろう。シュプランガーにとっては、神の恩寵や啓示なども、包容力のあるものとして摂理されている。彼は『福音書』のなかに、その約束と救いにおいていかなる排除をも認めない福音を確認する[23]。それによれば、「あらゆる人間は兄弟である」から、非キリスト教的信仰態度も正当なものとして根拠づけられる。

　こうしたシュプランガーの見解は、ベールも指摘しているように、「平均化によるさまざまな差異の消去という、キリスト教信仰の妥協的放棄ではなく、対話のための無制約的な準備と公開性とを意味する[24]」のである。シュプランガー自身のキリスト教信仰は、多くの神学者が批判するように希薄なものでも歪んだものでもなく、あくまでも確かなものであると見てよかろう。しかも、彼の場合には、「普遍性」の概念は、単に平均化された、統計的な共通性や一般性を意味しない。非個性的な平均化の支持は、シュプランガーと正反対の立場である。彼は平均化によってではなく、まさにキリスト教の原点に立ち返ることによって、キリスト教の、いや広く宗教の普遍化を試みたのである。

　最後に、1つ付言しておきたいことがある。シュプランガーは1897年3月16日（14歳）に、家族が所属するベルリンのプロテスタント教会「ノイエ・キルヘ」（Neue Kirche）で、プロテスタントの信仰告白を行い、教会の正会員として承認される一種の入会式の性格をもつ「堅信礼」を受けた。また、ベルリンのその同じ教会で、彼は1940年10月20日（58歳）にナチズム独裁のもとで「現世的敬虔」と題して講演を行ったのである。

　さて、「ノイエ・キルヘ」とは、英語ではNew Church、日本語では「新教会」であるが、単に新しい教会ではなく、「新エルサレム教会」の通称なのである。そうして、その「新エルサレム教会」とは、スウェーデンボルグ（＝スヴェーデンボリ）（Emanuel Swedenborg, 1688－1772）の教説を

信奉している団体である。

　彼はスウェーデンの自然科学者であったが、1745年頃から非正統派的な神秘主義者としての宗教活動と宗教研究に没頭することになった。高橋和夫によれば、「世界的に宗教への関心が高まる風潮の中で、彼の独自な思想が注目されるようになったのはけっして偶然ではない。1988年にスウェーデンボルグは生誕三百年を迎え、世界各地で彼の科学・哲学・宗教を今一度見直そうという気運が高まっている[25]」。また、シュプランガーは鈴木大拙（1870－1966年）の宗教思想を英文で読んでいるが、その鈴木が大正初期にスウェーデンボルグを初めて本格的に日本に紹介したのである[26]。

　スウェーデンボルグの宗教思想は、既成のキリスト教の革新から普遍的宗教性の探究へと向かう。彼が真のキリスト教の復元とその原点への回帰によって、普遍的キリスト教、いや普遍的な宗教性を探究したことにおいて、それはシュプランガーと一致するといえよう。スウェーデンボルグの宗教思想は、人類史上のあらゆる宗教の根底にある普遍的な「原宗教」を志向するものである。高橋によれば、「スウェーデンボルグの宗教観には、キリスト教の枠を超えた時空的な拡がりがある。彼は西洋的伝統という自分の立っている大地を深く掘り下げて、そこに東洋や古代に通ずる巨大な水脈を見出そうと努めている[27]」。これが、すなわち「原宗教への回帰」に他ならない。ちなみに、彼の場合にも、普遍性は決して単なる共通性や一般性を意味しない。水平的なものではなく、垂直的なものこそが問題なのである。

　以上のことは、全くシュプランガーについてもいえることである。不思議なほどまでに、シュプランガーにも当てはまる。彼が「ノイエ・キルヘ」の正会員であったからではなかろうか。なるほどシュプランガーのいかなる著作にも、あるいはいかなるシュプランガー研究書にも、まだ筆者はスウェーデンボルグの名を見いだすことができないし、そのベルリンの教会に足を運んだこともないので、客観的資料に基づいて両人

の思想の一致について断言することはできない。しかし、ベルリンの「ノイエ・キルヘ」が、何らかの形で基本的にスウェーデンボルグの教説を説いていたとすれば、それはシュプランガーがその教会に通うなかで、次第に彼の魂の根底にまで入っていったと思われる。

第3節　宗教と文化

　シュプランガーにとっては、価値の観点から見て、宗教はいわゆる6つの「生の形式」（Lebensformen）のなかで最高の位置を占める。けれども、「宗教的形式は、普遍的・人間的形式（die allgemein-menschliche Form）である[28]」。すなわち、他のすべての生の領域、および科学、経済、国家、社会などの文化全体と結びつき、かつこれらを調整すべきものなのである。シュプランガーは、宗教と文化との密接不可分な関係を主張すると共に、宗教の文化に対する調整的地位と優位性とを説く。また、宗教把握において歴史主義的把握を意識的には極力避けようとしているように思われる。すなわち、狭義の固定的な「歴史的な既成宗教」、あるいは「歴史的・積極的宗教」（die historisch-positive Religion）をただそのままの形では受容しようとしない。文化的意義を積極的に承認するためにである。しかし、無造作に世俗的文化そのもののなかへ移し込まれえないような、宗教的生形式に関する固有の権利も求められている。

　文化と宗教、現世的な内在的神秘主義や現世的敬虔と歴史的宗教とをそれぞれ結びつける結節点は、シュプランガーにあっては「宗教的体（経）験」（シュプランガーは宗教的体験と経験とを用語上特に区別していない）に他ならない。この体験や経験によってこそ、俗世の文化のなかで宗教的に生きることができ、現世的敬虔と既成宗教との調和の道も開かれうることになる。シュプランガーによれば、「神とは純理論的概念ではない」のであり、むしろ「神の概念の意味」というものは、神の「われわれへの関係」のなかに、すなわち「最高の価値経験」のなかに存するのである。また、神の概念とは、「この価値経験の表現」に他ならないのである[29]。

ただ、そうした経験や体験は、単に主観的なものではなく、主観─客観の複雑微妙なからみ合いのなかでこそ生まれるものである。これについては後の章で明らかにしたい。

さらにまた、シュプランガーは宗教的なものを、単に理論的なものや超越的なものとしてではなく、生の体験や文化的経験とも結びついた「実践的価値」(praktischer Wert)として理解する。シュプランガーにとって「宗教的なものとは『生の全体的意味に対するその重要性が、価値体験として経験される』、その当のものである[30]」。宗教的なものが、6つの価値領域のなかで最高の位置を占めているのは、それが人間の「生の全体」に関わるからである。シュプランガーによれば、「6つの価値のなかでも、「人格の全体性、あるいは人格の全体的態度に規範的に関係するものが、最高価値として区別される[31]」。これが宗教的価値である。

宗教的価値は、シュプランガーにとって他の諸領域の価値のすべてに妥当しうるものでなくてはならない。それは、他の諸価値が作用するあらゆる生の領域、あるいはあらゆる文化領域の中核ないし基盤として存在し、他のすべての価値を調整し統御する価値なのである。実際、現実の諸文化活動と全く関係のない宗教というものは存在しないのであり、宗教は政治、経済、科学、芸術などのあらゆる文化活動と共に存在し、しかもそれらの母体となるべきものであろう。宗教は文化から全く切り離された別世界にあるのではなくて、現実の文化的実践活動のなかにあって、これを調整するのである。この意味でも、宗教的なものは「実践的価値」として理解されうるであろう。

以上は、道徳あるいは倫理についてもいえることであろう。倫理も、やはり全体的統合的価値に他ならないからである。シュプランガーは「倫理はまことの宗教性の本来の核心である[32]」といっている。従って、宗教的価値の本質は倫理的価値であり、両者は密接不可分の関係にある。しかし、彼によれば、「宗教と倫理とは、完全に一致する訳ではない。次の理由からだけでも、そうである。すなわち、倫理の法則は人間の志操と

態度とに向けられる規範であり、これに対して宗教性や宗教は、世界のなかでの、あるいは世界を越えた最高の価値内容の把握、だからとにかく対象的連関を志向する」[33]のである。つまり、一般的には倫理は自律に基づくが、宗教は神律に基づき、最高価値としての神を探究し志向するという意味であろう。また、この引用文から推し測って、もし倫理が人生観の探究に対応するとすれば、宗教は世界観の探究に対応するといってよかろう。ちょうど世界観が人生観を包括するように、宗教は倫理を包摂し、かつ根底から支えるものであると見ていい。また、両者はいずれも、生と文化の諸領域をすべて包摂し、かつ根底から支える基盤なのである。

　結局シュプランガーは、一般的には倫理が宗教にとって代わることができないし、かつ宗教ぬきの全く自律的な倫理はまことの倫理ではないと見なしているが、しかし彼自身の倫理と宗教との概念については、両者はいわばほぼ近似値の関係にあると考えていると思われる。すなわち、シュプランガーにあっては、倫理とは宗教的倫理であり、宗教とは倫理的宗教であり、従って両者はほぼ一致する。そうして、両者とも、半ば神律的であり、半ば自律的であると見ていい。

　いずれにせよ、問題は生や文化の調和と全体構造である。しかも、まことの調和と全体構造には、必ず「中心」と「基底」とがなくてはならない。もしこれが欠けていたら、それらは似て非なるものという他ない。実際、専門職としての宗教家は、もちろん必要ではあるが、だからといってヨーロッパ大陸に、いや全世界に修道士しかいなかったとしたら、どうなるのか。やはり政治家、実業家、科学者、教師等々もいなくてはならない。そうして、各々が生の中核と基盤としての宗教性を自己の内部に育んでいき、かつ文化全体の基盤としても宗教が確たる地位を占め、宗教を中核として諸文化が統一的に有機的連関を保つことが求められる。それができなかったら、また文化が一面的に肥大したら、文化が病に陥り文化危機が生じることを、シュプランガーは「文化病理学」（1947年）

のなかで警告している。これは第二次大戦後彼がテュービンゲン大学に着任した翌年の講演であったが、そこでは宗教と個々人の宗教的核心としての良心とが、文化の健康調整器として作用しなくてはならないにもかかわらず、もはやそれが機能不全に陥っているとして、宗教による文化の再生を心底から呼びかけている。

　また、彼はさかのぼってベルリン大学時代の作品である「歴史哲学的視点に立った現代のドイツ陶冶理想」（1926年）のなかでも、次のようにいっている。すなわち、「あらゆる大きな文化危機の震源地は、世界と生とに対する人間の態度決定における究極の深所にある。より適切にいえば、そのような危機はすべて、宗教的確信という支柱的基底の動揺から発生してくるものである[34]」と。

　シュプランガーは、「文化の宗教化」と「宗教の文化化」とを共に考えているといえよう。前者は「俗から聖へ」の方向、後者は「聖から俗へ」の方向である。両者は相互に原因となり結果となりながら、循環関係を形づくるべきものとなっている。彼は宗教を忘れてしまった文化を可能な限り宗教化することによってこれを救済しようとし、逆に歴史的な既成宗教、あるいは歴史的・積極的宗教を可能な限り、文化化しようと意図していると見てよかろう。

　その具体化の1つを、何といってもわれわれは、シュプランガーがライプツィッヒ時代に書き上げた主著『生の諸形式』（初版1914年、第2版・全面改訂版1921年）のなかに確認することができるであろう。また、ほぼ同時代の主著『文化と教育』（初版1919年）のなかにも、確認することができるであろう。そうして、そのような試みは、晩年まで一貫しているといっていい。シュプランガーは生涯しばしば、教会の独断的教義による拘束を斥けている。彼は「歴史哲学的視点に立った現代のドイツ陶冶理想」のなかでも、次のようにいっている。すなわち、「プロテスタント教会は、キリスト教的信念とキリスト教倫理との枠組みが特に拡大されるよう、その門を広く開かなくてはならないであろう。『昔の占有的地位』

(alter Besitzstand)への復帰は、プロテスタント教会にとって、生活との分離を意味する。しかも、カトリック教会でさえ、決してそこまでにはならなかったと思われるほどまでに[35]」と。

しかし、プロテスタント教会とその教義とに対するシュプランガーの批判の最も典型的な例は、何といっても本稿第5章で詳論するように、「ヒューマニズム思想とその問題性Ⅲ」(Der Humanitätsgedanke und seine Problematik III, 1948)のなかに集約されている、彼の「弁証法神学」(危機神学)批判に他ならない。この神学は、文化領域のなかに宗教や神を求めようとする、逆に宗教や神のなかに文化を導き入れようとする、人間のあらゆる文化的努力というものを無駄であるとして否定し、ただただ教会の教義と「神の言葉」そのものに服従せよ、と断固として主張したのである。これに対してシュプランガーは、ドイツの「文化的プロテスタンティズム」(Kulturprotestantismus)の立場に立って激しく対抗した。

また、シュプランガーは基本的にはルターを支持してはいるが、ルター自身においても、当時の歴史的制約のもとでまだ宗教の文化化が十分ではないと見ている。シュプランガーはその著『文化と教育』に所収の「ルター」論(1917年)で、次のようにいっている。すなわち、「ルターは世界を半分しか中世から解放していない[36]」。従って「文化に対するルターの立場は、2つの特色によって規定されており、その両者は中核においては同じことを意味している。すなわち、神的なものを現世から引き離すかたくなな二元論と特殊な宗教的なものへの固執とである。そのために、科学、経済、国家、社会などの固有法則は、その固有性と純粋性のままに宗教の内容となる代わりに、その大半が宗教的なものから転落している。生そのものの現実のなかで脈動する宗教を、ルターは予感はしたが、まだ完成はしなかったのである[37]」と。

さらに、宗教や教会と文化との関係の在り方について、上と同じ著作のなかで、シュプランガーは次のように述べている。すなわち、「聖書と歴史とは次第に、幾千の固有な道をたどって神を探し求める個々人の宗

教性が絶えずそれによって点火される炎となっている。新しい敬虔は次第に、生および、国家と経済、科学と芸術における生の多様な固有法則に自由な余地を与え、生がそれらによって豊かにされ成熟させられてあの静かな教会に帰ってくるように求めるようになっている[38]」と。これを換言すれば、次のようになるだろう。すなわち、新しい時代においては、聖書と教会は神を求める自由な個々人の多様な宗教性と敬虔とに点火される火だねの役割を果たすのがよかろう。そうして生と文化とが教会の強い権力支配から解放され、その固有性が認められて、それがいわば本来の郷土である教会に帰ってくるべきである。そうしてまた、その教会宗教が再び現世の生と文化とのなかへ入っていく。こうした宗教と文化との絶えざる循環関係が求められている、と見ていい。

　だから、聖書と教会の意義も認めていることになる。従って、歴史的な既成宗教の意義も、認められていると見ていい。ただ、これは決して狭義の固定的なものであってはならないし、文化から遊離したものであってはならないことだけは、知っていなくてはならない。客観的な歴史的宗教は、主観的宗教性と文化への点火の契機となり、これをより豊かで真実なものにするためにこそ必要である、とシュプランガーは考えているのである。しかも、こうした考え方は、終始一貫してシュプランガー宗教思想の基本構造を形成していると見ることができる。

　さらに、上の引用文にすぐ続いて、シュプランガーはいっている。すなわち、「教会は体験と寄与とにおける魂の共同体、一切の理性よりも高くに位する信仰と力と平和とにおける進歩以外の何ものも望まない[39]」と。この「望まない」は「望むべきでない」と、あるいは「シュプランガー自身の考えている教会は望まない」と読み取ることができる。それよりも、着眼点は「一切の理性よりも高くに位する信仰」というくだりであろう。これは、宗教思想においてカント的契機以上に歴史主義的契機が重視されていることを意味しているのではなかろうか。ただし、後者は決して狭義の固定的なものではない。だから、例えばルターについて、

シュプランガーは次のようにいっている。すなわち、「後世の人々がルターの言葉や彼の文字さえも絶対化しようとするならば、それはこの改革者に対する最大の冒瀆であろう。宗教改革は1つの発端であり1つの運動であって、決してわれわれを拘束する終結ではない[40]」と。また、「生の究極の意味を把握する試みとしての宗教は、人格の全体的な生の実質から最も強い力をもって生じてくるものであるから、決して一様ではありえない[41]」と。

歴史的な既成宗教は、純客観的なもののままにとどまるのではなく、いかなる場合においても個々人によって徹底的に主観化され内面化されるべきものである。逆に、多くの個々人の客観的宗教への積極的な働きかけによって、それ自体を改革することも必要であろう。もしかしたら、シュプランガーのあの「現世的敬虔」も、現代における宗教改革の試みかもしれない。客観的宗教は、文化を自身の内部に含んでいる個々人の宗教性によって支えられ、かつ改革されるべきであることを、シュプランガーは説いているといえよう。そうして、その宗教性の核心こそが、まさしくあの「個人的良心」なのである。

フシュケ・ライン（Rolf Bernhard Huschke-Rhein）は、「シュプランガーにおける新カント派的契機と歴史的契機との固有な結合は、彼の宗教把握に最もよく表現されている[42]」とした上で、「シュプランガーは、彼が歴史的な既成文化（die historisch-positive Kultur）への奉仕を呼びかけたいと思っていたから、まさしく既成宗教の妥当性を制限しなくてはならないのである[43]」といっている。続いてフシュケ・ラインは、「既成の文化というものは、シュプランガーにとって宗教的なものの認識のための、また宗教的なものの実践のための本来の視界（eigentlicher Horizont）である[44]」といっている。

ベルリン大学教授時代の1930年のシュプランガー自身の言葉によれば、「文化と神の永劫性との間には、依然として緊張状態が残りはするが、しかしわれわれが神を経験することができるところは、やはり此岸にお

けるわれわれの労働のあの制約された作用領域以外にはない。ここにいう文化とは、自然と同様に、そこにおいてのみ、またそこからのみ、われわれが神との対面を感知する、現実なのである[45]」。だからまた、啓示の源泉も文化であることを、読み取ることができるであろう。

　啓示の源泉の場所であれ、神の経験の場所であれ、あるいは神との出会いの場所であれ、実はそれらは1つには上述のように客観としての文化であり、1つにはそうした文化をもみずからの内部に取り込んでいる、主観の中核に位置する「良心」なのである。シュプランガーは、戦前はむしろ前者を、戦後はむしろ後者を強調している。しかし、後の章で詳論するように、主観―客観関係の基本的図式は、生涯を通して全く首尾一貫しているといっていい。

　以上は、シュプランガーの「内在的神秘主義」や「宗教的ヒューマニズム」へと、また「現世的敬虔」へと発展していったと思われる。彼は生涯を通して、宗教というものを、決して狭義の固定的な歴史的既成宗教という客観化された形態のみに限定していない。また彼は、神の純客観的であること、あるいは神の自体的であること（das Ansichsein Gottes）についての言表を独断的（dogmatisch）であるとして、しばしば批判している。そうして、現世における神の国の実践的・実際的実現ということを、特に強調している。こうして、シュプランガーは現世に基づいた、また現世のなかでの宗教思想を展開していくのである。だから、教育についても、シュプランガーの場合には宗教教育ではなく、宗教的な教育、あるいは現世的敬虔の教育であるといえよう。

　とはいえ、シュプランガーの宗教思想は、なかなか単純ではない。『シュプランガー全集』第IX巻の編者も指摘しているように、「現世的敬虔」（Weltfrömmigkeit）にしても、力点は現世（Welt）にではなく、「敬虔」（Frömmigkeit）にあるといえよう[46]。しかしまた、シュプランガーは宗教の文化化と文化の宗教化とを意図するがゆえに、宗教の歴史主義的帰結を意識的に極力避け、既成宗教の妥当性を制限しなくてはならなかった。

だから、特に宗教の専門家を前にし、これを相手にした時のシュプランガーは、既成宗教に対して批判的で消極的な立場をとり、その分、文化に対して積極的な立場を表明している。しかし、その同じシュプランガーが、宗教による文化の救済を力説し、教育の中核に宗教を位置づけ、かつ理性主義を越えて、結局は不可避的に少なくとも広義で複数の、しかも本質としての既成宗教だけは認めざるをえなかったと思われる。こうした意味の既成宗教、いやむしろいわば「既成宗教的なもの」が、確かに彼の宗教思想の根底にはあったといえよう。

まさしくシュプランガーの場合には、既成宗教というよりも、むしろ「既成宗教的なもの」という語がより適切である、と筆者は考える。何故ならば、彼にあっては一般に宗教の概念は、狭義で固定的なものではなく、逆に広義で弾力的なものであり、また多様な宗教と宗教経験の多様性とが容認されているからである。しかも、「既成宗教的なもの」とは、広義の「客観的宗教」、あるいは「普遍的宗教」と同義であり、確かにそれ自体のなかに根源としての「超越的なもの」、もしくは「神」が含まれていると見てまず間違いなかろう。

注

1　Eduard Spranger : Weltfrömmigkeit, 1941. In : Gesammelte Schriften, Bd.IX, Max Niemeyer Verlag Tübingen, 1974. S.245.
2　H. W. Bähr : Nachwort, 1974. In : GS. Bd.IX, S.421.
3　Spranger : Psychologie des Jugendalters, 29 Aufl. Quelle & Meyer Verlag Heidelberg, 1979. S.268.
4　Spranger : Briefwechsel Eduard Spranger ―― Gerhard Bohne, 1952. In : GS. Bd. IX, S.360.
5　Spranger : a. a. O., S.361.
6　Spranger : a. a. O., S.361.
7　Spranger : Der unbekannte Gott, 1954. In : GS. Bd. IX, S.98.
8　Spranger : Briefwechsel Eduard Spranger――Gerhard Bohne, In : GS. Bd.IX, S. 361.

9 Gerhard Bohne : a. a. O., S.365.
10 G. Bohne : a. a. O., S.365.
11 Spranger : Glaube, Geschichtsprozeß und Bewußtsein, 1944. In : GS. Bd. IX, S.290.
12 Spranger : Briefwechsel Eduard Spranger —— Gerhard Bohne, In : GS. Bd. IX, S.367.
13 Spranger : a. a. O., S.368.
14 Spranger : a. a. O., S.368.
15 H. W. Bähr : Nachwort, In : GS. Bd. IX, S.430.
16 Spranger : Psychologie des Jugendalters, S.249.
17 Spranger : Briefwechsel Eduard Spranger —— Gerhard Bohne, In : GS. Bd. IX, S.367.
18 Vgl. GS. Bd. IX (Zu den Texten), S.395.
19 GS. Bd. IX (Zu den Texten) , S.396.
20 H. W. Bähr : Nachwort, In : GS. Bd. IX, S.432.
21 H. W. Bähr : a. a. O., S.432.
22 Spranger : Die Volksschule in unserer Zeit, 1950. In : GS. Bd. III, Quelle & Meyer Verlag Heidelberg, 1970. S.193－194.
23 Vgl. H. W. Bähr : Nachwort, In : GS. Bd. IX, S.433.
24 H. W. Bähr : a. a. O., S.433.
25 高橋和夫著『スウェーデンボルグの宗教世界――原宗教の一万年史――』人文書院、1997年、1頁。
26 同書、2頁。
27 同書、298 頁。
28 Rolf Bernhard Huschke-Rhein : Das Wissenschaftsverständnis in der geisteswissenschaftlichen Pädagogik, Klett-Cotta Verlag Stuttgart, 1979, S.384.
29 Spranger : Lebensformen. Geisteswissenschaftliche Psychologie und Ethik der Persönlichkeit, 9 Aufl. Max Niemeyer Verlag Tübingen, 1966. S.238.
　　　R. B. Huschke-Rhein : Das Wissenschaftsverständnis in der geisteswissenschaftlichen Pädagogik, S.384.
30 R. B. Huschke-Rhein : a. a. O., S. 384. Vgl. Spranger : a. a. O., S.236.
31 Spranger : a. a. O., S.237.
32 Spranger : a. a. O., S.88.
33 Spranger : a. a. O., S.89.
34 Spranger : Das deutsche Bildungsideal der Gegenwart in geschichtsphiloso-

phischer Beleuchtung, 1926. In : GS. Bd. V, S.63.
35 Spranger : a. a. O., S.72.
36 Spranger : Luther, 1917. In : GS. Bd. XI, Quelle & Meyer Verlag Heiderberg, 1972. S.22.
37 Spranger : a. a. O., S.22-23.
38 Spranger : a. a. O., S.31-32.
39 Spranger : a. a. O., S.32
40 Spranger : a. a. O., S.31
41 Spranger : a. a. O., S.32
42 R. B. Huschke-Rhein : Das Wissenschaftsveständnis in der geisteswissenschaftlichen Pädagogik, S.384.
43 R. B. Huschke-Rhein : a. a. O., S.388.
44 R. B. Huschke-Rhein : a. a. O., 388-389.
45 Spranger : Zur geistigen Lage der Gegenwart, 1930. In : GS. Bd. V, S.227-228.
46 Vgl. GS. Bd. IX (Zu den Texten), S.397.

第2章 シュプランガー宗教思想における主観―客観問題

　本章では、シュプランガー宗教思想を、その「主観―客観問題」を中心に考察することとする。というのは、「精神の主観―客観関係」という図式こそ、シュプランガーの思想一般を、従ってその宗教思想をも支えている基本的思考様式に他ならない、と考えるからである。この点に着眼してシュプランガー研究を進めていくならば、体系に欠けているといわれている彼の幾多の教育学的、及び宗教的著作をも、私たちの手で体系化する道も開かれてくるのではなかろうか。
　以上のような問題意識の下に、本章では、「シュプランガー宗教思想における主観―客観問題」の基本的構造の解明を試みたい。

第1節 諸宗教思想における主観―客観問題の シュプランガーによる理解と受容

　まず最初に、初期のシュプランガーが、ドイツにおける代表的な人物によって展開された諸宗教思想をいかに理解し、受容したかということを「主観―客観問題」を中心に考察したい。
　(1) シュライエルマッハー (F. E. D. Schleiermacher, 1768－1834)　彼にとって宗教は、啓蒙主義の意味における形而上学的認識でもなく、カントやフィヒテの意味における道徳の付属物でもない。彼は宗教の自立性を証明し、宗教を「固有の心情領域」として記述しようとする。
　シュライエルマッハーにあっては、「あらゆる有限なもののなかに無限なものが存在している。現実の全体体験(Totalerlebnis)においては、両者は分離していない[1]。そうしてまた、「この全体体験は、次の2つの面を含む。1つは客観的な面であり、これはつまり、有限なもののなかに内

在する宇宙の・直・観、もしくは・直・覚である。そしてもう１つは主観的な面であり、これはこうした直観に対応する宇宙の感情、つまりそれによってこの宇宙の全体性が体験される主観的形式である[2]。この意味における全体体験を、シュライエルマッハーは宗教と呼ぶ。それ故に、彼は「・宗・教・と・は・宇・宙・の・直・観・と・感・情・で・あ・る」と定義する。

次に、シュライエルマッハーの宗教は「神秘主義」であるといえよう。神秘主義は、批判されえない。また彼は、あらゆる宗教が絶対的に・個・別・的でありうることを認める[3]。それ故に、シュライエルマッハーの立場は、総じて・主・観・主・義・的である。

シュプランガーは、以上のようにシュライエルマッハーの宗教思想を理解し、また以上のようなことをシュライエルマッハーから受容している。シュプランガーは、教育思想のみならず、宗教思想においても、確かにシュライエルマッハーを継承し、彼からまことに多くを学び取っている。しかも、初期から、晩年に至るまで一貫してそうであろう。シュプランガーは、宗教に関しては、最も多くシュライエルマッハーを引用し、かつ自己自身の立場がきわめて多くシュライエルマッハーと重なり合うことを表明している。

(2) ヘーゲル (G. W. F. Hegel, 1770－1831)　彼も、宗教における感情の役割を否定はしない。しかし、感情は・常・に・主・観・的であるにすぎないとする。この感情の主観性をも重視するシュライエルマッハーやシュプランガーらと、「客観的なもの」「超個人的なもの」を特に強調し、主観的なものはネガティブであると見るヘーゲルとは、きわめて対照的であり、両者の間には大きな対立があるに違いない。

シュプランガー自身に語らせれば、こうである。すなわち、「われわれは下から行き、ヘーゲルは上から構成する。われわれは、全体としての主観に関心をもつ……。彼は、主観を抹殺し、その上に絶対精神を構築する。……ヘーゲルの立場は、彼の宗教的確実性で所与の主観を固定的につなぎとめておく方向へと、すべてを押しやる[4]」のである。

ヘーゲルのすぐ後に、思弁を斥け、心理学的宗教理論を展開するフォイエルバッハ（Ludwig Feuerbach, 1804－1872）やアルブレヒト・リッチュル（Albrecht Ritschl, 1822－1889）らが続くのも、決して偶然ではなかろう。

　(3)　リッチュル　プロテスタント神学者であり、「リッチュル学派」を形成した彼は、シュライエルマッハー以後近代神学に著しい影響を与え、近代神学史最後の中心人物といわれている。

　シュプランガーは、このリッチュルをフォイエルバッハと並んで、ヘーゲルと対立し、ヘーゲルの宗教概念を崩壊させた人物である、と見ている[5]。「現実主義的感覚」(realistischer Sinn) をもっているリッチュルは、ヘーゲル的・絶対的形而上学、もしくは合理主義的・衒学的形而上学をきわめて厳しく批判する。また、ヘーゲル的な意味における「神秘主義」にも対立する。

　リッチュルの特色として、「歴史的方向」をあげることができるであろう。彼は、歴史的・実証的なキリスト及びキリスト教を強調し、彼の直観は、キリスト中心 (christozentrisch) である。また、彼の関心は、倫理学的視点による神学の再建に向けられる。彼は、カント的な形而上学批判と道徳的キリスト教理解に帰ろうとし、神と人との倫理的な関係に根ざすキリスト教的原理による精神的な支配の確立こそ世界を救う道であると主張した。さらに、彼は宗教性の本質を形而上学の代わりに「価値判断」の上に基礎づける。それ故に、彼は多かれ少なかれ、価値判断と倫理的努力に焦点を絞った神学を目指したのである。

　後に考察するトレルチ（Ernst Troeltsch, 1865－1923）、ヘルマン（Wilhelm Johann Georg Herrmann, 1846－1922）、ライシュレ（Max Reischle, 1858－1905）らのいわゆるリッチュル学派は、大なり小なりそうした立場に立つ。上述のようなことを、シュプランガーはリッチュル自身からも学んでいるであろう。しかし、後に明らかになるであろうように、むしろリッチュル学派、特にヘルマンやライシュレからより多くを受容しているといえよう。

リッチュル以降、プロテスタント神学における宗教研究の方向は、シュライエルマッハー・ヘーゲル時代に比べて著しく変化したが、シュプランガーは、一方においてシュライエルマッハーから、他方においてリッチュル及びリッチュル学派、とり分けヘルマンとライシュレからまことに多くを学び取っていると思われる。

(4) トレルチ　カントの先験哲学におけるあのアプリオリに基づいて、トレルチは宗教における主観的・偶然的なものから客観的に妥当するもの・法則的なものを選別するために「宗教的アプリオリ」(religiöses Apriori) を追求するのである。彼はシュライエルマッハーとは別様に、つまり宗教を最初に基礎づける客観的なものの概念によって、その自立性を根拠づける。しかし、この考え方は、その後次第に「歴史的宗教」の重視へと移り、キリスト教は教義上絶対であるが、ヨーロッパ的価値体系にだけ妥当するとされた。つまり、トレルチは「教義の絶対性」と「歴史的相対性」との統合を目指したのである。

こうした問題をより単純化して、シュプランガーは提言している。すなわち、「トレルチによって追求された宗教のあの客観性、もしくは正常性(Normalität)を基礎づけうる普遍妥当的モメントは所与の個人的意識において直接解答できないのであろうか[6]」と。換言すれば、所与の個人的意識（内）から追求していき、漸次普遍妥当的なもの（外）へと考察を進めることが、宗教という複雑で困難な問題にできるだけの解答を与えることができるのではなかろうか、ということであろう。

従って、シュプランガー自身の方向は、「客観」→「主観」というより、「主観」→「客観」が中心になっていると思われる。とはいえ、前者の方向も見られる。後者の方向が強調され、「主観」から出発するが、おそらく「主観」と「客観」との間にはしばしば往復運動が認められるのではなかろうか。確かにシュプランガー自身の宗教思想は、まず第一に「主観主義的」であるが、その次にそれは「客観主義的側面」もないわけではなく、「主観を起点としかつ帰着点とする主観─客観の循環関係」「主

観を軸としながらの主観―客観の相互関係」「主観の内なる主―客合一」
（シュプランガー自身は、これらと全く同じ言葉は使用していない）等々によってこそ、その思想構造を真に全体的に特色づけることができる、と筆者は考える。しかし、本章ではむしろ「主観主義的側面」を中心に考察することにする。

　話をもとにもどせば、シュプランガーと逆の立場に立つ者には、すでに見たヘーゲル、それからハルトマン (Karl Robert Eduard von Hartmann, 1842-1906) やその弟子ドレヴス (Arthur Drews, 1865-1935) などがあるが、彼らの方法は、純粋形而上学的である。すなわち、彼らは、意識のとらわれざる分析から出発すること以上に、独断的な世界の全体把握から宗教意識を理解しようとした。それ故に、シュプランガーは彼らを斥けるのである[7]。

　(5) ヘルマン　客観的な宗教的モメントを直接的に明示することは、きわめて困難な課題であるから、これを「アプリオリ」で留め、宗教の客観性からいわば間接的な演繹を行うということが試みられた。トレルチ以前にも、この方法がとられていた。すでにカントが、宗教性というものを絶対的に普遍的な道徳法の根源に由来させたのも、結局この試みに他ならなかったのである。しかし、シュプランガーによれば、こうした理論のカント以上に近代的な、またカント以上に宗教的な形態は、ヘルマンの著書『世界認識および倫理との関係における宗教』(Die Religion im Verhältnis zum Welterkennen und zur Sittlichkeit, 1879) のなかに見いだされるのである[8]。

　ヘルマンは、リッチュル、トレルチらと同様に、カントの批判哲学とその倫理主義を継承している。カントを受けてヘルマンは、悟性的な範疇に従って科学的に「証明可能な現実」と悟性の及ばない「体験可能な現実」とを区別し、無条件的・絶対的なもの、つまり宗教的なものは、その悟性的思惟に優越する「体験」において成立し、人格的生命の内にしか土着しないとする。人格は、自己の内に最高の目的と価値を体験し、

自己自身を最終目的と考えることによってのみ、その生を全うすることができると見るのである。

しかし、こうした主張は、主観性の一面的強調にすぎないではないかという反論を、ヘルマンは当然予想しているであろう。従って、このような主張と人格自身の価値が、何か客観的なものであることを、彼は示さなくてはならないであろう。シュプランガーの理解によれば、ヘルマンにおける「客観的価値」とは、まさしく「倫理的価値」のことであり、これは無条件的に一般的な命令の性格をおびて、人格的生の内に現れるのである[9]。それ故に、主観の内に客観が含まれていることになる。

さてここで、あの道徳法、もしくは命令としての倫理的人格価値が、カントにあっては絶対的に普遍妥当的であるが故に、これを受けてヘルマンが、その価値から絶対的に妥当する宗教形式を導出するであろうことを、われわれは当然期待する——とシュプランガーは考える[10]。

しかし、シュプランガーによれば、「不思議にも、彼はこの点においてカントの道を突然中断するのである。ヘルマンの見方に従えば、カントが以下のことを信じていれば、彼は合理主義者である。すなわち、人間は自分自身から（傍点は筆者）、①あの道徳の内容を把握することができる、そして②あの信仰対象の客観的実在（神のこと。筆者注）を確信することができるようになるということを信じていればである[11]」。

しかし、そうしたことは、ヘルマンにあっては「歴史的啓示」に基づいてのみ可能である。この啓示は、「倫理的人格の無限な価値の確実性」をわれわれに保証する、キリストにおいて徹底的に生ずるのであり、それ故に宗教の客観性と普遍妥当性は、結局「一回の歴史的啓示」に基づくのである[12]。

シュプランガーは、以上のようにヘルマンを理解し、さらに「客観性」や「普遍妥当性」に関連して、かなり自己自身の主張を前面に押し出しながら、ほぼ次のように論を進めていく。すなわち、倫理的意識のなかに横たわる無条件的に義務づけるものが、カントらによって考えられて

いるが、あらゆる人間があらゆる時代に同様な倫理的義務をもつとは考えられない。むしろ、あらゆる倫理的状況は、絶対的に特殊的な場合である。それ故に、「定言的命令は、解釈の仕方をかえれば『平板な平均的道徳』の主張を含むといえよう[13]」。

　宗教もまた、普遍妥当性からは、何も得るものはないであろう。というのはヘルマンによれば、普遍妥当性に際しては、もし宗教が人格を完成させるべきであっても、これは「法律的人格」(juristische Persönlichkeit)であり、比較不可能な唯一無二の内容をもった個々の魂ではないからである。また、シュプランガーは、自己自身の立場を次のように述べている。すなわち、「私は、代価を払って（主観的側面を犠牲にするという意。筆者注）それを得るよりも、むしろ宗教の普遍妥当性を全く放棄したかった、ということを告白しなくてはならない…[14]」と。そうしてシュプランガーのヘルマン理解によれば、ヘルマンはもちろん、歴史的キリスト教の主張によって主観的・特殊的側面を犠牲にせずに、これと普遍妥当性との統一を求めた。いわば「歴史的普遍妥当性」を追求したといっていい。

　ここに、普遍妥当性の証明に歴史的なものがからみ合い混ざり合う第二の場合がある。第一の場合は、トレルチであった。いずれの場合も結局、キリスト教の正当化に他ならない。

　(6)　ライシュレ　こうした問題について、またもっと広くシュプランガーのいろいろな宗教的疑問に対して、最大の示唆を与えたのは、ライシュレの主著『宗教の本質を問う――宗教哲学の方法論のための基礎づけ』(Die Frage nach dem Wesen der Religion. Grundlegung zu einer Methodologie der Religionsphilosophie, 1889)であろう。著者ライシュレは、47歳の若さで世を去った、リッチュル学派に属する神学者である。

　他の誰からでもない、まさしくこのライシュレから、シュプランガーは最も多くを受容していると思われる。しかも、彼がその初期にライシュレから学び取ったものは、シュプランガー宗教思想の太い底流となり、

彼の生涯にわたって一貫して流れ続けているのではなかろうか。1911年1月、弱冠28歳の時に、ベルリン大学で行ったシュプランガーのライシュレについての講義内容は、あたかもその後晩年に至るまでのシュプランガー自身の宗教論と全く同じであるかのようでさえある。

その時の「講義」に依拠しながら、以下シュプランガーによるライシュレの理解と、その受容について簡単に考察したい。

まず第一に、宗教は「主観」から始まる。個々人の「宗教心」、宗教的「体験」から始まる。われわれが他のところに宗教的な証拠を見いだすとしても、その客観的な資料は、われわれが自分自身の内に見いだし、自分自身から知るところのものに基づいた「仮定的追体験」(hypothetisches Nacherleben)によってこそ、生命を与えられ、かつ理解されうるであろう。それ故に、われわれは例えば宗教史や宗教心理学の材料を、体験と密接に関連づけながら「解釈的」(interpretatorisch)「推量的」(divinatorisch)「比較的」(komparativ)に取り扱う[15]。これによって初めて、われわれは宗教概念の「帰納的推論」(Induktion) のための材料を手にするのである。

さて、第二段階では、こうした材料から「一般的概念」を形成する。従って、これは「客観化」の段階である。しかし、個人的に制約された宗教的体験の相違はきわめて大きいが故に、その概念は「規準概念」(Maßbegriff)である。すなわち、「それは、われわれの追体験がいかなる類型的方向に動いていかなくてはならぬかについて、指示を与えるにすぎない。もしそうでなかったら、あらゆる精神科学的概念は、空虚なままに留まるであろう[16]」。

しかし、さらに第三のモメントとして、再び「主観化」へと回帰しなくてはならない。われわれの「体験」のなかには、この体験こそが本来の、最高の宗教を表現しているという信念も横たわっているであろう[17]。われわれは、この規範の束縛の下にある。そうして、この自己の規範から今や、われわれが他者においてまことの宗教として是認するところのものが規定されるであろう。ライシュレは、科学的にさらに論を進めて

もよいと思われるにもかかわらず、これ以上一歩も前進しない。彼はた
だ、われわれ個々人の宗教的信念は、それがいかなるものであれ、規範
性の特色をおびてわれわれのなかに生きている、と主張するだけである[18]。
精神科学的概念形成の方法は、常に規範的視点に影響される。ライシュ
レにとって宗教概念は、単に「規準概念」であるだけでなく、「規範概念」
（Normbegriff）、つまり「価値判断・評価概念」でもある。それ故に、「わ
れわれにとって宗教的に無価値と思われるところのものを、すでにわれ
われはわれわれの宗教概念から除外するのである[19]」。

　これらについてもシュプランガーは、ライシュレから学び取り、生涯
自己の宗教論の中核にしていると見てまず間違いなかろう。何故ならば、
シュプランガー宗教論の軸は、確かに価値論だからである。

　ところが、価値は、証拠をあげて証明されえない。証拠は、自己自身
の内に生きている、としかいえないこともあろう。価値判断は、最終的
にはただ「生の内なる確証」（Bewährung im Leben）と「生の能力」（Lebenskraft）
にのみかかっているように思われる。

　しかし、これは、単に偶然的で主観的な個人のみが一面的に強調され
ることを意味しない。多くの歴史的個々人を通じて最も長く生き、最も
長く発展し続けてきたところのものこそが、明らかに最高の確証を示し
ているのである。それ故に、歴史とその法則性、もしくは歴史的客観性
が、何が真に価値あるか、いずれの宗教が真に信ずるに値するかについ
て、われわれ個々人に貴重な助言を与えてくれるであろう。

第2節　宗教的体験と主観―客観問題

　これまでの所論全体の中核は、何といっても宗教的「体験」である。
主観―客観関係も、シュプランガーの場合には結局、体験の問題に帰着
する。以下、この問題をさらに発展させたい。ただ今度はやや視点をか
えて、シュプランガーが、いかに自己自身の宗教思想を展開させたかを
見ていくことにする。しかし、特に初期のシュプランガーは、自己の思

想展開に際して、おそらく上にあげた諸人物の思想に大きく依拠し、あるいは大きく影響されたことであろう。それならば、第1節を踏まえ、1節との関連において第2節の考察へと進むべきであろう。また逆に、2節を見ることによって、1節の理解がより深まるであろう。

さてここで、宗教における主観と客観の関係についてさらに考察を進めるに当たって、次の2つの見方があることをあらためて確認しておかなくてはならない。すなわち、「主観と客観の二元的相互分離」と見るか、それとも「主観から出発し、客観というものを、何か確かな形をしていて、この法則の意識において特記すべき規定を伴ったもの」と見なすかである。前の見方は、客観が意識を超越するという意味で「意識超越の立場」(Standpunkt der Bewußtseinstranszendenz) と呼ばれうるし、後の見方は、客観が意識に内在するという意味で「意識内在の立場」(Standpunkt der Bewußtseinsimmanenz) と呼ばれうる[20]。

神との関連においてこれを述べれば、神は客観的実在としてわれわれに与えられていて、外的なものとして働くのか、それとも神は単なる意識の所産なのかということである。

前の方が、より一般的であろう。多くの人は、神が何か外的なもの、客観的に実在するもの、人間の意識と区別されるものと信じている。シュプランガーによれば、例えば第一期のトレルチがそうであり、当時のトレルチは「人間がその感覚において、外界が存在することを確信するように、そのように彼はその理性において、神の事柄が客観的に存在することを確信する」と、ほぼこれに似たことを考えていたのである[21]。

しかし、いったい経験的意味、もしくはいわゆる外界が客観的に実在するのと同様な意味において、神は客観的に実在するのであろうか。"否"である。シュプランガーによれば、「外界と同じ意味と程度において、神は客観的ではない[22]」のである。しかし、それ以前の問題として、感覚界の客観的実在自体も、大きな哲学的問題であろう。フィヒテ(J. G. Fichte, 1762-1814)、及びいわゆる新カント学派であるコーエン(H. Cohen, 1842-

1918)、ヴィンデルバント(W. Windelband, 1848-1915)、リッケルト(H. Rickert, 1863-1936)らの見解に従えば、「そうした客観的実在も、意識されたものにすぎない。この世界が意識から独立していることについての問い、も の 自 体 についての問いは無意味である[23]」。無理にこの問いを解こうとするのは、ちょうど自分自身の影を越えようとするようなもので、まことにむなしい努力という他ない。

とはいえ、われわれ個々人の「心的自我意識」とは全く異なった形で、感覚界が体験されることもまた確かである。すなわち、フィヒテもそれを認めるであろうように、われわれは「非我存在」の特質をもったものとして、外界を体験する。それ故に、外界は、全く特別な形で意識され、単なる「自我状態」と混同されるべきではない。外界は、それとわれわれが闘い、それがわれわれに圧力を加える、よそよそしい意志としてわれわれに現象する。このことは、はたして神にも当てはまるのか。神はよそよそしいものとしてわれわれの意識のなかで体験されるのか——、これが問題である。

たとえ神自身がいかに客観的であっても、この神の体 験は、外部に存在するのではなく、主 観 的 制 約 性 の モ ー メ ン ト の な か に(in Momenten subjektiver Bedingtheit)のみ存在するといえよう。われわれは神をただ、われわれの魂の体験のなかで表明され、啓示されるようにしか知らない。しかし、こうした体験の深さは、人それぞれにより異なるものである。かつては長い間、共通性のモメントが強調され、民族的な神しかなかった。けれども、"汝の神はわが神なり"とわれわれが今日いうことができるかどうかは疑問であろう。何故ならば、シュプランガーによれば、「神性は、それぞれの人間に際して全く主観的特性をもっているから[24]」である。「共通の敬神」によってさえ、神は、経験的諸事実から見た厳密な意味においては、共有にはならない。厳密には、神は共同社会的なものでなく、むしろ個人的なものであるから、共有できないのである。すなわち、シュプランガーは、「われわれは神について法則をうち立てることができな

い²⁵」とする。このように、シュプランガーの宗教思想や神の概念は、概して「主観主義的」であるといえよう。

　今や、「外界と同じ意味と程度において、神は客観的ではない」という先の命題が、さらに明瞭となった。神は、一般的・法則的に規定されえない。すなわち、われわれは明瞭に客観的な神そのものを全く知らない。それをわれわれはただ、それがわれわれの魂の体験のなかで証明されるようにしか知らない。1901年に、弱冠18‐19歳のシュプランガーは、シュライエルマッハーに学びながら述べている。すなわち、「われわれ自身の体験のなかに与えられているものだけが、われわれに理解できるようになる。だから、出発点（宗教哲学の出発点のこと。筆者注）は、――これについてはシュライエルマッハーが、宗教についての第一講演のなかで見事に、また決定的に明示しているように――自省のなかで行われる……宗教的体験への回帰（Rückgang auf das religiöse Erlebnis）、及びこの体験現実の直接的な把握（unmittelbares Innewerden）である²⁶」と。

　ところで、周知のように、体験と生とは不可分の関係にある。それ故に、弱冠28歳のシュプランガーは、ベルリン大学でのあの「講義」（1910‐1911年）に際して、あらかじめ学生たちに述べている。すなわち、「あなたがたの誰もが、それを自己のなかに見いだし、そしてそれに対してあらゆる人の同意が予想できるもの、これがわれわれの考察の出発点である。つまりそれは、われわれが生きる生、すべてもつれ合い切断されえない生である²⁷」と。こうした生は、一般的概念によっては表現されえないが、もしある程度表現されえたとしても、一般的概念の表現は「体験自体の同時的再生」（die gleichzeitige Reproduktion des Erlebens selbst）なくしては理解できないであろう²⁸。

　このようにしてシュプランガーは、主観的なものと客観的なものとの分離という抽象を放棄して、宗教的なものの把握についても、生の連関における主観―客観の生きた結合による他ないと考え、従って概念からではなく、生の複合的連関からの理解を主張するのである。

さらにこれらに関連してシュプランガーは、初期から後期に至るまで一貫して、人間と自然との関係においてであろうと、人間と神との関係においてであろうと、しばしば「主観と客観との一体感」を強調する。「まことの一体感が支配するところ、そこにはもういかなる分離もない。主観と客観は、もう決して各々が独立的に見られているのではない。両者は、『主観―客観』という1つの生命統一を形成する[29]」のである。従って、我と汝、我とそれ、自然と超自然、現象と本質、有限なものと無限なものとの境界はすべて消えてしまう。これは、「主観の内なる主―客融合」、あるいは「主観の内なる主―客合一」（シュプランガー自身は、これらと全く同じ言葉は使用していない）といっていい。

第3節　宗教の内面化

「生の体験」と不可分な関係にある「宗教的体験」は、次第にシュプランガー宗教思想の最も顕著な特色であるあの「現世的敬虔」（Weltfrömmigkeit）へと発展していくのではなかろうか。彼はその初期には、管見の限りでは、まだ現世的敬虔という言葉を使っていないが、その芽生えと内容は、すでに十分認められるであろう。何故ならば、現世的敬虔の立場は、伝統的宗教や客観的実在としての神よりも、むしろ個々人の生の体験や宗教的体験を拠り所にし、上に見たように宗教を「決定的な連関における生の評価」へと連れ戻したからである。

シュプランガーによれば、「存在の全体意義がそのなかに秘められている、最高価値の体験が宗教性である。従って宗教とは、それによってわれわれが本来的に生きるところのものである。何故ならば、宗教においては存在のあらゆる個別的価値が、われわれの認識、行為……などに究極的支えを与えるところの世界の見方へと結合されるからである[30]」。『生の諸形式』のなかでも、「宗教性の核心は、精神的存在の最高価値の追求において認められなくてはならない[31]」といっている。すなわち、宗教を主としてその主観的体験方面から見れば、究極価値、もしくは最高価

値を求めての奮闘こそが宗教的なのである。それ故に、私たちは宗教というものを世界史に現れた諸宗教形式に、ましてやキリスト教のみに狭く限定してはならないであろう。また、もっぱらキリストのみが、絶対的・固定的に強調されるべきではなかろう。シュプランガーは、「最大の誤謬は、歴史的イエスがわれわれにとって宗教的に義務的なものを意味すると信じることである[32]」とまでいっている。今の時代に置き換えられ、私たち個々人の生に適用されてこそ、キリストは義務的・拘束的力を発揮すると考えるのである。これも、一種の主観化、すなわち現代の私た̇ち̇個̇々̇人̇の̇生̇に̇よ̇る̇主̇観̇化̇を意味する。

　以上要するに、宗教を「生命と体験」や「宗教的体験」から出発させるか、あるいはこれらへと連れ戻すことは、宗教の「主観化」を意味する。もちろん、これまでの論の展開によっても明らかなように、一口に主観化といっても、いろいろな場合がある。しかし、シュプランガーにおいてはいうまでもないが、彼が特に多くを学んだシュライエルマッハー、ヘルマン、ライシュレらにおいても、主観化とは、多かれ少なかれ「内面化」のことではなかろうか。そうしてこれは、あの個人的「良心」、つまり個々人の魂の最内奥における良心の強調へと発展していったのではなかろうか。シュプランガーの宗教思想は、彼の初期はともかく、その後の時期に及んでは良心を主軸にして展開されるようになり、1945年以降はなおさらそうである。おそらくその芽生えと出発は、初期にあると見ていい。先人に学びながらの、初期における宗教の主観化と内面化、主観主義的宗教の主張こそが、シュプランガーによってあれほどまでに力説されるようになった「良心の覚醒」の思想的萌芽に他ならなかったのである。

注

1　E. Spranger : Hauptprobleme der Religionsphilosophie — vom systematischen Standpunkt. Aus der Berliner Vorlesung. 1910-1911.

In : GS. Bd. IX, S.121.（本章では、このベルリン大学の「講義」から最も多く引用。以下単に「S.……」と頁しか示さない場合は、すべて『シュプランガー全集』第IX巻所収の同「講義」からの引用）
2   S.121.
3   S.122.
4   S.128.
5   S.129.
6   S.152.
7   S.152.
8   S.153.
9   S.153.
10 S.154.
11 S.154.
12 S.154.
13 S.155.
14 S.155.
15 S.156.
16 S.156.
17 S.156.
18 S.157.
19 S.157.
20 Vgl. S.139 f.
21 S.140.
22 S.142.
23 S.141.
24 S.142.
25 S.142.
26 Spranger : Zur Methode und Aufgabe der Religionsphilosophie. 1901. In : GS. Bd. IX, S.350.
27 S.103.
28 Vgl. Spranger : Psychologische Analysis. 1901. In : GS. Bd. IX, S. 351 f.
29 Spranger : Religionsphilosophische Fragen eines Abendländers ［Vortrag an der Universität Ryukoku in Kyoto und an der Universität Koyasan］. 1937. In : GS. Bd. IX, S.214.

30 S.158.
31 Spranger : Lebensformen. 9 Aufl. 1966. S.238.
32 S.160.

第3章　シュプランガーの宗教思想とドイツ観念論

　第4・5・6章において順次に論証されるであろうように、シュプランガーの宗教思想の三大特質として「神秘主義」(Mystik)、「宗教的ヒューマニズム」(religiöser Humanismus)、「現世的敬虔」(Weltfrömmigkeit)をあげることができる。それらは、決して全く同じではないが、それぞれ密接につながり合っており、3つにして1つであることが明らかになるであろう。

　ところが、シュプランガーにおいては、それらと「ドイツ観念論」(deutscher Idealismus)とが密接不可分の関係にあると思われる。すなわち、ドイツ観念論は、一種の神秘主義、一種の宗教的ヒューマニズム、また一種の現世的敬虔であると見ることができる。本章では宗教思想史的に、そうした問題に迫ってみたい。

　さらに、「プロテスタント正統主義」(protestantische Orthodoxie)や「弁証法神学」(dialektische Theologie)に代表されるような、狭義の宗教・キリスト教のみの立場からのドイツ観念論批判に対するシュプランガーの反批判を考察する。これを通して、より広義の宗教的視点に立ってのドイツ観念論に対するシュプランガー自身の立場を明らかにしたいと考える。

第1節　ドイツ観念論の宗教思想史的考察

　歴史的現象としてのドイツ観念論の一体性は、主として18世紀のドイツの精神生活が直面していた課題と、それを解決しようとする努力のうちにあるといえよう。その時代は、近代以降に台頭してきた科学的な新しい世界観を伝統的な宗教的世界観とどのように相互に結びつけるかが緊急な問題であった。両者の真に内面的な統合をはかることにこそ、ドイツ観念論の成立動機があったといっていい。すなわち、その根本動機

は「宗教と近代ヒューマニズムとの統一」に他ならない。また、この両義性こそ、ドイツ観念論の特色といえる。シュプランガーによれば、「ドイツ観念論は本質的な面から見られたヒューマニズムであるから、――当然ヒューマニズムの特定の刻印である[1]」。ここで、「本質的＝宗教的」と解釈することができるとすれば、ドイツ観念論は、まさしく「宗教的ヒューマニズム」の試みであり、それを目指した一大「運動」であったといえる。

それでは、ドイツ観念論への道を準備した宗教的要因は、いったい何だったのだろうか。その宗教思想史的背景を考えてみよう。

まず、1517年に口火を切った「宗教改革」(Reformation)を行った、ルター (M. Luther, 1483－1546) を始めとする改革者たちのなかに、国家あるいは教会による宗教的強制という古い「中世的」な要素と「近代的」な宗教的個人主義の要素とが両義的に同居していたのである。このような両義性は、ルターを中心とする改革者たちの思想と行動のうちに潜在していたのであった[2]。

しかし、このことと関連しながら、もう1つの問題複合があることに注意しなくてはならない。それは「神秘主義」、そのなかでも特に、汎神論的であるとの理由で異端とされたエックハルト(Meister Eckhart, 1260頃－1327頃) に代表される「ドイツ神秘主義」の流れに関わるものである。この流れは宗教改革期にも、シュヴェンクフェルト(Kasper Schwenkfeld, 1489－1561) やヴァイゲル (Valentin Weigel, 1533－1588) に受け継がれ、ベーメ (Jakob Böhme, 1575－1624) につながっていく。後にベーメの影響は、シェリング (Friedrich Wilhelm Joseph von Schelling, 1775－1854)、その他「ドイツ・ロマン主義」の思想家たちにも及んだ。

問題は神秘主義とルターとの関係であるが、田丸徳善によれば、「ルターがこうした流れ（「エックハルトの神秘主義の流れ」のこと。筆者注）に接したことは事実であるが、他方『聖書原理』(sola scriputura)を掲げた限りにおいて、彼の立場が『哲学的』な神秘主義とは異なっていたことも否

定できない。ここからして、ルターと神秘主義との関係が問われることになり、ひいてはドイツ観念論がそのいずれを継承するのか、ということが論じられることになるのである[3]。

　神秘主義には大別して、「信仰の神秘主義」と「哲学的・思弁的神秘主義」とがあるといわれているが、ルターの神秘主義は、エックハルトの流れが入っているにもかかわらず、二者択一的にいえばやはり前者であると見てよかろう。何故ならば、それは「聖書原理」を基本とし、これと複合しているからである。少なくとも、前者が中心であり、前者の割合が大きいということだけは確かであろう。逆に、ドイツ観念論の神秘主義は、後者であるか、あるいは後者の割合が大きいといえよう。シュプランガーの「神秘主義」自体においては、両者がほぼ同じ割合で複合していると思われる。しかし、彼の「現世的敬虔」においては、後者、すなわち「哲学的神秘主義」の割合がより大きいことは明らかである。

　ところで、ドイツ観念論とキリスト教との親和性よりも、異質性を強調し、観念論に対立するリュトゲルト（Wilhelm Lütgert, 1867－1938）の大著『ドイツ観念論の宗教とその終焉[4]』(Die Religion des deutschen Idealismus und ihr Ende, 4Bde., 1922－1930) を引用しながら、シュプランガーは次のようにいっている。すなわち、「リュトゲルトにとっても、すでにその書のタイトルが述べているように、観念論は一種の宗教、一種のテーゼであり、もはや立ち入って根拠づけられない。しかし観念論は、リュトゲルトによれば、宗教改革にではなくて、神秘主義、ルネッサンス、及び啓蒙主義に由来するのである[5]」と。ここでは、宗教改革は、神秘主義と無縁であり、もっぱら「聖書原理」「聖書のみ」(sora scriptura)の原理、及び「信仰のみ」（＝「信仰によってのみ義とされる」「信仰による義認」）(sola fide) の原理に基づくものと見なされている。それどころか、注意しなくてはならぬのは、リュトゲルトのいっているような「神秘主義」は、強い非難を意味する論争的な表現だということである。

　リュトゲルトは、上述の観念論である「純粋観念論」と並べて、その

副次的流れとして「信仰覚醒運動」(Erweckungsbewegung. revival) を取りあげている。これに属する者は、例えば、信仰覚醒的回心を体験し、内面的宗教体験の重要性を強調し、かつ啓蒙主義の冷たい合理主義に反対したハーマン(Johann Georg Hamann, 1730-1788)、神、霊魂などは信仰によって、すなわち内的感情の直接的明証性において捉えられるとして「信仰哲学」「感情哲学」を説いたヤコービ(Friedrich Heinrich Jacobi, 1743-1819) などである。シュプランガーもしばしばヤコービを援用しているが、この「ヤコービの説は哲学上はドイツ観念論に、神学上はシュライエルマッハーに道を開いている[6]」。リュトゲルトやその他信仰の立場に立つ陣営の者からは、概してこの信仰覚醒運動の線は、純粋観念論以上に好意的な評価を受けている。

　しかし、リュトゲルトの見解においては「信仰覚醒運動の流れの敬虔主義への関係は、否認されている[7]」。シュプランガーは、「このテーゼは当然、次のテーゼを包み込む。すなわち、敬虔主義は神秘主義と何の関係もないということである。しかしこれは、純歴史的には固執されえないであろう[8]」といっている。シュプランガーの見方が一般的であり、定説としては「敬虔主義」は「宗教改革」と「神秘主義」との流れを汲むものとされており、また「敬虔主義」は「信仰覚醒運動」へと流れ込んだといわれている[9]。確かに、神秘主義は、啓蒙主義に反対して起こった、また宗教改革を継承しながらもプロテスタント正統主義の硬化に反対して起こった敬虔主義の運動のなかに入り込んでいたといえる。そうして、この神秘主義を含んだ敬虔主義の運動は、やがてゲーテ(J. W. von Goethe, 1749-1832)やシュライエルマッハー(F. E. D. Schleiermacher, 1768-1834)などに精神的展開を促す1つの契機となったのである[10]。

　ただ、リュトゲルトは、神秘主義を無神論的なものと考えキリスト教に対立する危険思想と見ており、逆に敬虔主義はルターの流れを汲むものと考えていたので、両者を別ものと見なしたと思われる。すなわち、彼にとっては神秘主義とは「思弁的・哲学的神秘主義」のみであり、ル

ターとも結びつく「信仰の神秘主義」ではなかったといえよう。

いずれにせよ、「純粋観念論」と「信仰覚醒運動」というこの両方の流れが合流して、シュライエルマッハー、フィヒテ（Johann Gottlieb Fichte, 1762－1814）、シェリングなどのいわゆる「神秘主義的宗教」（mystische Religion）を形づくっていく[11]。これこそがまさに「ドイツ観念論の宗教」に他ならない。シュライエルマッハーの宗教的立場を最も支持するシュプランガー自身の宗教思想も、この流れを汲むものであると見てまず間違いない。

観念論と宗教改革との間における対立にとって中心的な問題は、後者の立場に立つ者たちにいわせれば、観念論、特にカント（I. Kant, 1724－1804）に代表される理性・合理主義の立場に立つ「純粋観念論」が、神と人間との間の人格的な生きた関係を不毛な「理性概念」に置きかえるという事実であろう。その限りにおいて、リュトゲルトのあの大著のなかでの、カントを批判するハーマンの言葉の引用は、信仰のみを重視する立場の者から見れば、重い意味をもっている。それはすなわち、「カントは、理性についてそれが本質であるかのように、また神についてそれが概念であるかのように語っている[12]」ということである。「しかし、この場合にもまた、ひそかな愛（geheime Liebe）が働いている[13]」とシュプランガーはいっている。

「ドイツ観念論の宗教」には大別して、「カント的な啓蒙主義的宗教」（＝純粋観念論の宗教）、及び先に述べたような「純粋観念論」と「信仰覚醒運動」とが合流したものとしての「シュライエルマッハー的な神秘主義的宗教」という２つの類型があることが明らかになったであろう。ここで、もう一度、神秘主義とドイツ観念論の宗教との関係について考えてみなくてはならない。シュプランガーは、ドイツ観念論とキリスト教とに対して「価値自由」の立場に立つことに努めたグロース（Helmut Groos）がその著『ドイツ観念論とキリスト教』（Der deutsche Idealismus und das Christentum, 1927）のなかで「神秘主義」について全く一義的ではない表現

をしている点に注目する。すなわちグロースは、第一に「広義の神秘主義的なものは、あらゆる宗教に、だからキリスト教にも属する」といっており、第二に神秘主義は「純粋神秘主義、及びそのようなものとしてキリスト教に直接対置されるもの」といっており、第三に神秘主義は「まさにキリスト教の奇怪な歪曲(groteske Entstellung des Christentums)であり、これは神秘主義に典型的なものである[14]」といっている。リュトゲルトやプロテスタント正統主義者、あるいは弁証法神学者たちにとっては、神秘主義とはすべて第三のものを意味すると思われる。だから、上の2つの類型のいずれにも神秘主義が流れ込んでいたとしても、そのいずれの神秘主義も、第三のものであると見なすことになる。逆に、「シュライエルマッハー的な神秘主義的宗教」に属するシュプランガー自身の神秘主義を表現するためには、第一のものが適切である。というのは、彼の神秘主義は「現世的敬虔」「宗教的ヒューマニズム」「キリスト教」などのいずれにもつながり、またいずれをも含んでおり、いずれにも含まれているからである。

　さらに、シュプランガーは自己の見解を表明するために、次のようにグロースを援用している。すなわち、グロースによれば、「中世のドイツ神秘主義は、直接に観念論の先駆けと見なされうる。実際ドイツ観念論のほとんどの大家は、神秘主義者から刺激を受けてきたのだから。また、観念論はその発展の極まりにおいて再び神秘主義に帰着するのだから[15]」。このことに関連して、リュトゲルトも、次のようにいっている。すなわち、「霊界信仰(Glaube an das Geisterreich)のなかで、観念論と覚醒運動とが出会った。それと同時に両者は再び、神秘主義に向かって努力した。神秘主義は、両者がそのなかに両者の根をもっている、両者に共通の源泉であったのである[16]」と。

　以上によって、ドイツ観念論の主要な源流の1つが、神秘主義にあることの確認ができたのである。

　ドイツ観念論のもう1つの主要な源流は、リュトゲルトの見解とは異

なるにもかかわらず、歴史的にはやはり「宗教改革」であると見る他ない。宗教改革後もなお、教会はしばしば形式に堕したものであり、そのためさまざまな個人や集団の自発的な宗教・思想運動をひき起こすことになった。敬虔主義、啓蒙主義、そしてドイツ観念論などの胎動は、こうして始まったのである。

こうした動きのなかで、約300の小領邦国家に分かれていたドイツのなかでプロテスタント的なプロイセンが次第に台頭し、やがてその主導のもとにドイツが統一されたが、このことは近代ドイツの文化全般に著しくプロテスタント的色彩を与えることになった。「ドイツ観念論も、それに先立つ啓蒙主義、敬虔主義の運動も、基本的にはみなプロテスタントの地盤に成立したものなのである[17]」。

そこであらためて、ドイツ観念論への道を準備したものとしての「敬虔主義」、及び「啓蒙主義」について言及しておかなくてはならない。

17世紀から18世紀初頭にかけてシュペーナー(Philipp Jakob Spener, 1635－1705)、フランケ(August Hermann Franke, 1663－1727)、ツィンツェンドルフ(Nikolaus Ludwig von Zinzendorf, 1700－1760)などによって推進された「敬虔主義」の目的は、形式化した教会宗教の代わりに、あくまでも生きた信仰を実践することであり、そこでは「再生」あるいは「回心」の体験が重視された。これは、固陋形骸化したルター派教会の霊的・内的覚醒を促す「信仰覚醒運動」であった。敬虔主義はドイツ各地で大きな勢力となり、ハレ大学神学部は敬虔主義の牙城の1つとなった。

敬虔主義の主要な支流であり、しかもその頂点を意味する「ヘルンフート兄弟団」は、信仰の主観的・感情的な面を重視した。それは、「敬虔主義が概してその地盤としていたルター派のキリスト教の一面を受け継ぐと共に、また長い伝統をもつ神秘主義の流れをひくものであった[18]」のである。

この点は、シュプランガーと全く一致する。信心深いキリスト教徒シュプランガーは、確かに「新（近代）プロテスタンティズム」の新しい時

代に適ったやり方で、ルターの流れを汲む「敬虔主義者」(Pietist)であると見ることができる。しかも、敬虔主義の内部には狭義の、あるいは信仰の神秘主義が含まれているから、シュプランガーは「信仰の神秘主義者」といえなくもない。少なくとも、彼がその要素をもっていることは確かである。また「現世的敬虔」を説く彼は、「哲学的な神秘主義者」でもある。そうしてこれらすべての結合の成果が彼の「宗教的ヒューマニズム」であり、しかもこれは、おおよそのところでドイツ観念論の道に等しいといえよう。

　ちなみに、シュプランガーが最も多くを学び取り、最高に支持するシュライエルマッハーは、年少の頃ヘルンフート派のなかで教育を受けたのである。そうして、ヘルンフート兄弟団の創立者ツィンツェンドルフの「その情熱的信仰は、当時の教会に新風を吹き込み、若きシュライエルマッハー、……キェルケゴールらに深い影響を与えた[19]」のである。それ故に、シュプランガー宗教思想を解明する重要な鍵の１つは、敬虔主義の視点に立ってのシュライエルマッハーの研究とヘルンフート派の考察であると思われる。

　宗教思想の近代化のプロセスで、敬虔主義とは異なったもう１つの注目すべき動きが「啓蒙主義」の運動である。理性の自律を掲げて、教会の形式とか教義など伝統的な権威を斥ける限りにおいて、啓蒙主義は宗教批判の性格をもっている。その批判は、フランスでは宗教の国家的支配があまりにも強かったから、その反動として勢い急進的な形をとった。伝統的宗教を守る陣営と近代科学を支持する陣営とが、激突した。しかしドイツでは、啓蒙主義は必ずしも伝統的なキリスト教に対する正面からの攻撃とはならず、むしろそれとの宥和ないし調停へと導き、その結果「内面的」あるいは「精神的」という特質をもつことになった。啓蒙主義的宗教は、理性の自律を旗印にして既成宗教を批判しながら、同時に宗教の合理性を説くことによって宗教を実証主義や科学万能主義から守ろうとしたのである。

第3章　シュプランガーの宗教思想とドイツ観念論　67

　そうした仏独両国の対照性は、今日の教育学にまで継承されているといえよう。フランス的特質が科学的・実証主義的でモダンだとすれば、ドイツ的特質は宗教的・哲学的、あるいは形而上学的であり、かつ伝統的であるといっていい。同様に、前者が学習過程としての啓蒙と多様な知への教育であるとすれば、後者は人間性・道徳性という統一された目的へ向けての教育であろう。シュプランガーは彼の著書の随所で「実証主義」(Positivismus)、あるいは「実証主義的教育学」を反宗教的・反形而上学的なものの典型だとして根底から激しく批判している。これは、彼の教育学が宗教的・形而上学的であることを意味する。

　さて、シュプランガーによれば、「観念論はライプニッツの啓蒙主義哲学の上に発展的に構築されたものである[20]」。ライプニッツ(Gottfried Wilhelm Leipniz, 1646-1716)は、伝統的世界観と科学的な近代的世界観との調和を試みたが、これはドイツ的啓蒙主義の現れであると同時に、大なり小なりあらゆるドイツ観念論を貫く基本的な特質である。宗教においてライプニッツを継承し発展させて、啓蒙期の合理主義的体系をさらに押し進めたのはヴォルフ(Christian Wolff, 1679-1754)であった。キリスト教の啓示を理性的・合理的に解釈しようとする彼の立場は、ひとしく正統主義には批判的でありながら、聖書を重んじる敬虔主義とは全く異なっていた。ヴォルフは、孔子の実践哲学を賞讃した評論を発端として、フランケによって宗教の敵と見なされ、1723年に追放処分を受けハレ大学を去る。しかし、1740年啓蒙専制君主フリードリッヒ大王(Friedrich II, 1712-1786)の即位に伴い、マールブルク大学教授として復職。理性と啓示との調和を説く彼の学説は、若きカントにも影響を与えたといわれている。こうして、大王の即位以後、ヴォルフの流れを汲む「合理主義の宗教思想」は、19世紀半ば近くまで、ドイツのプロテスタント教会のなかで支配的な位置を占め続けたのである。ただそれは、方向を異にする敬虔主義とたえず微妙な対立関係にあり、その後も敬虔主義者の間に、「ライプニッツ–ヴォルフ哲学」は無神論的であるという非難を生んだ。

シュプランガーは、ヴォルフやカントの啓蒙主義の直接的な所産としての「合理主義的宗教」や「理性宗教」よりも、「敬虔主義」に対してより積極的な態度をとると見ていい。シュプランガーは、自分が敬虔主義の立場に立つとはいっていないし、敬虔主義について特にまとまった形で語っているのでもないけれども、先に触れたように、彼が１つこの立場に立っていることは間違いないであろう。

　他方、シュプランガーは啓蒙主義的キリスト教に対して、次のような見解を示している。すなわち、「啓蒙主義を出発点として、おおよそ次の順序で、新しいキリスト教が生まれてきたのである。それはすなわち、合理主義的キリスト教、道徳主義的キリスト教、思弁的キリスト教、及び歴史主義的キリスト教 (das rationale, das moralistische, das spekulative und das historistische Christentum) である。ほとんどこれらすべてが、明らかにキリスト教精神の本質を失ってしまっている[21]」と。だからといって、これら４種の宗教を否定しているのではない、と解釈すべきであろう。特に、第三のものはかなり評価している。問題は、程度の違いである。敬虔主義に比べれば、啓蒙主義的宗教に対してはやや消極的な見解を表明していると見るべきであろう。いずれにせよ、両者はさまざまな合流と複合を重ねながら、さまざまな形となってその後のドイツ観念論の思想家たちのなかに継承されている。これは、シュプランガー自身についてもいえることであろう。

　さらに、「ルネッサンス」に発する、古典古代への関心の復興としての「新人文主義」(Neuhumanismus)も、ドイツ観念論と共通の地盤の上に開花したものであり、ドイツ観念論のなかに入り込んでいるといえよう。また、それはシュライエルマッハーやシュプランガーのなかにも入り込んでいるといえよう。

　ちなみに、シュライエルマッハーは、1783年にヘルンフート派の大学予備学校に入り、ギリシア古典に没頭した。そうして、若きシュプランガーは、新人文主義の代表的人物といわれているフンボルト (Karl Wilhelm von Humboldt, 1767-1835)の研究に専念し、フンボルト的新人文主義の嫡子となった。ペスタロッチー(J. H. Pestalozzi, 1746-1827)、フィヒテ、フンボルトなどの新人文主義の宗教思想は、18世紀啓蒙主義を受容し、その理性主義を形を変えて維持しながら、これを克服したと見てよかろう。

第2節　ドイツ観念論に対するシュプランガーの宗教的見解

　ドイツ観念論が宗教であるか否かの論議は、ドイツ文化圏ではほぼ19世紀末から20世紀初頭にかけて（1930年頃まで）はなやかに展開された。

　その初期の研究は、田丸徳善によれば「おおむねドイツ観念論とキリスト教との親和性という想定に立っており、従ってそれを宗教改革の精神の継承と見なす傾向が強い[22]」。すなわち、ドイツ観念論は「キリスト教的」だとする見解が優勢だったのである。ドイツ観念論と宗教改革、あるいはプロテスタント正統主義とが決して全く同一視されたわけではなかったが、ドイツ観念論は啓蒙主義に対するキリスト教からの反動であり、それは基本的にはキリスト教的な性格のものであると見なされる傾向が認められる。さらに、さかのぼって、ドイツ観念論は要するに、古代に源流をもちルネッサンスにおいて再び花を咲かせた「ルネッサンス・ヒューマニズム」と、中世以来の流れのなかで宗教改革によって再生した「キリスト教」との結合に他ならないという見解が優勢になったといえる。要するにそれは、ヨーロッパ文化の二大支柱であるキリスト教とヒューマニズムとの結合が「キリスト教的ヒューマニズム」（シュプランガーの場合には、彼が現世的敬虔を唱えていることから見ても「キリスト教的ヒューマニズム」というよりも、むしろ「宗教的ヒューマニズム」という語がより適切）であり、これがすなわちドイツ観念論であるとする見解である。

　しかしながら、こうした状況は、第一次大戦の頃を境として急激に変化した。それまでとは逆に、宗教の文化否定的見解がより顕著になり、それを決定的なものにしたのは「弁証法神学」の運動であった。弁証法

神学者たちは、こぞってドイツ観念論をきわめてきびしく非難し、これをキリスト教的発展の線から追い出そうとした。例えば、ブルンナー(Emil Brunner, 1889-1966)の1922年の『ヒューマニズムの限界』(Die Grenzen der Humanität)において、——弁証法神学の陣営では、「自然神学」を肯定したためバルト(Karl Barth, 1886-1968)と決別したブルンナーには、最も観念論的思考・体験様式の残滓が認められるとシュプランガーは見るにもかかわらず——「超越的立場」への、また「純粋神律」(reine Theonomie)への急激な転換が起こる[23]。これは基本的に、あらゆるヒューマニズム的宗教、宗教哲学一般、またドイツ観念論一般の否認を意味する。ブルンナーはまた、1928年(初版1924年)の『神秘主義と御言葉』(Die Mystik und das Wort)のなかで、19世紀の教父、近代神学の父と呼ばれていたシュライエルマッハーを、「神の言葉」に背く無神論的否定的意味での神秘主義者と断じ、「偉大な真の神秘主義は、偉大な、真に宗教的な信仰の敵対者である」といっており、「神秘主義か、さもなくば御言葉である[24]」と理屈ぬきで神の言葉そのものに立ち帰ることを迫っている。こうして、シュライエルマッハーは、あらゆる毒物の薬局主任のように見られることになった。

　それらに対する対抗のためであろうか、時あたかも1931年にシュプランガーは「観念論に対する闘い」(Der Kampf gegen den Idealismus)と題して講演を行ったのである。このテーマは、「弁証法神学その他の陣営からの観念論に対する攻撃」を意味する。その頃までに特に「観念論は決してキリスト教的でない」という激しい攻撃があびせかけられていたが、それに対してシュプランガーはその講演で、「観念論がキリスト教的、少なくとも宗教的である」ということを一貫して主張している。そうして彼は、ドイツ観念論という「この宗教は、キリスト教的・宗教改革的動機の発展的形成であり」、またドイツ観念論は「宗教改革的信仰に対する別の表現である[25]」といっている。さらに、疑いもなく「観念論はキリスト教の発展を単純に折り取るのではなくて、——啓蒙主義や敬虔主義が

そうしたのと似ていて——現世とその都度の所与の歴史的・社会的状況との、不断の倫理的、英知的対決を通して、キリスト教の発展に生命を与えるのである[26]」ともいっている。これらによって、シュプランガーは、ドイツ観念論のキリスト教に対する積極的意義を評価し、かつ観念論は聖書の近代的(＝近代の言語への)翻訳であると主張しているのであろう。

ところで、グロースは観念論を「本来の観念論」「リアリズム」(realistischer Idealismusの意。NaturalismusとしてのRealismusではない)「思弁的観念論」という3つの類型に分けている。本来の観念論は、ディルタイ(Wilhelm Dilthey, 1833-1911)の「自由の観念論」に、リアリズムは「客観的観念論」にほぼ相当する。そうしておおよそ、前者は「ドイツ啓蒙主義」に、後者は「ドイツ・ロマン主義」に対応するという見方が可能であろう[27]。

しかし、シュプランガーはグロースを参照しながら、「ヘルダー、ゲーテ、シェリング、シュライエルマッハー以外に、ライプニッツやヘーゲルもリアリズムに属する[28]」といっている。ところが、リアリズムのなかに「万有内在神論」的な立場をとる一分派が生まれ、これがリアリズムから独立して「思弁的観念論」となったのである[29]。シュプランガーは、次のようにグロースの前掲書を引用している。すなわち、「本来の観念論では、自然は神と対立する。リアリズムでは、神と自然は統一されている。思弁的観念論では、自然は神の1つの現象となる。自然は神ではないが、しかし神に対立するものでもない[30]」と。

シュプランガー自身の立場は、その第三の「思弁的観念論」であり、それ故に「万有内在神論」(Panentheismus)であると見てまず間違いなかろう。これは、「一切は神のなかにある」とする論 (All-in-Gott-Lehre. Lehre, nach der die Welt in Gott ruht oder lebt)に他ならない。これは、「汎神論と有神論を和解させようとし、神は全宇宙を含み込むが、宇宙に尽きるのではない本質であるという主張であり[31]」、しかもシュプランガー宗教思想の形成に大きな影響を及ぼしたと思われるプロティノス(Plōtinos, 205頃-270頃)やゲーテなどの宗教的世界観でもある。ちなみに、シュプラ

ンガー宗教思想の大きな特質として、筆者はかつて長井和雄にもその著書を通して学びながら「内在的神秘主義」(immanente Mystik) をあげた[32]。これは、ほぼ「万有内在神論」に等しいと見ていい。そうして両者は「宗教的ヒューマニズム」へと、さらに「現世的敬虔」にまでも、展開していったと思われる。このあたりにも、シュプランガーの宗教思想を解明する重要な鍵があるのではなかろうか。

注

1　E. Spranger : Der Kampf gegen den Idealismus, 1931. In : GS, Bd. IX, S.163.（以下同論文はKampfと略記）
2　田丸徳善「ドイツ観念論と宗教の問題」、廣松　渉・坂部　恵・加藤尚武編『ドイツ観念論』第6巻、弘文堂、1990年、124頁参照。(以下同書は『ドイツ観念論』と略記)
3　同書、128頁。
4　「ドイツ観念論」という名称が定着し始めるのは、リュトゲルトのその著書第1巻（1922年）の頃から。ヴィンデルバントの『近世哲学史』(1911年) でも、その名称は出てくるが、まだ術語化以前の段階。
5　Kampf. S.172.
6　加藤常昭他編『キリスト教人名辞典』日本基督教団出版局、1986年、1689頁。
7　Kampf. S.172.
8　Kampf. S.172.
9　『ドイツ観念論』、133－135頁参照。
10　小口偉一・堀　一郎監修『宗教学辞典』東京大学出版会、1973年、441頁参照。
11　Vgl. Kampf. S.172.
12　Kampf. S.172.
13　Kampf. S.173.
14　Kampf. S.168.
15　Kampf. S.168.
16　Kampf. S.172.
17　『ドイツ観念論』、125頁。
18　同書、134頁。
19　前掲書『キリスト教人名辞典』、887頁。
20　Kampf. S.183.

21　Spranger : Die Schicksale des Christentums in der modernen Welt, 1947. In : GS, Bd. IX, S.19.
22　『ドイツ観念論』、158頁。
23　Vgl. Kampf. S.174－175.
24　Kampf. S.176.
25　Kampf. S.201.
26　Kampf. S.203.
27　『ドイツ観念論』、154頁参照。
28　Kampf. S.168.
29　Vgl. Kampf. S.168.
30　Kampf. S.168.
31　廣松　渉他編『哲学・思想事典』岩波書店、1998年、1305－1306頁。
32　村田　昇編著『シュプランガーと現代の教育』玉川大学出版部、1995年、138頁参照。

第4章　シュプランガーの神秘主義

　第1章第2節で述べたように、シュプランガーはあらゆる「世界宗教」の探究に適用されうる一般的宗教概念を提唱している。彼は、あらゆる世界宗教というものを、その普遍的カテゴリーにおいて、真に偉大なる宗教と見なすのである。シュプランガーは、「異教の宗教性」に対しても、まことに広くて積極的な理解があり、従って非キリスト教的信仰態度との対話をも重んずるのである。それ故に、シュプランガーにあっては宗教の意味や神の概念も、かなり広義である。
　これらを「神秘主義」（Mystik）との関連で考えてみよう。今日においては定説として一般的に、神秘主義の主要な特徴の1つとしてあげられるものは、「普遍性」（Allgemeinheit）に他ならない。かつては神秘主義といえば、しばしばきわめて特殊な宗教的意識の形態であると見られていたが、19世紀後半より「宗教学」の発展によって、神秘主義とは決して特殊的なものではないことが、次第に明らかにされてきた。今日では、人類の歴史に登場してきた世界中のあらゆる宗教のうちに、神秘主義的な要素が含まれているだけでなく、神秘主義の立場を明確に表明したものも現れている。それ故に、西谷啓治も述べているように「神秘主義とは全世界における宗教という現象一般に通じるuniversalなものであるということが、学問の上では広く認められている。ところで仏教においては、仏教全体が神秘主義であると考えられるようなところがあり、この場合には、そのことがかえって仏教の特殊性をなしているとも言えるであろう[1]」（原文は適宜に現代かなづかいと常用漢字に変えた）。
　シュプランガーの神秘主義やそれに関連した神の概念も、きわめて広義のものであり、上述のようにあらゆる仏教をも神秘主義と見る立場に立っている。彼の神秘主義は、ある宗教内の異なった宗派の間に、また

異なった宗教の間にさえ、さらに場合によっては「現世的敬虔」にさえ相通じ、それらとも矛盾しないような普遍性をもっていると見ることができる。それ故に、シュプランガーの神秘主義におけるきわめて広義の「神」のなかには、例えば「仏陀」、あるいは「最高価値」とか「形而上的なもの」までも含まれているといえよう。

　本章では、シュプランガーの宗教思想を、特に彼の神秘主義に視点を置き、そこのところに着眼して考察することにする。何故ならば、彼の教育思想の解明のためには、その基盤になっている宗教思想を明らかにしなくてはならないが、彼の宗教思想における最も顕著な特質の1つが、神秘主義もしくは神秘思想に他ならない、と考えるからである。いやそれどころか、神秘主義こそ、シュプランガーの思想一般を解明するマスターキーであるとさえ考えるからである。

　しかも、本章では、シュプランガーの神秘主義をその「主観─客観問題」を中心に考察する。というのは、第2章でも述べたように、「精神の主観─客観関係」という図式こそ、シュプランガーのきわめて広範かつ多彩な思想一般を、従ってまたその神秘主義をも支えている基本的な思考様式、あるいは思考形式に他ならない、と考えるからである。

第1節　神の諸類型と主観─客観問題

　まず最初に、この第1節ではシュプランガーによる神の類型論について考察したい。ただ、先にも触れたように、シュプランガーの神の概念は、きわめて広いことを知っていなくてはならない。彼によれば、「世界の意味をつくり上げるところの、あるいは世界に意味を付与するものとして精神的に生み出されるところの、その究極のものが、宗教的な言葉で『神』と呼ばれる[2]」のである。しかし、宗教的高揚の形式や神の表象は、個々人の体験様式によって多様でありうるという。しかも、彼はいわゆる無神論のなかにさえ、常になおある種の敬虔、少なくともすべての他の神を打ち破った、自分自身の完全に内なる神への信仰が存在する

のではなかろうか、とさえ考えている[3]。

　また、シュプランガーは「世界の知られざる深み」あるいは「世界の隠された深み」を、単純化のために神と呼んでいる。だから、彼の広義の神は、世界の隠された深みといい換えてもいい。シュプランガーの場合には、客観としての世界の隠された深み自体が何であり、どこに存するのかということよりも、むしろ主観としての人間は世界の知られざる深みといかなる種類の交わりを試みるのかということの探究が中心になっており、これが彼自身の基本的な手法であると思われる。他方、交わりは行われない、という見方もある。

　こうしたことに基づいて、3つの二者択一が、以下のように順次生じるであろう、とシュプランガーはいっている。すなわち、1)第一の二者択一は、a)実際に交わりが行われる、b)本来は交わりは行われない、という2つの命題の間での基本的決定である。

　まず、「最初の場合には、神秘的態度のなかで自我に立ち向かい、そのなかに自我が入ってゆき、最後の段階ではおそらく自我と融合する、そうした自我とは『何か別のもの』、客観、非我が考えられている[4]」のである。従って、これは「主観—客観の相互作用」が行われるとする立場である。

　他方、「第二の場合には、そうした『別のもの』は決して知覚されない。人間の魂は独り自身とのみあり、自身との関係にのみとどまり、また魂は、その固有な深みにのみあらゆる豊かさを見いだす。現世も無であり、来世も無である。魂が唯一のものであり、全一である[5]」と見なされる。この立場は、仏教の若干の形式にあっては、おそらく大きな役割を演じているであろう。これは初めから主観と客観とを区別しない立場であり、仏教に限らずまた洋の東西を問わず、場合によっては客観主義を越えた真の主観主義にまで深まりうるし、場合によっては偏ったいわば「もっぱらの主観主義」、あるいは危険な「独善的主観主義」に陥ることもあろう。

シュプランガーは、最初は第一の立場を選び、神秘主義においても、少なくとも初めの段階では主観と客観とが区別されうると考える。

さて、これに基づいて次に、第二の二者択一が生じる。それはすなわち、

2) a) 神秘的交わりの客観（対象）は人格的である、b) 神秘的交わりの客観は人格的でない、といういわゆる2つの命題間での対立である。ここで、「人格とは、人間が何かある答えの反応を期待して、それに対して『汝』と呼びかけることができる限りにおいて、人間に似ていると考えられるところの存在のことである[6]」。

いわゆる「多神教」（Polytheismus）は、多数の「神々」を同時に崇拝する宗教であるが、多神教の神々は人間に近い性格をもっており、全く人間に似ている。また、人間とほぼ同レベルの環境的条件のもとで生活するものと信じられている。だから、人間は神々と語ることができ、神々は答えてくれる。人間は神々と手を結んだり、逆に争いを引き起こすことがありうるし、それらに対して神々は人間的感情で応答する。また、人間は彼らと物々交換的交わりを行うこともでき、神々は受け取ったり与えたりする。

逆に、「キリスト教の人格神」（der persönliche Gott des Christentums）は、限りなくはるかに人間を越えたものと信じられている。神こそは、人間的な有限性をもつものではなく、完全な存在であり、最高の意志と知恵と愛をもつものと見なされている。だが、その神も、やはり人格神である。何故ならば、「人が神に語りかけることができ、かつ神が——魂の内で聴き取れるように——答えるのが、依然その神の特性だからである[7]」。神は、完全な人格性を有するものとして、人間に語りかけてくる。祈りは、この種の神秘的交わりにあっては、「対話」の性格を有している。

第二の二者択一の別の面 b) は、そこにはいかなる「我—汝関係」（Ich-Du-Verhältnis）もないことを意味する。隠されたものは、非人格的である。しかし、一般に宗教において、そうした場合には、人格性以上のものが

考えられているであろう。だから、「非人格的」とは、「超人格的」という意味に他ならない。人間は超人格的な隠されたものに語りかけることはできるが、それは答えてはくれない。それ故に、両者の「関係は、もはや我─汝ではなく、我─それ (Ich-Es) である[8]」。東洋の神秘主義にも深い理解を示したオットー (Rudolf Otto, 1869-1937) は、その著『神聖なもの』(das Heilige, 1917) のなかで、「聖なるもの」すなわち彼の造語である「ヌミノーゼ」(das Numinose) という非（超）人格的なものを表す中性名詞で、隠されたものの本質を明瞭に特色づけている。それは「ものすごい神秘」であり、「絶対他者性としての神秘」である。これは、隠されたものなり神が、人間に対して絶対的に超越的な実在であることを意味する。隠され知られざるものがそのように考えられる場合には、それとの交わりは、もはや語りと応答 (Rede und Gegenrede) ではなくて、はるかなる天上からの人間へのより高い状態の告知や伝道にすぎない。

　祈りは、人格神との交わりにおいては、「対話」であった。しかし、「非人格神 (unpersönlicher Gott)、あるいは超人格神 (überpersönlicher Gott) との交わりにおける祈りは、独話、つまり空への語りかけ (Rede ins Leere) であり、これに対して人は人間に理解できる答えを期待してはいけない[9]」のである。

　次に、シュプランガーの提示する第三の二者択一は、隠されたものがそのなかに探し求められる、その存在領域にかかわる。それはすなわち、3) a) 隠されたものは自然に属する、b) 隠されたものは超自然のなかに横たわる、という２つの対立命題である。

　シュプランガーは世界の知られざる深みを単純化のために神と呼んだが、彼はこの「対立命題を先の対立命題と組み合わせるならば、すべて実際の宗教のなかに見いだされる、次の４つの神の表象が生ずる」といっている。それはすなわち、「(1)自然のうちなる人格神、あるいは人格的な神々、(2)超自然のうちなる人格神、(3)自然のうちなる非人格神、(4)超自然のうちなる非人格神[10]」である。これらが、シュプランガーの神の類

型論における「神の表象の4つの主要形式」に他ならない。

　最初の形式は、前述のような多神教における神々、素朴な自然宗教における祖先の神々などであり、さらに述べる必要はなかろう。

　第二の形式は、「超自然的人格神へのキリスト教的愛の形態」において確認できるであろう。シェーラー (Max Scheler, 1874−1928) の『共感の本質と形式』(1923年) に依拠して、シュプランガーは愛の2つの形式を対比している。その1つは「人格的愛」であり、もう1つは「宇宙生命の一体感」である。最初の人格的愛とは、人格から人格へと向かう愛である。人格的愛は、主観としての人格の愛の行為であり、これがまた客観としての人格に向けられる。なかんずく、この愛にあっては、人格の倫理的質 (ethische Qualität) が問われる。シェーラーは、人格的愛を、愛のより高い、いや最高の形式と見なす。また、彼によれば「人格の最高の倫理的価値は、愛の能力 (Liebesfähigkeit) に存する[11]」のである。

　シュプランガーによれば、「キリスト教にとって『神＝超自然』(Gott＝Übernatur) であり、その神の思想は、『神は愛なり』というあの命題のなかに、その最高の表現を見いだす。すなわち、神は人格であり、人格的愛を行使し、これがまた人格の最内奥に向けられる[12]」のである。もちろん、前の人格は、神の完全な人格 (Allperson) を、反対に後の人格は、人間の不完全で有限な人格を意味する。だから、「神の愛」というものを、単に人間と人間との間における「人格的愛」と内容的に同じレベルであると考えてはならない。しかし、両者は、形式的には相通じるものがあるといえよう。

　第三の神の表象は、シェーラーのいう愛のもう1つの形式である「宇宙生命の一体感」(kosmovitale Einsfühlung) によって、説明できるであろう。宇宙生命の一体感とは、「自己が宇宙と1つと感じること」(Sich-einsfühlen mit dem Kosmos) である。だから、ここで愛の対象は、全一としての自然である。「まことの一体感が支配するところ、そこにはまだいかなる分離もない。主観と客観は、まだ決して各々が独立的に見られているのでは

ない。両者は、『主観―客観』という１つの生命統一を形成する[13]」のである。

　シュプランガーによれば、著名な仏教学者である「鈴木大拙は、日本人の自然への関係をそうした宇宙生命との一体感として幾度も叙述しており、彼はこれが東洋的仏教徒的な精神的態度の本質的結果である、と主張している[14]」のである。

　しかし、キリスト教的世界にあっては、宇宙生命の一体感という言葉における「生命の」(vital) という構成要素は、「肉体」を思わせるが、肉体は古くから、罪の根源として基本的に価値が低いと見なされてきた。だから、自然を神と信じて、この神なる自然と自己が一体であると感じるような、自然融和性による陶酔 (Rausch der Naturverwandtschaft) には、異教と罪との臭気がついてまわった。

　とはいえ、近代のキリスト者には、自然の直観に際して全く精神を高揚させる高潔な感情を抱く者も少なくない。えもいわれぬ美しい自然を見る時、彼もまた、宗教的感動が自己の最内奥にまで達するのを感じるであろう。しかし、問題は、自然は神であったとしても人格神ではないから、自然は人間の言葉で人間に語りかけはしないということである。自然は、その神秘を解く言葉をもっていない。もし依然として今日なお、キリスト者の完全には自然に溶け込めぬ性質、宇宙生命的一体感に対する若干の不満、あるいは超自然への叫びなどがあるとすれば、それはそうした体験に根ざしているのである。

　こうした神の表象の第三の形式は、神即自然と見る汎神論者スピノザの数学的理論で説明することもできるであろう。彼の命題には、「真に神を愛する人は、神が自分を愛し返す (wiederlieben) ことを期待してはならない」とある。シュプランガーによれば、これは「首尾一貫して、神が人格としては考えられていない、そうした世界観に基づいている[15]」のである。

　最後に、第四の形式である「超自然のうちなる非人格神」について考

えてみよう。この神の表象も、キリスト教の世界のなかに古くから存する。古来、多くの神学者たちは、人格的愛のなかに現れる「超自然のうちなる人格神」と、姿を現すことなく、全く人間の手の届かない「超自然のうちなる非人格神」とを区別してきた。後者は、いわゆる「否定神学」(negative Theologie) において「隠れた神」と呼ばれるものである。

　この学説によれば、人間の世界から人間に知られている神への肯定的説明は不適切であり、ただ否定的ないい方のみが適切である。人間が神について考える全てのもの、それは全く神ではなく神は一切の規定を越えているから、一切の形容と規定を否定して「然らず、然らず」「これに非ず、かれに非ず」「無相、無形、無名」「非存在、非人格、非神」等々の表現とならざるをえない。すなわち、神が何でないかを語ることによって、神を知る他ないということになる。

　ところが、こうした形のない、また人間に語りかけてこない「隠れた神」にさえ近づくことができるであろうとする、神秘主義的な見方が存在する。それは、「神との一体化」(Einswerdung mit Gott)、語を換えれば「神との一致」、あるいは「神秘的合一」(unio mystica) という神秘的体験に由来する考え方に他ならない。この主─客を越えた合一体験の特徴は、いわゆる「不可説性」であり、そこでは言葉が奪われ、思惟が途絶する。あらゆる言葉を越えて、ただ秘儀、不可思議、妙とのみいいうる。何ひとつ伝えられえない。すべては、神秘中の神秘であろう。

　さて、「問題は、神秘主義的な沈潜と占有というこの極致が、語りかけてくる愛の人格神 (der redende persönliche Gott der Liebe) との交わりよりも宗教的にさらに高いかどうかということである」とシュプランガーは日本での講演で聴衆に問いかけたが、すぐさま「私はこの問いにはっきりと答えるつもりはない」といっている。しかし、すぐ続いて、ルターを援用しながら自己自身の立場を暗に示している。すなわち、ルターは上述のような神秘主義に対しては嫌悪感をもっており、そうした「形態のないエクスタシーや神秘的合一からは、ルターにとっては、倫理的・

宗教的世界において実り豊かとなりうるであろうような、何ものも生じないのである[16]」と述べている。そうだとすれば、ルターは「語りかけてくる愛の人格神」をこそ支持することになろう。ところが、敬虔なプロテスタントとしてのシュプランガーが、ルターの教説を摂取していることはいうまでもない[17]。それ故に、シュプランガーはルターを援用しながら、結局は自己自身の支持する神の表象が「語りかけてくる愛の人格神」に他ならないことを表明している。

さらに、シュプランガーは、有力なプロテスタント神学者であるA. リッチュルも、上述のような狭義の、神秘的合一の神秘主義に対してはきわめて批判的であり、反対の立場に立つ、という意味のことを指摘している。ところがまた、第2章第1節で見たように、シュプランガーは、このリッチュルからも、宗教思想の多くを学び取り受容している。だから、リッチュルを引き合いに出しながら、上述の自己自身の立場を裏から表明していることになるだろう。

シュプランガーは、以上見てきた神の表象の4つの形式のいずれに対しても、まことに寛大な態度と理解を示している。ましてや、いずれをも排斥したり、否定することはない。また、彼の神秘主義は、きわめて多様な構成要素から成っているといえよう。シュプランガーの神秘主義と宗教論は、まことに広く多彩であり、かつ多義的である。そうでありながらしかし、その根幹は、何といっても「人間に聴き取れるように語りかけてくる愛の人格神」であると見てまず間違いなかろう。

第2節　神の体験と主観―客観問題

さて、世界の隠された深み、あるいは神の探究は、はたして悟性の問題であろうか。神秘主義の拠って立つところは、超悟性的な立場であるから、神秘主義とその神は決して論理的に分析できないのではなかろうか。

こうした疑問に対して、シュプランガーはいっている。すなわち、「私

にとって大切なことは、神秘的対象そのものを概念的に明瞭に認識することではなく、ただ神秘主義的精神態度をできるだけ適切な概念材料（Begriffsmaterial）で叙述することだけである。神秘主義的態度とは、ある定まった意義を有する、魂の状態のことである。こうした魂の志向というものを、そのいろいろな根本形式が意識にのぼってくる道筋に従って、私は表現しようと試みる[18]」と。これこそまさに、シュプランガーに固有な手法、シュプランガーならではの思考様式、あるいは思考形式である。まず、概念は材料である。そうして、彼の神秘主義の全体構造においては、おそらく基本的には主観の魂の状態・精神的態度の考察に力点が置かれ、それが中心になっていると見てよかろう。客観としての世界の知られざる深みとか神の考察も、いずれは主観に収斂させ、主観につなげるためのものであるといえよう。

一般に、神秘的態度と立場においては、まさにあらゆる対立が止揚されるものと見なされている。そうだとすれば、「主観と客観」の区別、「我―汝関係」及び「我―それ関係」の間における各々の区別などは、消えてしまうことになるだろう。しかし、これはいかにして可能だろうか。各々の分離対立は、いったいいかにして止揚されうるのだろうか。

こうした問題に対しては、2つの立場で答えることができるであろう。シュプランガーの考えによれば、まず第一の立場は、「神秘的高揚は魂の慰めであり、これによって初めて諸々の対立が克服される、という仮定から出発する」のであり、第二の立場は「神秘的態度にあっては、主観と客観とが全く区別できないほどまでに一致している、という見地に特別に当てはまる[19]」のである。

このような問題については、西谷啓治は「間接性」と「直接性」という語を使って、以下のように説明している。すなわち、「神秘主義の特徴の1つを直接性というところに見出すとすると、この直接性という概念と反対の性格を持っているのは間接性という概念である。間接性とは関係性というように置き換えてもよい。このような立場はDifferenz von Subjekt und Object（主観と客観との差別）を前提すること、あるいは自己と世界とを区別した上で両者を関係づけることに基づいて成立している。このような間接性の概念と関連させるならば、神秘主義の立場の基盤としての直接性は、主観と客観あるいは自己と世界との無差別的自己同一性に基づいて現れてくるということになる[20]」（原文は適宜に現代かなづかいと常用漢字に変えた）と。

いうまでもなく、間接性の立場はシュプランガーが最初にあげた立場に、そうして直接性の立場はその次にあげたものにそれぞれ対応する。これだけは確かであろう。ただ、この引用文で判断する限り西谷はいわば狭義の神秘主義、及びそれに固有の直接性のことをいっており、一方シュプランガーは基本的に、またここでもより広義の神秘主義の立場に立っている。それ故に、西谷の方はここで、狭義の神秘主義は間接性ではなく、直接性の立場に立つという意味のことをいっているのである（西谷もシュプランガーも「広義」「狭義」という語は使っていない）。一方、シュプランガーの考え方は、2つの立場のいずれもが神秘主義に属するということである。西谷は、狭義の神秘主義としての宗教性の特質を明らかにするためには、間接性、もしくは関係性に立脚した信仰の宗教と形而上学との立場と比較することが目的に適うと考えたのである。

ところが、再び西谷によれば、「信仰の宗教と形而上学とがともに間接性の立場に立脚しておりながら、しばしば間接性の内部から直接性への方向が現れている[21]」（原文は適宜に現代かなづかいに変えた）のである。このようなものとしての宗教や形而上学も、シュプランガーの場合には神秘主義に含まれるので、ここに至って両人のいっていることは、言葉の上ではほぼ一致する。しかも、そのような段階を踏むことこそは、まさにシュプランガー自身の立場と同じである、と見てまず間違いなかろう。

ところで、本章の第1節で述べたところによれば、あの「第一の二者択一」の「a) 交わりが行われる」と「b) 交わりは行われない」との間において、シュプランガーは少なくとも最初の段階a)では主観と客観とが

区別されうるし、対立関係にあるとしたのである。これが、ここで問題にしているシュプランガーの第一の立場、及び間接性（シュプランガー自身は「間接性」「直接性」という語は使っていない）の立場に相当する。しかし、後に明らかになるであろうように、実は彼は次第にそのb)の段階へと論を深めてゆく。それが、ここでのシュプランガーの第二の立場、及び直接性の立場に対応する。それ故に、シュプランガーの神秘主義にあっては、「間接性→直接性」という形で各々の段階を踏むといえる。また、主観と客観との間にしばしば循環関係が認められるが、最後は確かに、「主観の内なる主―客合一」にまで至ると見ることができる。

　それでは、「第一の立場→第二の立場」「間接性→直接性」という階梯は、シュプランガー自身の最も支持する「超自然のうちなる人格神」とどのような関係にあるのだろうか。この種の神の表象を選ぶ立場は、神と人間とがどこまでも絶対的差別性を含んだ上で人格的な関係に立っていることを前提としながら、人間がみずから自己の意志を全く捨ててしまうことによって、人格的な差別性が消えることを求める。別言すれば、まず人間と神との関係を「有限な人格と無限な人格との間における関係」としての「我と汝との関係」もしくは「主観―客観関係」という対立関係として捉えた上で、さらに次の段階では人間が自己の意志を全く放棄し、単に言語のみならず、自己の魂の能力の一切が役に立たなくなることによって、両者の間における人格的な分離対立関係が消え「主観の内なる主―客融合」にまで至ることを求めるということであろう。

　さて、本章第1節で触れた、あの「第一の二者択一」の「b) 交わりは行われない」という立場には、――神秘主義一般についていえば――実はそれ自体のなかに大別して3つのものがある、とシュプランガーは考える。

　まず、「b) の①」の立場によれば、人間の魂は決していかなる他のものとも交わらず、ただ自己自身としか交わらない。決していかなる客観も存在しなくて、ただ主観しか存在しない、ということになろう。そこ

には、徹底的な孤独が支配する。それを、場合によっては、客観主義を越えた「徹底的な主観主義」と呼ぶことができるし、場合によっては、客観を無視した「排他的な主観主義」と呼ぶことができるのではなかろうか。それは、正しい真の主観主義になることもあるし、逆に危険な独善的主観主義に陥ることもあろう。いずれにせよ、こうした立場は、a)の階梯を踏むことなく、もっぱらb)のみに立脚する固有な、また狭義の神秘主義であるといっていい。

それほど極端なものでなく、より偏りの少ないものが、上述の「b)の②」の立場である。これは、例えばカントやショーペンハウアーが先験哲学の名のもとに支持した見解であり、この考え方によれば、いわゆる客観的実在や神は意識されたものにすぎない。従って、隠された世界自体の深みが、意識から独立していると見るのは、誤りである。また、いわゆる世界は、法則的に秩序づけられた表象連関以外の何ものでもないのである。だがその場合、表象秩序の法則は、偶然的な、単なる個々の主観とは何か異なってはいる、ということになるであろう。

シュプランガーは、以上の2つの立場にも学び、それらの一部を自己の学説の構成要素として受容しているといえよう。しかし、そのままの形においては、それら2つは、いずれもシュプランガー自身の立場ではない。彼自身の立場は、ここでは「b)の③」であり、全体としては「第一の二者択一のa)」→「b)の③」である。すなわち、a)を通って、あるいはa)を踏んだ後に、結局は「b)の③」の段階に達する、と考えられる。しかも、シュプランガー自身においては、a)以上に「b)の③」の方により重心がかかっており、より力点が置かれている。すなわち、「間接性」以上に「直接性」が重視される。それ故に、シュプランガー自身の神秘主義には「客観主義的側面」もないわけではないが、「主観主義的な面」がいっそう強調されていると見ていい。以下においては、こうした最もシュプランガーらしい思想について、明らかにしていきたい。

まず、何といっても基本的にシュプランガーは「究極の体験」(Urerlebnis)、

もしくは「根本経験」(Grunderfahrung) という概念に立脚して、自己の思想を展開させる。それには、現世的敬虔における深い感動体験も、世界の隠された深み、もしくは神の体験も共に含まれている。それ故に、こうした意味における体験こそ、あるいは現世的敬虔と神秘主義とを、あるいは無神論とキリスト教とを、あるいはヒューマニズムと宗教とを、はたまた仏教などの世界宗教とキリスト教とをそれぞれ相互に結びつけることができる結節点に他ならない、と筆者は考える。

シュプランガーその人は、まことのキリスト教徒であり、しかも深い信仰の人である。しかし、彼の宗教思想と神秘主義はきわめて広く、キリスト教徒としてのみずからの信仰の立場を決して他に押しつけない。だからといってこれをわれわれは、思想研究は思想研究、信仰は信仰と見るべきではなかろう。上述のように「体験」や「経験」が結節点になっているので、両者の間におけるそうしたいわば「宗教的両面性もしくは両義性」には、さしたる矛盾はないと見ることができる。また、そうした体験の概念も両義的であり、従ってわれわれはこれを、シュプランガーにおける「宗教的神秘的体験の両義性」、または「神の体験の両義性」と呼ぶことが許されるのではないか、と筆者は考える。

ところで、上述の「究極の体験」や「根本経験」とは、深い「内的経験」のことであるが、シュプランガーは、内的な経験が唯一の本質的経験である、という立場に立っている。いわゆる五感を通しての外的経験も否定できないが、世界の本来の深みを開くのは、ただ主観の内なる魂での内的経験だけであるといえよう。

これを自然との関連で見てみよう。「自然は、人間の主観とは別のものとして人間に立ち向かう形象であり、しかも自然自体は一義的に客観的なものである、と人は措定するだろう」(第一の措定)。しかし、これに対して、われわれは反論しなくてはならないであろう。すなわち、「その一義的に客観的なもの自体 (das eindeutig Objektive selbst) を、われわれは全く知らない。それをわれわれはただ、それがわれわれの魂の体験のなか

で証明されるようにしか知らない。しかし、こうした体験の深さは、人間の違いによってきわめてさまざまに異なりうる[22]」と。

　また、第一の措定の誤りは、地球を遠い星から観察している観察者のように、われわれが知っている人間は自然の外に立ってはいないことだけを考えてみても、明らかであろう。人間は、自然のなかに存在しており、自然の一員である。逆に自然は、人間のなかに、また人間を通してこそ生きているともいえる。「自然の核心は、心のうちなる人間ではなかろうか」とゲーテは問うている。われわれもまた、これを内的経験によって知っている。それ故に、シュプランガーは「人間の意味における主観と自然の意味における客観とは、全く離れ離れではなく、両者は共通の根をもっている。自然の内奥は、──少なくとも部分的には──人間の内奥で（im Innern des Menschen）啓示される、と結論してよかろう[23]」といっている。これもまた、確かに「主観の内なる主─客合一」であろう。

　以上の問題を、次に神との関連で考えてみよう。「超自然的な神は人間の主観と別のものとして人間に立ち向かう存在であり、しかも神自身は一義的に客観的なものである、と人は措定するであろう」（第二の措定）。しかし、これに対してもまた、われわれは反論しなくてはならないであろう。すなわち、「そうした超現世的に客観的なもの（das überweltlich Objektive）を、われわれは全く知らない（それは隠された神のままである）。われわれはそれをただ、それがわれわれの魂の体験のなかで表明され、啓示されるようにしか知らない。しかし、こうした体験の深さは、人それぞれにより全く異なりうる[24]」と。

　たとえ神自身がいかに客観的であっても、この神の体験は、外部に存在するのではなく、主観的制約性のモメントのなかに（im Momenten subjektiver Bedingtheit）のみ存在するといえよう。第2章第2節で述べたように、1901年に、弱冠18－19歳のシュプランガーは、シュライエルマッハーに学びながら、「われわれ自身の体験のなかに与えられているものだけが、

われわれに理解できるようになる。だから、出発点は、自省のなかで行われる宗教的体験への回帰、及びこの体験現実の直接的な把握である」といっている。

一方、晩年の1954年にシュプランガーはその著『知られざる神』のなかで、人間に神が次第に見えてきて、神と出会うことができるようになる過程の状況を、人間の在り方や態度の高まりと深まりとの差に応じて、別言すれば「神の体験」の深まりに応じて、闇—薄明—光(Dunkel—Halbdunkel—Licht) という３つの段階に分けて考察している。

第二の措定の誤りについてさらにいえば、何といっても、神と人間が完全に互いに切り離されている、と見なす点である。シュプランガーによれば、「人格神か超人格神かを問わず、神は人間の心のなかに生きている[25]」のである。

ただここでも、シュプランガーには先に触れた「宗教的両義性」があることは確かであろう。彼は「あふれんばかりの神性のことごとくが、人間という狭い器のなかに入ってくるのではない[26]」といいたいし、また「神は何ぴとも到達できない光のなかに住んでいる」という聖書の言葉を引いて、自己の態度を表明しようとする[27]。ここでも、シュプランガーの説かんとするところは、決して分離し孤立した形での単なる主観ではなく、「主観の内なる主—客合一(融合)」に他ならない。彼にとって真の客観とは、体験を通して「主観のなかに入り込んだ客観」「主観化された客観」のことであろう。問題は、客観の主観化・内面化であり、そこにまで至らなかったとしたら、神は依然「知られざる神」のままであろう。逆に、徹底的な主観化・内面化によってこそ、神が見えてくるし、また神との出会いや神との対話、あるいは神の愛を受けることも次第に可能となる。しかも、悲劇的体験の極致において、人間は神を知り、奇跡が生ずる。シュプランガーによれば、「罪の意識と苦悩との地獄巡りをなし終えることなしに、われわれが神に偶然出会うことができるなどとは、とうてい考えられない[28]」のであり、苦悩と喜びと愛(Leid und Lust und Liebe)

とを体験的に教えてくれる「そのような日びの学校を通り抜けていって」こそ、神の平和とは何か、ということも理解できるであろう[29]。

ところで、「宗教的両義性」という前提に立ってのことではあるが、例えばペスタロッチーの思想を通して、シュプランガーはかなり顕著に「内在的神秘主義」(immanente Mystik) の立場に立つことになる。シュプランガーは、「そもそも神とは人間の魂の内奥に啓示されるものである。……人間本性の中心にある神的な火花という原初的な神秘主義的な考え方をペスタロッチーもまた信じていた」といい、続いて「それは生活領域の最も狭い……最も単純なものを通じての神との最も深い結合である。私たちの内奥に住まっているその神が、ペスタロッチーの神であった[30]」と述べている。ペスタロッチーの場合にも、シュプランガーの場合にも、神が現れるところは、一人ひとりの「魂の最内奥」に他ならない。宗教的な奇跡も、形而上的な体験を通して、個々人の内面の深部で現れる。いかなる客観的な神も、人間の「魂の根底」において啓示、もしくは証明される。そこのところで、世界の隠された深みがそれらによって開顕される高揚と悟り (Erleuchtung) が起こるのである。

先の「第一の措定」と「第二の措定」はいずれも、「主観と客観との二元的相互分離」の考え方に立っていた。そうして、各々の措定に対する反論は、その逆の考え方に立ち、二元論が克服されたものとしての一元論的見解に基づいていた。このことは、「主観のいわゆる自然という客観への関係にも、また主観のいわゆる超現世的客観への関係にも同様に当てはまる[31]」。前の立場は、客観が意識を超越するという意味で「意識超越の立場」と呼ばれうるし、後の立場は、客観が意識に内在するという意味で「意識内在の立場」と呼ばれうる[32]。後者こそがシュプランガーの立場であることは、もはや言を俟たない。

魂が広く、また高く深くなればなるほど、それだけますます現世と超現世との内容も、魂のなかで開かれてくる。「神秘主義的態度にあっては、より高き自己を獲得するために、より低き自我を放棄する[33]」。そうして、

そのより高き自己の中核をなすものが、良心である。この良心の内奥で語るものは、単なる人間的なものではなく、「神の声」なのである。主観の内なる孤独な良心のなかで生き生きとした神との出会いが生ずるという意味のことを、シュプランガーはしばしば述べている。より高き、いや最高の自己の本質としての良心は、神の前に立っているのである。

　しかし、高次な自己を通して、良心の深奥で語りかける神の声が聴き取れるようになり、それに従うことができるようになるためには、「心の純粋性」が不可欠であろう。キリスト教倫理がそこに圧縮されている、「心の清い人たちは、さいわいである」という命題の意味におけるが如き、心の純粋性が是非ともなくてはならない。「純粋な心のなかにのみ、すべての救いが宿る」とゲーテもいう。

　心の純粋性は、自己滅却と神への集中、自己無化に至るまでの自己放棄へと導くのではなかろうか。また、逆も真ではなかろうか。自分を棄てる者は、自分を得る。主観重視の立場は、自己に執着することの反対を意味する。純粋な心をもつことによって、より低い自我を放棄し、自己を無にし空しくしてこそ、人間はみずからの個性を拡大深化して、純人間性、いな神性にまで達することができるであろう。少なくとも、一歩でも近づくことができるであろう。そのための努力が、ヘルダーやゲーテ、フンボルトやシュライエルマッハーらの思想展開の根本動機であるといえよう。「仏性への到達もまた、人間の最高の精神的自己完成であると私には思われる[34]」とシュプランガーはいう。

　次に、これらとの関連で、愛の問題について考えてみよう。シュプランガーによれば、「みずからの人格をささげる人は、それをその考えられる最高の高さへと高める。これが愛である。みずからの人格を守ろうとする人は、自分を放棄することを学ばなくてはならない。これが愛である。愛とは、絶対的自己放棄による絶対的自己実現である。これは、愛の永遠のパラドックスである[35]」。

　しかし、人間は自力だけでそうした高い境地に到達することはできな

い。今日、人間は多くのことを支配できるようになったが、愛について
はなかなかそうはいかない。人間の世界にはいつの世でも、我欲、憎し
み、闘争、罪などが渦巻く。こうした弱さから人間を救ってくれるもの
は、「神の愛」以外にない。神の愛に包まれ、また自己の魂の内奥で神の
愛を予感できた時、人間はその生き方において根底から変化する。他が
ためにのみ生きる、愛の人にさえなれるであろう。愛の人間は「……故
に」（weil）ではなく、「……にもかかわらず」（trotzdem）という生き方が
できるであろう。

注

1 上田閑照編『ドイツ神秘主義研究』創文社、1982年、3－4頁。
2 E. Spranger : Lebensformen, 9Aufl. 1966. S.237.
3 Vgl. Spranger : a. a. O., S.275.
4 Spranger : Religionsphilosophische Frangen eines Abendländers ［Vortrag an der Universität Ryukoku in Kyoto und an der Universität Koyasan］. 1937. In : GS. Bd. IX, S.208.（本章では、この「講演」から最も多く引用。以下単に「S. …」と頁しか示さない場合は、すべて『シュプランガー全集』第IX巻所収の同「講演」からの引用）
5 S.208.
6 S.209.
7 S.209.
8 S.209.
9 S.210.
10 S.210.
11 S.215.
12 S.215.
13 S.214.
14 S.214.
15 Spranger : Der unbekannte Gott, 1954. In : GS. Bd. IX, S.94.
16 S.217.
17 長井和雄著『シュプランガー』牧書店、1957年、147頁参照。
18 S.217.
19 S.218.

20　前掲書『ドイツ神秘主義研究』、5頁。
21　同書、9頁。
22　S.219-220.
23　S.220.
24　S.220.
25　S.220.
26　Spranger : Der unbekannte Gott, In : GS. Bd. IX, S.89.
27　Vgl. Spranger : a. a. O., S.98.
28　Spranger : a. a. O., S.92.
29　Vgl. Spranger : a. a. O., S.93.
30　前掲書『シュプランガー』、148頁。
E．シュプランガー著、村井　実・長井和雄訳『文化と教育』玉川大学出版部、1983年、149-150頁参照。
31　S.220.
32　Vgl. Spranger : Hauptprobleme der Religionsphilosophie —— vom systematischen Standpunkt. Aus der Berliner Vorlesung. 1901-1991. In : GS. Bd. IX, S.139f.
33　S.222.
34　S.222.
35　S.223.

第5章　シュプランガーの宗教的ヒューマニズム

　本章では、シュプランガー宗教思想の三大特質の1つと思われる「宗教的ヒューマニズム」について考察する。シュプランガーのあの「現世的敬虔」は、もちろん彼の宗教思想の一大特質であるといわれているが、そのより深い理解のためにも、彼の「宗教的ヒューマニズム」の究明が不可欠ではないかと考える。両者は2つにして1つ、一体のものではなかろうか。

　さらに、シュプランガー教育学の研究にとっては、あの「良心の覚醒」の意味を解明することが最大の課題であるが、これは難事中の難事であり、従来の研究は常にここで行きづまってしまったといえよう。ところが、良心論は、シュプランガーにあっては密接不可分の形で深く宗教思想と結びついている。この点も考えて、併せてシュプランガーの良心論にも迫ってみたいと考える。

第1節　宗教とヒューマニズムの歴史的概観

　シュプランガーの「ヒューマニズム」の概念は、マルクス主義的・社会主義的なものとは正反対であり、西欧の長い伝統をもった「人文主義」の流れを汲むものである。

　宗教とヒューマニズムの歴史をひもとくならば、中世においては古代ギリシア・ローマの学芸はキリスト教神学のなかに完全に包摂されていた。これが、最初の「キリスト教の宗教的ヒューマニズム」（＝キリスト教的人文主義）であると見なされている。中世キリスト教のなかにも、ヒューマニズム（人文主義）的傾向と反ヒューマニズム的傾向が並存したが、教会の教権主義のもとでは後者の方が強かった。それが裏めに出た最悪の場合には、神の名を口実にした権力者による人間支配と人間性の抑圧

がまかり通るようにさえなった。

　そうした中世以来の人間性の抑圧から人間を解放して、自然の人間性を回復しようとしたのが、ルネッサンス・ヒューマニズム（人文主義）に他ならない。これは出発点においては、宗教と矛盾するものでも敵対するものでもなかった。しかし、ヒューマニスト（人文主義者）たちの古典研究は、やがて教権主義的なカトリック教会の批判をあびるところとなり、彼らは最後には教会から離脱していった。その主要な原因は、「原罪」の思想にある。それによれば、神は絶対者であり、人間はすべて初めから罪を負った存在である。これは、「神中心主義の超越的・彼岸的立場」であり、人間と現世を否定的に見る。逆に、ヒューマニズムは、「人間中心主義の内在的・此岸的立場」をとり、一切の権威と価値の源泉を人間の内部に求める。ここに、キリスト教とヒューマニズムの根本的な違いがある。そうしてこれこそは、今日も宗教とヒューマニズムをめぐる中心問題に他ならない。後の論究で明らかになるであろうが、おそらくシュプランガーはそうした相反する２つの立場を調和的に調停しようと考えているのであろう。

　宗教改革後も依然として上述のような超越的・彼岸的立場をとっていたカトリシズムに対して、ヒューマニズムは根本的に見解を異にした。また、やはり人間の原罪説を強調するプロテスタンティズムの「聖書主義」に対しても、対立した。これは、聖書に絶対的な権威を置くことにより、文化と人間性を否定的に見ることになり、従って中世の教会の権威が聖書に置きかえられたものにすぎないというのである。

　他方、宗教改革後のキリスト教の思想には、神の超越性よりも内在性を強調するものも増えた。シュプランガーの「現世的敬虔」も、その一例である。これは、宗教のヒューマニズム化であり、「宗教的ヒューマニズム」であるといえよう。

　これに対して第一次大戦後の悲観主義的精神状況のなかで、神学を一切のヒューマニズム的前提から解放し、絶対的な神とその言葉との上に

のみその基礎を求め、キリスト教と近代文化、神学と哲学との調和を求める立場を真向うから否定する神学が、プロテスタンティズムからの分岐の形で生まれた。これが、「弁証法神学」(dialektische Theologie)、あるいは「危機神学」(Theologie der Krisis) と呼ばれるものである。代表的な弁証法神学者であるK.バルトやE.ブルンナーらは、「自由主義神学」の先導者と彼らが目したシュライエルマッハーらに対して激しい攻撃を加えた[1]。弁証法神学は、人間中心の神学を神中心の神学へと転換し、人間の罪による神と人間の断絶と人間的努力の不可能性とを強調する。だから、それは超越主義的・彼岸的神学といえよう。

宗教思想については誰よりもシュライエルマッハーを支持し、しかも「現世的敬虔」を世に出したシュプランガーは、そうした弁証法神学に対立する立場をとることはまず間違いない。以下本章では、シュプランガーの弁証法神学に対する批判を見ることを通して、それらの問題について具体的に吟味していくと共に、彼の宗教思想の一大特質が「宗教的ヒューマニズム」の立場であることを明らかにしていかなくてはならない。

第2節　弁証法神学批判と宗教的ヒューマニズム

キリスト教とヒューマニズムとは、古くから今日に至るまで西欧の精神を支える二大支柱であり、シュプランガーは「どちらも守られなくてはならないであろう」といい、「もし両者が決して1つになりえないとしたら、どうするのか。また、決定的な対立点は、どこにあるのだろうか[2]」と問いかけている。

弁証法神学者フォールストホッフ (Heinrich Forsthoff) は、2000年の歴史における全ヒューマニズムが幻想であると主張し、「西欧的思考の現代の危機は、ヒューマニズムの危機である[3]」とする。この見方に従えば、あらゆる理念や観念は幻想であり、人間をその現実において見ることが大切である。人間の現実とは、もちろん弱さと罪以外の何ものでもないの

第5章　シュプランガーの宗教的ヒューマニズム　97

である。積極的ないい方をすれば、人間の罪と神の免罪とが最大の関心事となる。こうした考え方は、フォールストホッフのみならず、多くの弁証法神学者から聞くことができるであろう。その際攻撃は、単にヒューマニズムに対してだけでなく、観念論、文化一般、あらゆる現世的価値にまでも向けられる。

　弁証法神学は、すべてを受け入れる温かい神の愛から出発するのではなく、それにとっては人間が罪人であり、かつこの人間が罪の意識を失ったことが最初の最も重大な事実であり、問題なのである。確かに人類は、第一次大戦においても以前にもましてますます悪魔性をあらわにし大きな罪を重ねてきたので、そうした考え方にも耳を傾けるべきであろう。弁証法神学の立場に反対してヒューマニズムの立場をとる者といえども、何らかの意味で人間の罪について反省しなくてはならないであろう。

　シュプランガーは、キリスト教とヒューマニズムの両方の立場に立ち、両者を調停し統一しようと考えていると見ることができる。しかし、同じキリスト教でも弁証法神学に対しては、一部これを認めるとしても、かなり批判的である。彼は弁証法神学におけるキリスト教とは異なったキリスト教とヒューマニズムを結びつけた形の「キリスト教的ヒューマニズム」の立場をとるといえよう。シュプランガーによれば、「キリスト教的と呼ばれるヒューマニズムを正しく理解するためには、それが世界はイエス・キリストによって救済されるというひそかな前提(stille Voraussetzung)に立脚していることを、ありありと思い浮かべなくてはならない。神の救済行為が、なされるのである。みずからの内なる悪との人間の闘いはすべて、これを背景にして、このひそかな前提に基づいて行われる。それは、例えばゲーテにおいて全く明白である[4]」のである。ここで「ひそかな前提」は、きびしさを含んではいるが、最後には救済されることを確信する一種の楽観主義を意味していると見ていい。従ってシュプランガーは、究極的には楽観主義の立場をとっているといえよう。逆に、

「原罪」の思想から構成されている弁証法神学は、当然悲観主義の立場に立っている。

弁証法神学のヒューマニズムに対するあらゆる個々の起訴理由は、その原罪の思想に起因する。以下においてわれわれは、弁証法神学のヒューマニズム批判と、それに対するシュプランガーの抗論を見ていくことにする。

(1) まず、人間の理性のうぬぼれが、神について傲慢にも哲学しようとするという批判である。その場合、神は人間の思考の産物となるというのである。

シュプランガーにいわせれば、「この結論は、説得力がない。というのは、うぬぼれがひどくない哲学は、承認されうる真理を探究するからである。このことは……神の認識についてもいえる[5]」のである。新しいプロテスタント神学は、神が認識されえないことを強調するが、カントも理性が越えることのできない限界を定めている。こうしたことは、「知識と信仰」「知ることと信じること」という永遠のテーマである。

決してうぬぼれることなく知ることの限界をよく知りながら、シュプランガーは次の言葉のなかに暗に自己自身の胸の内を表しており、自己の哲学を述べている。すなわち彼によれば、「組織化された知識に変えられえない、信仰的確信に突き当たることを依然自覚している、『謙虚な』哲学がある。この確信はいかなる種類のものであるか、これは例えば一般的啓示に、それとも具体的な歴史的啓示に基づくのであるかについて、その哲学が思い悩むとしても、このことは信仰の保障と恐れられている危機の克服のために奉仕することになる。この種の自己思考(Selbstdenken)を禁じる神学は、真実の良心の前では基盤が弱い、という疑惑に身をさらす[6]」のである。

さらにシュプランガーは、そもそも弁証法神学は、全然哲学しないのか、という問いを逆に投げかける。すでに中世以来、古代哲学の本質的成果がキリスト教の教えのなかに入り込んできている。また、弁証法神

学の名は、キルケゴール（Sören Aabye Kierkegaard, 1813-1855）の弁証法的思考方法を採用したところからそのように呼ばれるようになった名称であるが、そのキルケゴールの思想の全体は、もし彼のアンチテーゼであるヘーゲルのあの壮大な思考体系を共に考えなければ、宙に浮いてしまい正しく理解できない。

さらに、弁証法神学と親密な関係にある「実存的思考」も、それが思考である限り、常にまだ継承された体系の構成要素を含んでいるであろう。実存的思考は、最も極端な無神論に結びつくことも、逆にキリスト教の信心深い態度に結びつくこともある。後者の一例として、グリーゼバッハ（Eberhard Grisebach, 1880-1945）をあげることができる。彼の弁証法神学は、特にゴーガルテン（Friedrich Gogarten, 1887-1967）の立場に近く、グリーゼバッハはイエスこそ唯一の真理の体現者と信じた。その彼が同時に、実存哲学に通じるものをもっていたのである。要するに、哲学し思考するから、神を忘れるとは限らないのである。

それ故に、シュプランガーによれば、「ヒューマニズムが自己思考のかどで告訴される場合には、そのようなものとしての哲学は、宗教という点から見ればアンビヴァレンスであることを、人は想起すべきであろう[7]」。時としてヒューマニズムが過誤や災いをひき起こすことがありうるからといって、人間自身の自己思考、哲学、論理などの使用が禁止されてはならない。ヒューマニズムの立場で考えてみれば、宗教もまたアンビヴァレンスであるといえなくもない。しかしもちろん、以上のことは、決してヒューマニズムだけで十分であるという意味ではない。

(2) 次に、ヒューマニズムが非難される点は、それが人間の「倫理的自律」を信じているということである。

この点では、何といってもカントが攻撃の中心となる。カントの場合には、人間自身がみずからに規範を与え、これに基づいて神をも要請し、考え出すのである。ところが、弁証法神学は、人間が神の命令に理尽ぬきですなおに耳を傾け、神に「隷属する」ことを要求する。善はただ神

によって人間に啓示されるものであり、恩寵によってのみ与えられうるというのである。

　弁証法神学者のバルトやブルンナーは、カントに限らず、あらゆる「神人共働説」(Synergismus)をも、非キリスト教的であるとするのである。R.オットーは、「自力の救済と他力の救済との他に第三のものとして共働説をあげている。共働説は……自力と他力との綜合である。しかしオットーは思弁の所産としての綜合ではなく、実践的な行道的統一を考えているといえよう[8]」。バルトやブルンナーは、もちろん思弁の所産としての綜合を説える共働説を断固として排斥するが、実践的な行道的統一としての共働説までも斥ける。しかし、シュプランガーは、共働説の立場をとると見て間違いない。少なくともそれに決して反対ではなかろう。

　また、オットーは、「自力救済と他力救済の区別を、前者は神秘主義、後者は信仰の立場（恩寵宗教）であるとする[9]」。そうして、その神秘主義の最も代表的な例は、自己救済の徹底を説くM.エックハルトの「ドイツ神秘主義」であるといえよう。ところが、シュプランガーも神秘主義者である。だから、オットーの上の見方が正しいとすれば、シュプランガーの宗教思想には、少なくとも自力の一面があることになる。さらに、シュプランガーの「現世的敬虔」も一種の自力を意味すると見ていい。しかし、反対に他力の一面、すなわち上のオットーの「信仰の立場」も同時にあると見てよかろう。

　シュプランガーはあの「魂の魔術」との関連で、「主観の深みからの力の獲得」について述べている。しかし、「『主観の深みから』とは、『みずからの力から奮い起こされた』という意味ではありえない[10]」のである。また、シュプランガーはその宗教論のなかでしばしば、人間的執着をすててただ神に従うこと、我執をすてて自己を神に委ねることを説いている。人が全くこだわりをすてて、「神の前では私は道具にすぎない」というようになった時初めて、人は「自分もまた小さな神意である」ということができるであろう[11]。

第5章　シュプランガーの宗教的ヒューマニズム　101

　きわめて単純化していえば、自力の面はヒューマニズムの立場であり、他力の面は宗教と信仰の立場であろう。そうして、両者が結びついたものこそが、シュプランガーの「宗教的ヒューマニズム」であると見てまず間違いなかろう。

　ヒューマニズムの義務の倫理学には、カントの倫理学を初めいろいろな形態があるが、しかしシュプランガーは、善だけでなく「根源的な悪をも前提している義務の倫理学から、自律しか聴き取らない人は十分に弁証法的に思考していないのである」、と弁証法神学者を批判する。そうして、「人間のなかに神の閃光がきらめき、これが人間の倫理的光になるべきであることには、弁証法神学者も反論しないであろう[12]」といっている。

　ここで、シュプランガーはまさに「良心」のことを述べている。良心とは、形而上的なものに源を発する人格の最内奥の声であり、神の声である場合もある。良心は、善を選びほめることもあるが、逆に悪を意識し悪を叱責し罰することもある。シュプランガーの良心論は、原罪の教えと必ずしも矛盾しない。彼によれば、「人間は、ただ原罪と同時に、良心を獲得することができた。何故ならば、良心の出現は不正行為を前提とするからである。少なくとも、良心の呵責は、正しい道の踏みはずしから生じてくる[13]」のである。良心をもつことと自分に罪があると感じることとは、相関概念である。良心による罪と過誤に対する反省が求められる。

　良心を語る場合には幾度となくシュプランガーは、フィヒテの次の言葉を引用している。すなわちそれは、「良心とは、それに頼ってわれわれが無限なるものから出発する光線である」という命題である。倫理的義務は、地上的・世俗的な効率によってではなく、ただ形而上的にのみ、すなわち人間の本質からのみ正当と認められうるのである。さらに、まことの宗教的信仰に生きる人は、良心のなかに神の声を見いだし、その声が自己の意識を通して、自己に語りかけることを確信しているのであ

る。より高い自己としての良心のことを、シュプランガーは「私の胸の内なる神」とも、「神性の流入する箇所」(Einströmmungsstelle des Göttlichen) とも呼んでいる[14]。だからといって、あふれんばかりの神性のことごとくが人間という狭い器のなかに入ってくる、と考えているのではない[15]。また、「私の内なるより高き自我のいかなるものも、決してすでに神(schon＝Gott) なのではない[16]」。

こうした良心を中核とする「義務の品性に方位づけられた倫理に非倫理的で神に逆らうものであるとの烙印を押すことはできないであろう」とシュプランガーはいう。また、彼によれば、危機神学が範とした「キルケゴールでさえも、『人間の価値』(Würde des Menschen) の思想を持ち合わせていないわけではない」。しかも「その際いかに多くがヘーゲルから来ているかを読み取ることは困難でない」のである[17]。ちなみに、キルケゴールはヘーゲル左派といわれている。

以上要するに、問題はただ、傲慢や冒瀆的なうぬぼれから生じてくる思考の濫用だけである。

(3) 上述したことと重なるが、ヒューマニズムは、それが人間の「自己（力）救済」(Sebsterlösung) を教える、というかどで告訴される。

シュプランガーにいわせれば、「その非難は、疑いもなく激しすぎる。というのは、人間の自己救済は、それ自身のなかに矛盾をはらんでいるからである[18]」。これは、自力救済でありながら同時に他力救済であり、他力救済でありながら同時に自力救済であるという現実をいっているのではなかろうか。前述のように、シュプランガーは「自力と他力との綜合としての共働説」の立場をとると見ることができる。また、彼は「神秘主義に対応する自力救済」と「信仰の立場に対応する他力救済」との両面を持ち合わせている。こうしたことも、シュプランガー宗教思想の両面性、あるいは両義性と呼んでいい。しかし、上の抗議でシュプランガーは、弁証法神学者たちにはそうしたことが分かっていないのであり、彼らは一面的であると批判しているのである。

神学者たちは「神が一切をなし、人間は何もできない」と力説するが、これによって人間は全く力を奪われてしまうことにならないとも限らない。人間自身も、自己の内部に何かを育て上げていくべきであろう。「人間は少なくとも——ゲーテの言葉を借りて一言で表現すれば——、『みずからの貧しき自我に手を加えて、これを磨き上げる』のでなくてはならない[19]」のである。ゲーテの『ファウスト』の主人公ファウストは、最終的には決して自分自身を救済することができない。しかし、そこでは人間的なものの領域から漸次的に超自然的な現象、あるいは神の顕現が考えられていると見ていい。

シュプランガーによれば、弁証法神学としての「プロテスタンティズムは、キリスト教の神秘への漸次的生成 (allmähliches Werden zu den christ-lichen Geheimnissen) を知っていない。それは、宗教改革の多くの解放行為のイメージに合致していないきちょうめんすぎる『正統信仰』(ängstliche Rechtgläubigkeit) を明示している[20]」のである。だからその限りにおいて、弁証法神学はより弾力的でより柔軟な「現代的表現」を徹底的に試みなかったら、それが「非人間的」な神学であるとのそしりを免れえないであろう。

以上の3点は、弁証法神学の側からのヒューマニズムに対する非難と、これに対するシュプランガーの抗議であった。

さて、以下はそうした形ではないが、続いてさらにシュプランガーの考えている弁証法神学に対する今日的な問題性を追究していき、それを通してシュプランガー自身の宗教思想を明らかにしていかなくてはならない。

シュプランガーは基本的に広い。彼によれば「決してキリスト教的ではないが、あるきわめて深い宗教的意識から幾百万の人々が生きている、そのような地方に私は行ったことがある。私見によれば、そこにも神がいる。人は人間として神を狭隘化すべきではない[21]」のである。シュプランガーほどに寛容な態度で不和と対立との調停に力を傾けた人はいない

であろう。
　そのシュプランガーは、次のようにもいっている。すなわち、「実際に、神性(divinitas)と人間性(humanitas)との国境で、真剣な闘いが起こっている。それが、どうかためになる方向に進行するように！　というのは、今日のプロテスタンティズムの神学から聞こえてくる起床らっぱ(危機に目覚めよとの警告。筆者注)に、われわれは全く耳を貸さないわけではないのだから[22]」と。単にキリスト教的なものと単に人間的なものとの間に常に存在する緊張から、もし完全な決裂が生じるようなことがあれば、それは悲しむべきことであろう。宗教と哲学、宗教と文化、また弁証法神学とヒューマニズムとの間における不和分裂は、すでに現存している文化的動揺をいいようもないほど悪化させるであろう。危機の神学が人間の無力化を教義にまで高め、これが現代人のキリスト教からの離脱と単なる人間的なものへの傾斜の原因となっていないとも限らない。シュプランガーは、単なる人間的なものには大きな問題を感じ決して満足できず、そのせめてもの救済のために「現世的敬虔」を説く。積極的ないい方をすれば、国境と時代を越えて、またあらゆる宗教・宗派を越えて、あるいはまた宗教かヒューマニズムかを問わずすべてに通じるものとしての「現世的敬虔」を説いた、と筆者は解釈する。
　弁証法神学とヒューマニズムとの間での完全な決裂は何としても避けたいが、だからといって両者の不誠実な、互いに納得のいかない形だけの和解がなされるべきではなかろう。両者の表現様式と見解との相違点について、全く虚心坦懐に定式化する必要がある。だから、シュプランガーは自分の支持する「キリスト教的ヒューマニズム」に対する反対者たちに対して、無理に改宗の試みが企てられるべきではないと考えている。今日的な困難な問題がどこにあるのかが、彼らに打ち明けられるべきであろう。
　シュプランガーによれば、「人生の意味と信仰的確信とのあらゆる本質的なものをキリスト教の救世の福音に負うていることを、心の最内奥で

確信している、近代のヒューマニズムが存在する[23]」のである。ここで、ヒューマニズムとは、もちろん「宗教的ヒューマニズム」を意味する。そうして、シュプランガーはこの立場をとる代表的人物として、ゲーテやペスタロッチーなどを考えているのではなかろうか。それにもまして上の引用文は、何といってもシュプランガー自身の信仰告白、あるいは宗教的態度表明に他ならない、と見てまず間違いなかろう。

　ところが、この立場は弁証法神学やいわゆる「正統」の立場から攻撃を受けることになった。シュプランガーは以下のように、主として弁証法神学と宗教的ヒューマニズムとの間における見解の相違点の最も重大なものを7点あげている。

　（1）　シュプランガーにいわせれば、「高慢な人間の主権意識のかどで告発されるとすれば、キリスト教的ヒューマニズムは、何よりもまずこの非難に対して身を守らなくてはならない[24]」のである。

　例えば、近代の「自由主義神学」への道を開いたシュライエルマッハーのように、ヒューマニズムの立場に立ちながらも、同時に神を信じ、神への敬虔な従属意識をもっている者もいる。彼は神に対して高慢ではなく、謙虚であった。

　ここで問題となることは、「謙虚」という語の不思議な両義性である。バルトらの弁証法神学の立場においては、一切の思考は「神の言葉」に基づき、神の言葉が唯一の判断基準となる。だからそこでは、人間は自分自身からは決して何ごとも語らず、ただ「神から語られる」ということが謙虚と見なされている。

　しかし、シュプランガーの見解に従えば、「神からの語り」を絶対的なものとして持ち出すことは謙虚ではない。神の名を借りて人間が主権意識をもつことがありうるからである。また、いったい神からの語りそのものを人間が把握できるのだろうか、という疑問も起こる。それができると考えることこそ、高慢というものであり、謙虚に反するともいえるのではなかろうか。歴史的に見ると、本来の神の言葉といわれているも

のも、さまざまな時代と宗派との解釈を通りぬけながら、非常に人間的な衣をまとってきている。神性そのものは、種々の媒体のなかで屈折する。今日、ここで、特定の神学によって「純粋に神から語られる」と主張されるのは、信じがたいことである。

　人間が人間の言葉を使ってそのように主張するのだから、それは謙虚に反する。独断、独善ともいえなくもない。シュプランガー自身に語らせれば、次の通りである。すなわち、「私がいくらかでも弁証法神学、より正確にいえばカール・バルトのそれを感じるところではどこでも、私の内部で私の福音主義的キリストが反抗する。つまり、独善は、まさに福音主義的でない事柄に属する、と私は確信する。そうして誰かがみずからの神意識の特別な形式を、独占的にただそれだけが『神に適っている』として定める時、これを私は独善的と感じるのである[25]」と。

　(2)　以上のような対立の背後には、より大きな対立がある。つまり「啓示から外れている」か否かの問題をめぐっての対立であり、これは疑いもなく見解の相違の中心点であり、容易に調停されえない。弁証法神学などの立場から見れば、単なるヒューマニズムはいうに及ばず、シュプランガーの宗教的ヒューマニズムも啓示から外れていることになるだろう。

　啓示には「特殊啓示」と「一般啓示」があるが、前者はイエス・キリストにおける啓示であり、後者は自然的秩序などを通しての啓示である。弁証法神学者バルトは、前者しか容認せず、イエス・キリストにおける啓示以外には啓示という概念は当てはまらないと断言する。一方シュプランガーは、彼の宗教思想に関するかなりの著作を筆者が総合的・全体的に判断してみるに、前者と後者とを共に認め、しばしば両者の関係を論じている。

　シュプランガーによれば、「キリスト教的ヒューマニズムの信じるところによれば、神はいつの時代にも自己を啓示する。自然のなかに、歴史のなかに、また神との出会いを証拠立てる個々の人格のなかに。しかし、

あらゆるこうした開示は、人間の魂の最内奥で初めて『発火する』[26]。つまり、内奥の良心のなかで「神の閃光」がきらめくのである。宗教的に重要なものはすべて、深く魂を通りぬけ、「魂の根底」で開示される。日常的体験を凌駕する、第二の能力の体験、つまり深い宗教的体験が問題である。もちろん自然、同胞、政治的文化的出来事なども、宗教的体験の契機となりうるであろう。だから、シュプランガーはあの「現世的敬虔」を説いている。しかしさらに、それらの体験の深化が求められる。この意味でシュプランガーはいっている。すなわち、「より深い体験の加工 (tiefere Erlebnisverarbeitung) が初めて『啓示』を与える……。そうして、私はこれ以外のものを啓示の源泉と考えることはできない。イエス・キリストはこの源泉から最高度に汲み取ったのであり、その結果彼は他の人たちに対して最高の啓示の源泉となりえたのである[27]」と。そうして、神とイエスと人間との間のきずなが「聖霊」と呼ばれるが、これも啓示の源泉である、あの魂の深みのなかで作用するというのである。

(3) 人間の本質や人間観の把握においても、16世紀以来深刻な変化が起こってきている。しかし、その罪はあらゆるヒューマニズムにあるのではなかろう。一種の「宗教的ヒューマニズム」である、ドイツ観念論は、啓蒙主義を踏まえながらそれを乗り越えようとし、同時に正統主義の克服と寛容を訴え続けた。ドイツ観念論の一貫した洞察は、もし思考する精神的自己を自分のなかにもっていなかったとしたら、人間は決して「世界」について何も知らなかったであろう、ということである。思考する人間精神の成果としての世界の広がりがあるからこそ、人間には責任がある。その責任が経験される箇所は、衝動的利己主義の自我、肉体的拘束からのみ生ずる自我、社会に巻き込まれている自我などではなくて、より高い自我の中核をなすものとしての良心である。

これを形而上的深層と呼ぶこともできるが、シュプランガーによれば、「啓示という神聖な名に値する一切は、こうした人間の本質的層を通りぬけていく。そこで、良心は人間のよりよき自己とも、また全く同様に

神の声とも解されえた、ということの説明がつく[28]」のである。神は、人間が深まれば、人間のより深い自己に直接語りかけることもありうるだろう。シュプランガーの場合には、地上に拘束された意識の多様な混濁と誘惑との背後に隠されている、そうした人間の内なる「純粋な領域」が必ず前提されている。それ故に、一種の「信仰の自由」(Glaubensfreiheit)と結びついたものとしての「良心の自由」(Gewissensfreiheit)が前提されているといえよう。

さらに、シュプランガーによれば、「われわれがヒューマニズムを宗教的に理解するとすれば、それによって単に人間的なものの背後に形而上的なものと神に結び付いたものとを思念するからである。ヒューマニズムは、社会学的ではなく、宗教的・形而上学的範疇である。これは、キリスト教的ヒューマニズムが、神の啓示は何でありえて何でありえないかに対する規準を人間の意識に譲渡することと関連する[29]」のである。従って、良心の真正な規準に耳を傾けることこそ、キリスト教的な、いなより広く宗教的な責任の基礎である。

(4) それによって、自由、分けても「良心の自由」というむずかしい問題に触れたことになる。シュプランガーの場合には、良心の自由とは「神に拘束された良心の自由」のことであるといえよう。人間の良心のなかで聴き取ることができる神の声は、その内容についてはわれわれ人間によって生み出されるべきではなく、「『神の語り』の内容が人間を通して語られるのである。われわれは翻訳しているにすぎず、その場合原文 (das Original) に大きな借りがある[30]」のである。

さらに、究極的には、自由とは「神に拘束された自由」であるといっていい。すなわちシュプランガーによれば、「キリスト者が完全に神に捉えられる時、彼の自由はその際溶け去ってしまい、それと全く同様に彼はそのようにして、ただそのようにしてこそ最高の意味で自由を受け取る、ということができる[31]」のである。従って、究極的な意味での自由とは、神に捉えられて生きることに他ならない。

また、別の表現によれば、「『われわれが宗教的態度によってわれわれの意志を全く放棄し、神の意志を我がものとした時に、初めて一切の拘束が……われわれから離れ落ちる』のである。神の(すなわち、神による、神に対する)愛のなかで、あらゆる利己的なものを自己の本性から溶かし去り、人間と世界を愛の目で眺める深められた者のみが、『万物を支配する自由な主人であり、何ぴとにも臣従しない』のである[32]」。一言で表せば、神の愛が自由にする。その時人間を支配するものは、救済された者の自由、従って現世を克服する無限の力であろう。

ただ、シュプランガーの神の概念には広義のものと狭義のものとがあるが、総じてそれは非常に広いことだけは知っていなくてはならない。まさにそこのところが、弁証法神学や正統主義の考え方と著しく異なる点である。

(5) 哲学的には「思考が自由にする[33]」といえよう。真に思考する者のみが、邪教の誘惑、追随や受売りの危険などから守られるであろう。先にも触れたように、弁証法神学は「人間の自己思考」を容認しないが、シュプランガーはそうではなかった。

倫理的には、人間の決断の自由が認められるべきであろう。原罪の教えが人間の力を否定し、これを全く奪い取ってしまうようなことになってはならない。しかし、シュプランガーによれば、「人間の自由の舞台は、善と悪との間の狭い境界線上だけである」。また、「人間は常に、善と悪との間の敷居の上に立っている。人間は決して本当に善『である』のではなく、彼はより善くなることができるのであり、かつヒューマニズムの見方によれば、この意味で大いに努力し、そのための力を請うて祈るように、呼びかけられている[34]」のである。これは、自力救済と他力救済とがからみ合った形のものであると見ていい。また、人間はある程度、ある限られた範囲内でならば、自力で善になる自由があるという意味でもあろう。弁証法神学は、原罪説に基づいて人間の自由を認めない。しかしシュプランガーの考え方によれば、人間は最初から宿命的に完全に

罪人ではないが、逆に生まれながらに完全に善でもなく、完全に善になることもできない、ましてや神になることなどとうていできない。だから、神をも恐れぬ傲慢な「人間中心主義」「人間万能主義」は断じて許されないということになろう。まさに「啓蒙主義時代」以降の近・現代人は、とどまるところを知らない「人間至上主義」、及び人間がつくり出した科学と技術とに対する一面的で熱烈な信仰、つまり「科学至上主義」などの危険性から守られるべきであろう。

(6) しかし、人間と人間がつくり出した全文化がすべて原罪からだけ見られるとすれば、これもうなずけない。その場合、全文化はまるですべて悪魔の作品であるかのような見方がされてしまって、原罪の教えが、善への衝動を人間から全く奪い取ってしまうならば、彼を絶望へと追い込む。「どうせ一切が無駄である」という生き方へと導かないとも限らない。

だからこそ、シュプランガーはいっている。すなわち「キリスト教的なものをますます深く、人間の文化のかたい素材のなかにはめ込むことも、神聖な課題として感じ取られなくてはならない[35]」と。これは、いわば「キリスト教の文化化」、もしくはいわゆる「宗教のヒューマニズム化」を意味する。

さらに、シュプランガーは次のようにも述べている。すなわち「深く真正な生活内容のより多くのものが宗教のなかに取り入れられなくてはならないのであり、そうしてこの宗教、愛と魂と永遠性の予感との宗教がはるかにより強く生活のなかにはめ込まれなくてはならぬ……[36]」と。これは「生活の宗教化」と「宗教の生活化」を意味し、前者は「俗から聖へ」の方向、後者は「聖から俗へ」の方向である。シュプランガーは神学者や宗教家に対しては後者を強調し、一方その他の人たちに対しては前者を強調するが、彼の基本的な宗教思想の図式においては、両者は循環関係の形をなしているのである。そうして、後者は「宗教の現世化」と「宗教のヒューマニズム化」に通じるといえよう。だからこそ、シュ

プランガーは弁証法神学者を相手にした場合には、特に「宗教のヒューマニズム化」を強調することになる。

（7）　しかし、一切の信仰が知識に、また一切の宗教が哲学に変えられうると考えるのは、それこそ人間のおごりというものであり、大きな思い違いであろう。ただ、神によって人間に思考の力が賦与されているのであれば、ある範囲内で謙虚にそれを使用することだけは許されるであろう。確かに、人間の世界認識の能力は、あらゆる賜り物がそうであるように、濫用されうる、ということだけはよく知っていなくてはならない。それは、究極的な入り込めない神秘を前にして、その限界に突き当たることを謙虚に認めるべきであろう。

しかし、シュプランガーにいわせれば、「真正な思考の禁止はすべて、反ヒューマニズム的である。何が真正で何が真正でない思考かは、責任ある良心 (verantwortliches Gewissen) が決定するのであり、これはこの特別な機能からして『真実の良心』(Wahrheitsgewissen) という名前をもっている[37]」のである。ここでも結局、問題は良心にかかっている。単なる個人的な良心ではなく、高次の自己の最内奥において真に深く「責任を自覚している良心」こそが「真実の良心」であり、従ってシュプランガーのいわゆる「良心の良心」なのである。まさしくこの良心こそが、人間の思考、認識、知識、哲学などの、あるいはヒューマニズムの真偽の判別をすることができる。また、良心は宗教とヒューマニズムとの最も望ましい関係、両者の在り方と調和について、賢く鋭い判断を下すこともできるであろう。私見によれば、おそらくシュプランガーは、自己自身の良心の声にみずから耳を傾けながら、良心論を、それどころか宗教論の全体を主張しているのであろう。

良心のない魂のぬけた、しかも中途半端で不確かな理性は、ヒューマニズムにも宗教にも耐えられない。自由でありすぎ手綱のない理性は、それ自身の不誠実のために挫折する。神から離れた理性の自律から、きわめて重大な人間の誘惑が起こりうるであろう。また、人間の理性と自

己思考だけでは、神の意志を理解することはできない。人間が「人間的倫理の尺度」に従ってのみ神を評価するとしたら、これは人間性の限界をあまりにも広げすぎることになる。

しかし、ヒューマニズムの宗教化に対しても、逆に宗教のヒューマニズム化に対しても共に正反対の立場をとる者たちに対して、シュプランガーは次のようにいっている。すなわち、「これだけが神の意志であり、他の何ものも神の意志ではない、と具体的な状況のなかで人間に表明されたり説教されたりするところ、そこではどこでも許容できないやり方で、それ故にキリスト教的謙虚と人間的な知る能力とのいずれの限界をも越えて、『神から』(von Gott her) と語られるのである[38]」と。これは、まぎれもなくまず弁証法神学者に対する批判であろう。

注

1　小口偉一・堀　一郎監修『宗教学辞典』東京大学出版会、1973年、125頁参照。
2　E. Spranger : Der Humanitätsgedanke und seine Problematik III, 1948. In : GS. Bd. IX, S.303.
3　Spranger : a. a. O., S.303.
4　Spranger : a. a. O., S.304－305.
5　Spranger : a. a. O., S.305.
6　Spranger : a. a. O., S.305.
7　Spranger : a. a. O., S.306.
8　前掲書『宗教学辞典』、125頁。
9　同書、124頁。
10　Spranger : Glaube, Geschichtsprozeß und Bewußtsein, 1944. In : GS. Bd. IX, S.286.
11　Vgl. Spranger : a. a. O., S.296.
12　Spranger : Der Humanitätsgedanke und seine Problematik III, In : GS. Bd. IX, S.306.
13　Spranger : Glaube, Geschichtsprozeß und Bewußtsein, In : GS. Bd. IX, S.278.
14　Vgl. Spranger : a. a. O., S.283.
15　Vgl. Spranger : Der unbekannte Gott, 1954. In : GS. Bd. IX, S.89.
16　Spranger : Religionsphilosophische Reflexionen, 1963. In : GS. Bd. IX, S.376.

17 Spranger : Der Humanitätsgedanke und seine Problematik III, In : GS. Bd. IX, S.306.
18 Spranger : a. a. O., S.306－307.
19 Spranger : Der unbekannte Gott, In : GS. Bd. IX, S.96.
20 Spranger : Der Humanitätsgedanke und seine Problematik III, In : GS. Bd. IX, S.307.
21 Spranger : Briefwechsel Eduard Spranger — Gerhard Bohne, 1952. In : GS. Bd. IX, S.367.
22 Spranger : Der Humanitätsgedanke und senie Problematik III, In : GS. Bd. IX, S.307.
23 Spranger : a. a. O., S.308.
24 Spranger : a. a. O., S.308.
25 Spranger : Briefwechsel Eduard Spranger — Gerhard Bohne, In : GS. Bd. IX, S.367.
26 Spranger : Der Humanitätsgedanke und seine Problematik III, In : GS. Bd. IX, S.309.
27 Spranger : Glaube, Geschichtsprozeß und Bewußtsein, In : GS. Bd. IX, S.286.
28 Spranger : Der Humanitätsgedanke und seine Problematik III, In : GS. Bd. IX, S.309.
29 Spranger : a. a. O., S.310.
30 Spranger : Glaube, Geschichtsprozeß und Bewußtsein, In : GS. Bd. IX, S.274.
31 Spranger : Der Humanitätsgedanke und seine Problematik III, In : GS. Bd. IX, S.310.
32 Spranger : Der Lehrer als Erzieher zur Freiheit, 1951. In : GS, Bd. II, Quelle & Meyer Verlag Heidelberg, 1973. S.338－339.
33 Spranger : a. a. O., S.329－330. 334.
34 Spranger : Der Humanitätsgedanke und seine Problematik III, In : GS. Bd. IX, S.310－311.
35 Spranger : a. a. O., S.311.
36 Spranger : Glaube, Geschichtsprozeß und Bewußtsein, In : GS. Bd. IX, S.298.
37 Spranger : Der Humanitätsgedanke und seine Problematik III, In : GS. Bd. IX, S.312.
38 Spranger : a. a. O., S.312.

第6章　シュプランガーの現世的敬虔

第1節　宗教の意味

　これまでの考察によってシュプランガーにおける宗教や神の概念について一応は明らかになったと思われるが、さらにここでは「現世的敬虔」の視座から、あらためて「宗教の意味」について考えてみたい。

　まず、神とは何か。シュプランガーによれば、「世界の意味をつくり上げるところの、あるいは世界に意味を付与するものとして精神的に生み出されるところの、その究極のものが、宗教的な言葉で『神』と呼ばれる[1]」のである。しかし、宗教的高揚の形式や神の表象は、個々人の体験様式によって多様でありうるという。

　さらに、シュプランガーの考えに従えば、「神」を中心とした宗教のみが宗教ではない。彼が「宗教」または「宗教的」なものという場合には、単に現世における日常的内容の価値を否定し、世俗を越えた超越世界に神もしくは世界の究極原理を求める立場というよりも、むしろこの世俗の価値内容に宗教的体験の契機を見いだす立場に立っているのである。のみならず、彼は、歴史的な既成宗教を否定するところの、いわゆる「無神論」(Atheismus) も、高次な全体的価値の予感が背後にあるならば、やはり宗教的であると見ている。その顕著な例として、シュプランガーは、ニーチェ (Friedrich Wilhelm Nietzsche, 1844-1900) をあげる。シュプランガーによれば、「ニーチェにあっては、彼の『無宗教』(Irreligion) は、力と誇り高き人間性とのより高次な宗教を目標として努力するものにすぎない――それは、ちょうど彼の非道徳主義が、より高次な道徳を目標とするにすぎないのと同じである――ということ、これは明瞭に感じられるところである[2]」。これが「無宗教」と見えるのは、外見上のことにすぎない。そうした場合にも、宗教一般が否定されるのではなく、沈黙せる

内面性への完全な回帰があるにすぎないと見てよかろう。

　以上によっても明らかなように、無神論が、必ずしも真に無宗教でない場合がありうる。神という象徴だけが、必然的に宗教の現象形式に属するわけではない。無神論は、神ではなく、世界の意味一般（Weltsinn überhaupt）を否定する場合に初めて、真に無神論であるといえよう。しかし、一般には、いわゆる無神論のなかにさえ、常になおある種の敬虔、少なくともすべての他の神々を打ち破った、自分自身の完全に内なる神への信仰が存在するのではなかろうか。自己自身の内奥の神や神的なもの、あるいは神聖なものや真善美などへの信仰が存在するのではなかろうか。シュプランガーによれば、「もし価値一般と全く関わりがない、と言い切る者があるとすれば、初めて無宗教がその人の本質の全構造を捉えたといえるであろう。しかし、そのような人間は、現実には存在しない[3]」であろう。

　こうした問題について、緻密な宗教心理学的考察を、シュプランガーはその著『青年の心理』において行っているが、その要点は、以下の通りであろう。すなわち、究極的という性格（Charakter der Endgültigkeit）を帯びたすべての「意味経験」（Sinnerfahrung）及び「意味付与」（Sinngebung）というものは、それが客観的宗教に関係があると否とを問わず、「宗教的」と見なされうるのである[4]。そうして、「われわれが宗教を主としてその主観的体験方面から、つまり宗教性として見るならば、われわれは世界史に現れた偉大な諸宗教形式にとどまってはならない」。究極的価値、もしくは最高価値を求めての奮闘こそが宗教的であり、従って人間の全精神的発展過程が宗教的なのである[5]。『生の諸形式』のなかでも、「宗教性の核心は、精神的存在の最高価値の追求において認められなくてはならない[6]」といっている。

　要するに、シュプランガーにあっては、人間というものは、すべて価値志向的存在であり、それがいかなる形であろうと、またいかなる高さであろうと、常に最高価値の予感の下に生活を秩序づけるところの人格

統一体であるから、そうした意味において人間は誰もみな、多かれ少なかれ「宗教的」ということになるのである。ここでもまた、シュプランガーの宗教の概念は、きわめて広い意味をもっていることが確認できる。

　ところで、以上のこととも関連するであろうが、シュプランガー宗教思想の大きな特質として「内在的神秘主義」をあげておかなくてはならない。長井和雄の指摘によれば、「シュプランガーの宗教観を規定することは困難であるが、大体において、内在的神秘主義の発展であると考えられる[7]」のである。シュプランガーは、最も広い意味における神秘主義を、有限なものを無限なものの現れと考える精神態度、すなわち現象しているものを神の作用によって貫かれたものとする精神態度であると解している。その際、有限でまた現象しているものを、そのもの自体としては否認し、価値を認めないものを「超越的神秘主義」と呼び、有限でまた現象しているものに固有の価値と意味とを認めるものを「内在的神秘主義」と呼んでいる。後者は、世俗的生活と密接にからみ合っているので、これを「世俗的宗教性」として特色づけることもできる。徹底した内在的神秘主義者は、組織化された信仰共同体を必要としないであろう。彼にとっては、生活の場そのものが信仰の場所、すなわち彼の教会なのである。しかし、シュプランガー自身の信仰生活はいうまでもなく、彼の宗教思想でさえも、その全体としては、決してそこまで徹底しているわけではなかろう。彼は、単なる内在的なものに対しては、きわめて批判的でさえある。

　敬虔なプロテスタントとしてのシュプランガーが、ルターの教説を摂取していることはいうまでもない。また、シュライエルマッハーやゲーテにも、多くを学んでいる。この二人に代表される人たちは、深い豊かな宗教心をもちながらも、世俗的なものを必ずしも罪あるものとは考えないで、啓蒙主義の真の継承者として此岸を宗教的敬虔をもって見たのである。

　さらに、第4章第2節で見たように、ペスタロッチーの思想を通して

シュプランガーは、かなり顕著に内在的神秘主義者になるのである。ペスタロッチーの神秘主義も、現世に根ざした内在的神秘主義である。長井和雄の指摘にもあるように、このような現世的な内在的神秘主義は、シュプランガーには早くから特色となっていたが、戦後の宗教論では特に明確となっているように思われる[8]。

第2節 現世的敬虔

　以上の所論と意味的には重なるところも多く、かつ密接に関連するが、次にシュプランガー宗教思想の最も顕著な特色である「現世的敬虔」（Weltfrömmigkeit）へと論を進めなくてはならない。

　西欧においては中世までは、宗教が強い力をもって人々の生活を支配していたが、近代に入り時代が大きく転換し、彼らが啓蒙されればされるほど、宗教は力を失い、超越世界や天上界への信仰はすたれ、現世への執着が支配的となった。しかも、今日に至るまで、その傾向は強まるばかりである。だから、今日、人間のもつ一切の宗教心までもが、失われてしまったかのようである。

　しかし、シュプランガーは述べている。すなわち、元来「宗教的感激というものは、現世への結びつき如何にかかわらず、決して失われずにすむものである。現世においても、いなまさに現世においてこそ、固有の情熱と心の深みとから出てくる一種の宗教的体験が燃え上がる[9]」と。彼は、「現世的敬虔」という新しい時代の、新しい様式による宗教および宗教生活を探究する。

　この意味における現世的敬虔は、強い「内在的感情」（Immanenzgefühl）に基づく。すなわち、この現世に対する敬虔な感情、この現世によって点火される敬虔は「内在的神秘主義」に基づく。それ故に、シュプランガーの場合には「現世的敬虔」とは「内在的神秘主義」を意味し[10]、両者はあい重なり合っているといえよう。ただ、宗教史的には「神秘主義」がより古く、これがシュプランガーの「宗教的ヒューマニズム」や「ド

イツ観念論」、あるいは「現世的敬虔」へと流れ込んでいると思われる。それぞれが共通性をもってはいるが、「現世的敬虔」はいっそう新しい概念で近・現代人で、しかもいっそう宗教の素人や教会参りをしない人たちを対象にしたものだといえる。この種の敬虔は、現代人の感情とあい容れないわけではない。われわれにとって、現世の生活自体が神聖なものであり、彼岸の世界に属するものだけが神聖なのではない。この世のあらゆる事柄や出来事の背後には、無限なるものが横たわっているのであり、現世の生活こそが永遠への入口なのである。啓蒙されたわれわれ現代人にも、きわめて容易に、また抵抗なく近づくことのできる敬虔とは、この種の敬虔ではなかろうか。

　シュプランガーは、三種の現世的敬虔について述べているが、それはほぼ次の通りである。

1　感情の現世的敬虔――情緒的宗教

　この種の敬虔については、シュプランガーは、シュライエルマッハーに多くを学んでいる。そのシュライエルマッハーによる、宗教の本質についての有名な定義によれば、「宗教とは、宇宙の直観と感情(Anschauung und Gefühl des Universums)である[11]」。すなわち、宗教とは、この地上世界の諸内容がわれわれの魂の内に呼び起こしてくれる、敬虔な感激から生まれてくるものである。宇宙のいかなる部分であれ、それはあまねく拡大して、無限なるものとの意味深い連関を有している、という見方がされているのである。従って、宇宙のいかなる部分であれ、それがより高次の光に照らして眺められている。しかも、無限なるものは、地上世界から上方の超越世界への方向においてではなく、地上世界といわば同一平面上のすべての場所にわたって求められるのである。地上世界のいかなるところを捉えてみても、そこには常に無限なるものが存在している。そうして、地上世界の内におけるそのような無限なるものとの結びつきを通して、われわれの魂は宇宙と合一することができるというのである[12]。

また、シュライエルマッハーは、次のようにもいう。すなわち「有限性のただ中において無限なるものと1つになること、そして瞬間において永遠であること、これこそが宗教の不滅という意味である[13]」と。以上のようなことを、シュプランガーはシュライエルマッハーから学び取っている。

しかし、全く全面的かつ無批判的に受容したのではなく、『現代のドイツ陶治理想』においてシュライエルマッハーの情緒的宗教性が、W.ディルタイの場合と同様に、美的精神態度に傾斜しているとしてその限界を指摘してもいる[14]。また、これに関連して『生の諸形式』のなかでも、シュプランガーは次のように述べている。すなわち、「宗教に関する講演の第一版におけるシュライエルマッハーの宗教性の分析が、宗教の勝れて美的な類型を提示していることは明らかである。注目すべきは、彼がその見解において自由な倫理性と規範的固有価値との契機に対して、いかに僅かの余地しか与えなかったかということである[15]」と。

2 行為の現世的敬虔──行為の宗教

ここで「行為」とは、厳密にいえば、「倫理的行為」である。しかし、この「倫理的」はやや広義のそれであり、かつ最終的にはどこかで倫理的なものにつながっているという意味であるから、ここではこの形容詞は付けない。

近代または現代の人間は、宗教的な感情を伴うことなしに、ただ行為、もしくは行動、もしくは活動そのものに浸りきってしまうこともできるであろう。日々の生活に必要な糧を得るためであれ、資本主義的な利潤を追求するためであれ、人間はただ仕事そのもののなかに没頭しきっていることがある。ただこうした場合、労働が無自覚的であるため、人間存在の意味というものが、ほとんど問題にされないでいることも多い。しかし、このような行動中心・活動中心の生活が、たとえ「知られざる神」(der unbekannte Gott)ではあっても、「神への奉仕」(いわゆる無神論者

の場合には「最高価値への奉仕」と置き換えることができる)という意味を帯びてくる時、ここに初めて現世的敬虔の第二の形態が生じてくるのである。ここでも、現世の意味を勇敢に肯定しようとする態度が、明確に現れる。

　この第二の立場は、近代人や現代人の考え方とも、さほど矛盾するものではなく、この立場をとる英雄的な政治家、実業家、労働者、あるいは誠実で勤勉な教育者は少なくない。例えば、ペスタロッチーにとっては、現世での１つ１つの身近な仕事、「この世のけがれ」のなかでの仕事こそ、老婦人連中を集めて天国に召されることを説く以外に知恵のない、牧師の旧式な説教よりもはるかに重要であるのである[16]。形式や拘束にとらわれてばかりいては、まことの信仰態度は、かえって失われてしまうというのであろう。

3　知の現世的敬虔――知の宗教

　科学研究や真理の探究などにおける情熱のなかにも、上述の２つの場合と同じく、宗教的な契機が存在しうるであろう。真理のためには、命を捧げる人さえいる。真理への奉仕としての「神への奉仕」(いわゆる無神論者にとっては「最高価値への奉仕」と置き換えることができる)ということが、真の学者や思想家たちによって実践される時、少なくともこれらの人々の志操(Gesinnung)の内には、現世的な宗教的契機が存在しているのである。現世的敬虔の契機は、個々の科学の研究方法にではなく、真理の探究に捧げられる志操の内にこそ秘められている、とシュプランガーは考える[17]。これは、真に学問し、科学する心と態度のなかにこそ、その契機が秘められているという意味であろう。

　以上のような三種の現世的敬虔は、いずれもプロテスタンティズムに源を発している、と見てまず間違いなかろう。しかし、くり返し述べたようにシュプランガーにおける宗教の概念はきわめて広く、彼はこの最

大限拡大された宗教を内在的神秘主義とか、現世的敬虔と呼び、これが彼自身の宗教思想の1つの特色となっているが故に、彼の現世的敬虔への門は決して狭くなく、単にキリスト教徒のみならずあらゆる人々に開かれているのである。われわれが現世のなかにあって、真剣に生の体験をし、魂の深奥で生の最高の意味を探し求めようとすることによって、われわれは宗教に触れることができるというのであろう。

　さて、現世的敬虔に関連して特に注目すべき点は、この宗教的立場が、個人の「体験」を拠り所にしているということである。そうして、この体験から始まり、現世によって点火される敬虔の精神科学的表現が、あのディルタイによって構築された「体験の哲学」であると見てまず間違いなかろう。すなわち、「体験」→「現世的敬虔」→「体験の哲学」へと展開したのではなかろうか。しかも、この哲学は「神秘主義」と「敬虔主義」という形式をとらなくてはならなかった[18]が故に、これら後の3つも、互いに密接不可分の関係にある。ディルタイの高弟シュプランガーは、もちろん、こうした思想を継承している。そして、ディルタイの前には、シュライエルマッハーがいる。これは、1つの流れである。「シュライエルマッハー」→「ディルタイ」→「シュプランガー」という流れは、単に教育思想のみならず、宗教思想もしくは宗教的な思想の上でも、1つの系譜を形成していることに注目すべきであろう。

　ところで、シュプランガーの師ディルタイによれば、「宗教的体験というものは、感覚的な、悟性によって把握できる事物の関係を越えて、把握できる連関を把握するのである。こうした体験の内容は、悟性にはアプローチできないし、いかなる概念によっても示せない[19]」のである。哲学や形而上学によっても、宗教学や神学によっても、既成宗教によっても表現されえないもの、全く個別的で唯一無二なものなのである。従って、当然宗教的体験と密接に関連する人生の意味も、知的に先取りはできず、ただ各人が各人の人生そのものを真剣に生き抜くことによってしか知ることができない。

みずからがキリスト教徒であるからといって、キリスト教的信仰の確信からのみ出発すれば、その絶対的立場に立って他のすべての立場を排斥することになるので適切ではないが、だからといってこのことを学問的・科学的に確実に実証し批判することも不可能である。シュプランガーに従えば、「われわれにとって唯一の可能な方法は、われわれ自身で現世的敬虔というものの内容を体験してみること——何故ならば「体験」(Erlebnis) という語こそ、現世的敬虔と共通した意味内容を暗示しているから——、そうしてかく体験された現世の意味内容をさらに発展させて、適切な結論を導き出すことである[20]」のである。

宗教的体験の契機は、現世の生活の至る所に見いだされるが、シュプランガーにおいては、その契機は客観的世界の側にあるというよりも、むしろ人間の「宗教的感受性」にかかっている。すなわち、真の神、もしくは世界の究極原理、もしくは最高価値を見いだす過程は、一人ひとりの内面性にかかっているのである。一人ひとりが、自己の内なる「良心」のなかで神、もしくは最高価値に出会うのであり、この出会いをみずから体験しなくてはならない。宗教的な意味内容は、決してそのことごとくが、客観的・普遍的に規定され、継承されうるものではなく、絶えず主観の側で体験し直されなくてはならないようなものなのである。その限りにおいて、安谷屋良子の指摘にもあるように、シュプランガーの宗教思想は「主観主義的」であるということができよう[21]。実は、第2章と4章でも見たように、シュプランガーの宗教思想には、逆に「客観主義的側面」もないわけではないが、本章では「主観主義的側面」を中心に考察することにした。

先にも述べたように、シュプランガーは、「現世的敬虔」のなかで、シュライエルマッハーの「情緒的宗教」について詳論している。そのなかで、シュライエルマッハーの立場は、これを「神性の普遍的統一」(göttliche All-Einheit) というよも、むしろ「人間の普遍的宗教性」(All-Religiosität des Menschen) の方を強調している、と見るのがより適切であろうとしている。

また、これは、「あらゆるものに対する宗教的感受性」(allseitige religiöse Erregbarkeit) のことであり、あるいは「汎宗教性」(Pan-Religiosität) のことである、という意味のことを述べている[22]。そうして、このような問題についてシュプランガー自身も、ほぼシュライエルマッハーと立場を同じくしているように思われる。

そうだとすれば、シュプランガーも、汎神論的というより、むしろ「汎宗教性」を強調する側にあることになる。だから、宗教の主観的・個人的側面を強調する。人間を取り囲む世界の至る所に、無限なるものが秘められているということ以上に、その無限なるものを体験しうる感受性を、すべての人間がもっているということの方に力点を置くのである。「汎宗教性」という言葉のなかには、この現世の生活のあらゆる面に、神的なものが宿っているという意味と同時に、すべての人間にそれを予感し、かつ体験しうる宗教的感受性があるという意味が含まれている。

ちなみに、こうした感受性、つまり先の語でいえば「あらゆるものに対する宗教的感受性」に対して、「体験」という表現を刻印した人が、シュライエルマッハーの伝記を著したあのディルタイであったことは、決して偶然ではなかろう[23]。

第3節　宗教の内面化と良心の覚醒

現世的敬虔とは、単なる日常生活のなかを低迷し、これに流されることを意味しない。それはむしろ、単なる日常的・地上的世界以上の何ものかに対する信仰であるといえよう。われわれは、所与の世界と運命を超克して、世界の意味や生の最高価値を求めてゆかなくてはならない。不断に人生の意味を闘い取ってゆかなくてはならない。しかし、そのための力は、内的なものの革命、つまり魂の内なる「魔術的な変化」からのみ生まれてくる。もちろん、これによって魂は、自然界や物理学の法則を変えることはできない。信仰、もしくは信じることによって、死者が蘇生することもないし、雨乞いによって雨が降るわけでもなかろう。

近代人にとっては、外的な魔術はもはや存在しない。しかし、外的対象における変化ではなく、主観の内なる変化をひき起こすものとしての「魂の魔術」(Magie der Seele) は今でも存在している、と『魂の魔術』の著者シュプランガーは考える。この魔術によってわれわれの魂は内的な力を獲得し、これによってわれわれは、所与の世界と運命を克服することができるであろう。魂の魔術は、消極的なものから積極的なものを、すなわち懐疑から確信を、闇から光を、無力から力を生み出す。それは、いかなる逆境と禍、不幸と苦悩にもかかわらず(dennoch)、禍を転じて福となすことができる。

　ここで大切なことは、「われわれをこの世界の桎梏から守ってくれるすべての力は、単なる日常的生活を形づくる世界の内に求められるものではなく、形而上的なものとの接触によってのみ与えられる[24]」ということである。シュプランガーは、単に物理的に考えられた世界に対して、形而上的な深さをもった垂直的な次元が不可欠であると強調し、これを「形而上的次元[25]」と呼んでいる。何ら形而上的な深さのない、事物の単なる空間的・時間的秩序にすぎないものは、人生の意味をすべて喪失させてしまうであろう。シュプランガー宗教思想としての現世的敬虔においては、その「形而上的なもの」こそ「宗教的なもの」であると見てよかろう。そうして、形而上的なものが現れるところは、一人ひとりの魂の最内奥に他ならない。宗教的な奇跡も、形而上的な体験を通して、個々人の内面の深部で現れるという。

　シュプランガーは、ただ歴史的なものによるだけでは至福は与えられえないと考え、宗教を徹底的に内面化しようとする。彼は、個々人の魂の最内奥から聞こえてくる孤独な声こそ信仰の源泉であるとし、これが塞がれてしまう時、無信仰の根本態度が生まれてくると述べている[26]。そうして彼にあっては、孤独な声とは「良心の声」、もしくは「神の声」のことである。良心の声とは、形而上的なものに源を発する、人格の内奥の声である。シュプランガーは、J.G.フィヒテの次の言葉を幾度も幾度も

引用している。すなわち、「良心とは、それに頼ってわれわれが無限なるものから由来する光線である」という命題である。こうした孤独な良心の内なる宗教的・形而上的体験を重視するということは、宗教のあの「主観主義的側面」を強調する立場に立っていることを意味する。

それでは最後に、教育との関連で付言しておこう。周知のようにシュプランガーは、教育とは「発達の援助」と「文化財の伝達」と「良心の覚醒」であるとしているが、これら三者は、継続的な発達の援助のなかで起こる覚醒、文化財の伝達を通して起こる覚醒というように、密接に関連しているであろう。こうした前提の下に、彼は「教育とは常に覚醒である」という。まさしくこの覚醒について、ボルノー（O. F. Bollnow, 1903－1991）は、ほぼ次のように述べている。すなわち、「私の見る限り、シュプランガーは、宗教上の用語から転用されたこの覚醒という概念を教育学に取り入れ教育学の観点からじっくりと考えた最初の人であった[27]」と。

もちろん、シュプランガーは、長い間にわたって文化教育学者として特徴づけられてきた。それはドイツでも日本でも、その他の国々においても、同様であったといえよう。しかし、すでに最初からあったが、1945年以後さらに顕著になったもう1つの側面、つまり「良心の覚醒」の教育学という側面を忘れてはならない。もしこれに注目しなければ、ボルノーも示唆しているように、全体的・本来的なシュプランガー像は歪められてしまう[28]。また、村田昇によれば、「シュプランガーは、『みずからがより高き力の前に拘束されているのを知っている、目覚めた良心を目指す教育的努力』を覚醒と呼び、これを教育の決定的・究極的原理とみなしている[29]」のである。

そうだとすれば、良心の覚醒の教育学の探究によってこそ、われわれは本来のシュプランガーに触れることができるであろう。われわれは、この方向から入ってゆき、漸次彼の教育思想の全体像に迫ってゆくべきではなかろうか。本章は、そのための1つの前提としての現世的敬虔の考察であったと考える。教育思想そのものの考察は、第II部に俟たなく

てはならない。

注

1 E. Spranger : Lebensformen, 9Aufl. 1966. S.237.
2 Spranger : a. a. O., S.275.
3 Spranger : a. a. O., S.276.
4 Spranger : Psychologie des Jugendalters, 29Aufl. 1979. S.249f.
5 Spranger : a. a. O., S.283.
6 Spranger : Lebensformen, 9Aufl. S.238.
7 長井和雄著『シュプランガー』牧書店、1957年、146頁。
8 同書、148頁。
9 Spranger : Weltfrömmigkeit, 1941. In : GS. Bd. IX, S.255.
10 Vgl. Spranger : Das deutsche Bildungsideal der Gegenwart in geschichtsphilosophischer Beleuchtung, 1926. In : GS. Bd. V, S.68.
11 Spranger : Weltfrömmigkeit, In : GS. Bd. IX, S.228.
　Vgl. F. E. D. Schleiermacher : Über die Religion. Reden an die Gebildeten unter ihren Verächtern, 1Aufl. Berlin, 1799. (佐野勝也・石井次郎訳『宗教論』岩波書店、1975年)
12 Vgl. Spranger : a. a. O., S.228.
13 Spranger : a. a. O., S. 235. Vgl. F. E. D. Schleiermacher, a. a. O., S.113.
14 Vgl. Spranger : Das deutsche Bildungsideal der Gegenwart in geschichtsphilosophischer Beleuchtung, In : GS. Bd. V, S.69.
15 Spranger : Lebensformen, 9Aufl. S.181.
16 Spranger : Weltfrömmigkeit, In : GS. Bd. IX, S.233.
17 Vgl. Spranger : a. a. O., S.236.
18 Vgl. Spranger : Das deutsche Bildungsideal der Gegenwart in geschichtsphilosophischer Beleuchtung, In : GS. Bd. V, S.68.
19 Spranger : a. a. O., S.68.
　Vgl. W. Dilthey, Gesammelte Schriften, Bd. VI, Berlin, Leipzig, 1924. S.301.
20 Spranger : Weltfrömmigkeit, In : GS. Bd. IX, S.238.
21 安谷屋良子「エドゥアルト・シュプランガーの宗教思想の特色について」(琉球大学教育学部紀要、第12集)、1969年、12頁。なお、同書12－13頁において安谷屋は、シュプランガー宗教思想には「主観主義的側面」と同時に、「客観主義的側面」もあることを述べている。

22　Spranger : a. a. O., S.229.
23　Vgl. Spranger : a. a. O., S.231.
24　Spranger : a. a. O., S.248.
25　Vgl. Spranger : a. a. O., S.247.
26　Spranger : Zur Psychologie des Glaubens, 1942. In : G. S. Bd. IX, S.265.
27　O. F. ボルノー、森田　孝・大塚恵一訳編『問いへの教育』川島書店、1978年、50頁。同書66－67頁参照。
28　同書、51頁参照。
29　杉谷雅文編著『現代のドイツ教育哲学』玉川大学出版部、1974年、152頁（村田　昇論文、第1章第5節シュプランガー）。

第7章　シュプランガーの宗教思想から見た良心論

　シュプランガーの宗教思想と教育思想とのいずれにおいても、それぞれ中核に位置しているものが、良心論に他ならない。すなわち、彼のあらゆる宗教思想は「宗教的良心論」に、またあらゆる教育思想は「教育学的良心論」に、それぞれレンズの焦点のように収斂されているといえよう。しかも、前者は後者の基盤となっており、両者は密接不可分に関連し合っていると見ることができる。両者の関連と接点としての良心論こそ、シュプランガー宗教思想とシュプランガー教育思想とを結びつける結節点であることに、筆者は着眼した。こうした視点に立って、本章では「シュプランガーにおける良心論の宗教思想的考察」を試みたい。

第1節　良心の意味と良心論の特質

1　内奥の秘密の関知者

　まず、シュプランガーによれば、良心(Gewissen)とは、「秘密の関知者」(Mitwisser)、また「秘密を関知する」(mitwissen) という意味である[1]。

　それらの語は、ギリシア語のシュンエイデーシス (Syneidēsis)、及びラテン語のコンスキエンティア (conscientia) に由来するといわれているが、これらは「あることを自分と共に知っている人」であり、また「共知」、つまり「共に知ること」の意である。そこには、一人の自分のなかに二人の自分がいる。私はあることを為したのを私自身と共に知っているという場合の「私自身」とは、当のことを為した私を、あるいは是認する者、あるいは咎め責める者、あるいは裁く者などとしてのより高い次元の私、シュプランガーの「高次の自己」のことであり、その中核が良心である。これは、神秘的で聖なる存在であり、心の内なる神の声である

こともある。私の内奥の誰も知らない深い秘密も、自己自身の良心だけは知っているので、良心は「秘密の関知者」なのである。さらに、その監視人でもある。

2 善悪の声

　良心とは、自己の孤独のなかでの静かな内面的な声になぞらえることができる。一般に「道徳意識」と呼ばれているその声は、私の判断や行動が善であるか悪であるかを教えてくれる。私について、倫理的判断を下す。

　時間的な関連で、良心を次の3種に区別できる。すなわち、悪い行為をするなと「内的な決断の前に警告する良心、行為が倫理的に悪いとしたら行為中に叱責する良心、悪い行為の後に罰する良心である[2]」。言葉をかえていえば、「良心は行為に対して警告し、悪い行為が続く間は抵抗し、起こった行為に応じて容赦なく裁くものである[3]」。この第三の段階では、悪を感じ意識した良心は、魂の呵責となり、いわば行為者である私に襲いかかり、私を苦しめ続ける。いかなる他人も私の犯罪行為を知っていないとしても、秘密の関知者としての自己自身の最内奥での良心は、それを知っており許さない。良心の声とは、聞き流そうとしてもどうしても聞き流しえない「敵対者」の声であり、この敵対者はこの私自身のなかにいるのである[4]。しかも、この良心の声は、いつまでも「根絶し難いもの」である。これは、いわゆるböses Gewissen (bad conscience) であり、訳語としては「やましい良心」「消極的・否定的良心」「悪いとする良心」などがある。その前の二段階も、各々別種のものとする見解もあるが[5]、どちらかといえば一応この種の良心に属するといえよう。

　逆に、善を選択し実行した場合には、たとえ誰も知っていなくても、自己自身の秘密の関知者である良心がこれをよく知っており、良心の安らぎと満足とを経験する。これは、いわゆるgutes Gewissen (good conscience) であり、訳語としては「やましくない良心」「積極的・肯定的良心」「善

いとする良心」などが見いだされる。これに関連して、シュプランガーにおいても、良心は独立的な自己の「確実性」と「確信」を意味する場合がある。この場合には、GewissenはGewissheitを意味する。

シュプランガーにおいては、「良心は、……ソクラテス的な二重性を自己の内にはらむものである。すなわち、良心は人間を不安にし、人間を拒絶し、一種の自己否定を抱く。というのは、良心は煩悶させる声で、『汝自身を信頼するな！ 汝は何の価値もない』と告げるからである。しかしまた、良心は輝かしい最高の確信でもあり、われわれ自身の内なる超人的な (dämonisch) 指導者でもある[6]。次の言葉も、良心の二面性を表現している。すなわち、「個々人の自己の内奥（＝良心、筆者注）のなかでのみ、倫理的決断において練止したり、勧告したり、是認したりする声が語りかける[7]」と。

3 高次の自己の中核

すでにしばしば生理的な思春期以前に始まる魂の思春期に入ると、従来の素朴な自我とは区別される第二の自我が、活動し始める。シュプランガーは、前者を「自我」(Ich＝Ego) と呼び、後者を「自己」(das Selbst)、あるいは「高次の自己」(das höhere Selbst) と呼ぶ。魂の思春期に入るや否や、自我のなかに劈開が起こり、私が私と語り、私が私を判断し、私のより高い自我、つまり高次の自己が私の自我を批判するようになる。私の高次の自己は、私のより低い素朴な自我を支配する抑制中枢として働く。私の高次の自己は、上級審の性格をおびており、私を「内奥の法廷に引きずり出す[8]。カントの「良心法廷説」に倣って、シュプランガーはいっている。すなわち、高次の自己の中核としての「良心は原告としてだけでなく、確かに裁判官としても機能する[9]」と。高次の自己の中核をなすものが良心である。従って、前者は後者よりも広義であるが、シュプランガーは両者の言葉の用い方を特に厳密に区別しているわけではない。

要するに、私のなかには二人の自分がいる。しかし、より低い素朴な自我は、魂の思春期以後、さらに多様にあるいは分化し、あるいは解体し続けるであろう。比喩でいえば、私自身の内に大オペラのさまざまな登場人物が生まれる。それにさまざまな音を奏でる楽団が加わる。そこには全体を統合し監視する「指揮者」がいなくてはならない。シュプランガーは次のようにいっている。すなわち、このような場合には「おそらく、『多数者支配はよくない、一者だけが命じるべきである』という点では、すべての人の意見は一致するであろう。そしてこれが確かに、あの高次の自己ではあるまいか」[10]と。すなわち、多様な自己自身の「全体の統轄者」としての良心である、といっているのである。だから、良心は「多様の統一」の役割を担っている。金子武蔵に倣っていえば、良心は放心に対置されるものであり、核心的・本質的なものへの集中の運動であることをその特質とする[11]。

また、良心論でよく知られているあのシュトーカー（H. G. Stoker）に倣っていえば、次の通りである。すなわち、「良心とは、あらゆる——知・情・意に関わる——道徳意識を自己の個々の行為のそのつど固有の全体的連関において総合的に働かせる全人格的な働きである」[12]と定義することができる。

さらに、具体的な「状況」のなかでの「良心的決断」に属するものとして、あらゆる誘惑と攻撃とに耐えうる「勇気」と「力」（実践力、実行力など）とが欠かせない、とシュプランガーは考える[13]。だから、良心教育とは、知・情・意、及び勇気と力とを調和的に発展させる教育であるといえよう。

ちなみに、シュプランガーは「高次の自己」のことを、好んで倫理的な内的「調整器」、あるいは「操舵組織」と呼ぶ。その核心が良心である[14]。あるいは、良心とは内的調整器であるといってもいい。この場合も、シュプランガーは２つの言葉の用い方を特に厳密に区別していない。

4　自尊心

　高次な自己の中核としての良心に基づいて決断し行為する場合にのみ、人間は「自己自身に対する名誉」をもつことができるといえよう。シュプランガーにあっては、「自己自身に対する名誉」とは「自己自身に対する尊敬」、つまり「自尊」、あるいは「自尊心」を意味する。いかに世間的名声を得たとしても、もし私が良心の声を神聖に保持しなかったとしたら、私は私自身を恥じなくてはならないであろう。かつて犯した悪事は、誰に見つかることもなく外的名誉は何ら失われなくても、秘密の関知者としての自己自身の良心だけは、これを知っており「根絶し難い良心の呵責」となる。すなわち、いついつまでも、自己自身に対する不名誉となるのである。シュプランガーによれば、「おそらくその悪事は、何か超時間的なものと関係しているに違いない。従って、忘れることのできない高次の自己が、独自な永劫性の性格を帯びていることを証明している[15]」のである。だから、高次の自己は、宗教的でもあるといえよう。

　逆に、真に自己自身の良心の声に従って行ったことは、いかに社会的に非難されたとしても、「やましくない良心」(gutes Gewissen) がこれを認めるので、個人は内面的な自尊の感情をもつことができるであろう。

　良心に基づく自己自身に対する内的な名誉、つまり自尊は、世間に対する名誉ではなくて、「形而上的な名誉」である。その際、肝要なものは、人間の永劫なるものと永劫なる救済であろう。宗教的に表現すれば、シュプランガーにあっては、良心の深奥で語る声は、単なる人間的なものではなくて、「神の声」なのである。良心の声とは、高次の自己が神の声を聴き取ったものとしての声であるといえよう。先の本章「2」の「善悪の声」も、厳密には「善悪の声を聴き取る声としての良心」であるといえよう。孤独な良心のなかで神の声を聴き取ることを通して、生き生きとした「神との出会い」が生まれるという意味のことを、シュプランガーはしばしば述べている。ヒューマニズムの自律的な表現をすれば、人間は真正の名誉を自己自身に対してもつことになる。しかし、宗教的

には、高次の自己自身は、神の前に立っているのである[16]。だから、シュプランガーによれば、「最終的には人間が、自己の良心の最も深い層のなかで語りかける、その神に対してもつことができる、名誉が問題なのである[17]」。

しかし、シュプランガーは「人間が神に対して『名誉』を獲得すべきであるといえば、奇異に聞こえるので、むしろ神に対して純粋であるべく努力すべきであるといいたい[18]」と述べている。良心の深奥で神の声が聴き取れるようになるためには、「心の純粋性」(Reinheit des Herzens)が不可欠であるといっているのである。良心は、終始われわれに純粋性を要求する。良心の声はしばしばわれわれに、「お前はお前の純粋性を失う恐れがある」、あるいは「それを失ってしまった」と告げてくれる。良心の声に背いて、心の純粋性を失うことは、真の名誉を失うことに他ならない。これは、自尊の喪失でもある。まことの名誉（心）と自尊（心）とは、心の純粋性をぬきにしては考えられえないのである。

シュプランガーの神の概念はきわめて広いので、後に述べるように、彼の名誉論においても、ゲーテの場合のように「倫理的・自律的立場」と「宗教的・神律的立場」とが、あるいは「ヒューマニズム」と「宗教」とが見事に調停されていると見ることができる[19]。

5　神の声

名誉論に限らず、シュプランガーにあっては一般に、良心とは究極的には神の声である。先に本章「1」で述べた良心における「秘密を知る者」も、私自身であると共に、常に私自身に同行する神であるといえよう。「2」で見た「善悪の声」も、神の声であるといえよう。また、「3」の「高次の自己」の中核は良心であるが、そこから神の声が人間に語りかけてくる。また、「4」の「自尊心」も、神の声としての良心の声に耳を傾けてこそ、生まれ育まれうるものである。だから、シュプランガーは「良心のなかで神の声が聴き取られる[20]」といっている。

シュプランガーによれば、「人間の内に生きている、操舵する良心の声を通してのみ、神は人間にみずからを理解せしめることができる[21]」。すなわち、人間は良心の声によってのみ、神を知ることができるというのである。また、シュプランガーは「われわれは注意し、諌止し、罰する良心の動きによって、われわれのより高い自己を通じて、みずからをわれわれに分からせんとする、神そのものに出会うのである[22]」ともいっている。形而上学的に表現すれば、「良心とは、それに頼ってわれわれが無限なものから出発する光線である」といえよう。このドイツ観念論者フィヒテの言葉を、シュプランガーは好んで何度も援用している。

良心の声とは、形而上学的には無限なもの、永劫性、形而上的なもの、あるいはそれらを内包する高次の自己などからの呼び声であり、宗教的にいえば神の呼び声なのである。両者を結びつけて、シュプランガーは「人格の形而上的・宗教的根底」と呼ぶ。

しかし、永劫性の特質をもっている良心は、同時に「状況」と直接結びつく。シュプランガーによれば、「『瞬間における永遠なもの』を意識することが、良心の特質である[23]」。良心は、私の無比の状況のこの全体を、謎のようなす早さで捉える。「良心は驚くべき慧眼をもって瞬間に躍りでる。……その判断はすばやく事態の全体を把握する……[24]」。そして、決断し行為する。良心はすぐれて行為や実践に関わろうとする。その際、「時と永遠」「特殊と普遍」とが１つに結びつく。

ところで、先に「4」で名誉と自尊との関連において「心の純粋性」について言及したが、これについてもう一度考えてみたい。良心の深奥で神の声が聴き取れるようになるためには、「心の純粋性」が不可欠だということであった。キリスト教倫理がそこに圧縮されている、「心の清い人たちは、さいわいである」(マタイ伝、5の8)という命題の意味におけるが如き、心の純粋性が是非ともなくてはならないことを、シュプランガーはしばしば力説している。彼は「純粋性は、……キリスト教倫理の唯一の根幹 (die einzige Wurzel der christlichen Sittlichkeit) である[25]」といっ

ている。シュプランガーにあっては、まことの宗教的・キリスト教的良心は「純粋な良心」(reines Gewissen)であろう。単なる現世的なものへの執着を断ち切った後に残るものが、「無形の敬虔」(gestaltlose Andacht)であるが、「これをわれわれは『心の純粋性』と呼ぶ[26]」とシュプランガーはいっている。ここで「心の純粋性」とは「純粋な心」を意味し、そして心が良心のすべてではないにもかかわらず、「純粋な心」とは「純粋な良心」のことでもあるといえよう。これは、誤ることの多い単なる主観的良心ではなく、真の良心、あるいは「良心の良心」を意味する。シュプランガーにいわせれば、「表面的な良心では、十分でない。第一の良心は、いわば第二の良心によってさらに吟味されるなどして、聖書が心の純粋性と呼んでいるものにまで達しなくてはならない[27]」のである。この段階にまで至ってはじめて、人間の良心は真に神の声を聴き取る器官となることができ、かつ良心の声は神の声となりうるのである。だから、真に正しく「善悪を聴き取る声」ともなりうる。また、人間は良心の深層で「神の閃光」としてのいわゆる「良心の閃光（火花）」――中世初期に登場するこれらの語を適宜に用いて、シュプランガーは自身の良心概念を説明する――を体験することができるようになるであろう。また、この境地に至ってこそ、人間はまさに「高次の自己の究極」にまで高まるといえよう。

第2節　宗教思想から見た良心論

1　主観—客観問題の視座から

　「精神の主観—客観関係」という図式こそ、シュプランガーの宗教思想をも支えている基本的思考様式に他ならないと考える。彼の思考方向は、個々人の「宗教的体験」と「宗教心」とから出発するので、「客観」→「主観」というよりも、「主観」→「客観」が中心になっている。とはいえ、前者の方向も見られる。後者の方向が強調され、「主観」から出発するが、「主観」と「客観」との間にはしばしば往復運動が認められるの

ではなかろうか。「主観を起点としかつ帰着点とする主観―客観の循環関係」「主観を軸としながらの主観―客観の相互関係」「主観の内なる主―客合一（融合）」などによってこそ、シュプランガーの宗教思想の構造を真に全体的に特色づけることができる、と筆者は考える。

そうした全体構造を前提にしてではあるが、宗教を「体験」から出発させ、かつ体験へと連れ戻すシュプランガーの思考形式は、宗教の「主観化」を意味する。ところが、体験と一体の形の主観化とは、「内面化」のことであるといっていい。また、主観の強調は、個々人の「内面(性)」の強調であろう。そうしてこれは、個々人の魂の最内奥における「良心」の強調へと発展していったのではなかろうか。さらに、シュプランガー教育学においてあれほどまでに力説された「良心の覚醒」へと発展していったのではなかろうか。そうして、これらは、シュプランガー宗教思想の一大特質である「神秘主義」に由来するものであると見てまず間違いない。

2　ドイツ観念論の視座から

シュプランガーにあっては「神秘主義の良心論」「宗教的ヒューマニズムの良心論」「現世的敬虔の良心論」の三者は、決して全く同じではないが、それぞれ密接につながり合っているといえよう。

さらに、それら三者と「ドイツ観念論の良心論」とが密接不可分の関係にあると思われる。シュプランガーは、ルターの流れを汲む「敬虔主義者」であると見ることができる。しかも、敬虔主義の内部には「信仰の神秘主義」が含まれているから、シュプランガーは「信仰の神秘主義者」の要素をもっているといっていい。また「ドイツ観念論」の立場に立つ彼は、「哲学的な神秘主義者」でもある。そうしてこれらの結合の成果が彼の「宗教的ヒューマニズム」であり、かつまた、これらすべてが「現世的敬虔」へと合流したという見方も可能である。しかし、時間的にはすべてが同時に生成発展していったといえよう。各々の間で特に因

果関係を明言することは困難であろう。また、シュプランガーのその都度の視点と語る相手によって、いずれの特質が中心になるかが決まると思われる。

シュプランガーは、ドイツ観念論という「この宗教は、キリスト教的・宗教改革的動機の発展的形成であり」、またドイツ観念論は「宗教改革的信仰に対する別の表現である[28]」といっている。さらに、疑いもなく「観念論は……現世とその都度の所与の歴史的・社会的状況との、不断の倫理的、英知的対決を通して、キリスト教の発展に生命を与える[29]」ともいっている。

これは、単純化していえば、ルターからカントへの歴史的な流れ、と読み取ることができる。宗教論と良心論とのいずれにおいても、シュプランガーはその流れを摂取しているといえよう。カントの良心論は、ルターの良心論の近代的翻訳である、という見解が可能であろう。自律的良心か、神律的良心かの違いこそあれ、両人の良心論には、共通性もかなりある[30]。ルターの流れを汲むシュプランガーの良心論も、カントや、彼から宗教思想の多くを学び取ったフイヒテらのドイツ観念論の良心論とつながるところが少なくないといえよう。

3　神秘主義の視座から

シュプランガーの神秘主義における神は、「普遍性」をもっており、多義的であるといえよう。それには、「最高価値」「形而上的なもの」、あるいは「世界の隠された深み」なども含まれているので、そこまでは「現世的敬虔」との共通性が多い。そうでありながらしかし、その根幹は「人間に聴き取れるように語りかけてくる愛の人格神」であると見てまず間違いない。神は人格であり、人格的愛を与え、これがまた人間の「人格の最内奥」に向けられるのである。「人格の最内奥」、あるいは「魂の最深部」、あるいはまた「魂の根底」などは、シュプランガーにあっては「良心」と同義語と見ることができる。何故ならば、シュプランガーの良心

論は、神秘主義の流れを汲むものだからである。

　ちなみに、野町　啓の言及に基づいて述べれば、良心という語の歴史的由来の1つであるギリシア語のシュンエイデーシスが、古代末期から中世、さらに近世初頭にかけて、神秘主義の内部でその他の良心論とは別個の系譜をもつようになったという事実がある。そこにおいてシュンエイデーシスは「人間の魂の内奥・最深部」を意味するものとして用いられている。シュンエイデーシスをそれが神秘主義の系譜のなかで占めていた意味において再評価することは、そこから良心の自律性の新たな根拠づけへの展望を開く意味で、大いに注目する必要があるように思われる[31]。

　あまりにもキリスト教信仰に直結しすぎた良心概念は、もっぱら罪責感、罪意識から成立しており、böses Gewissenを偏って強調する。そこでは、良心とは神律的良心だけであり、自律的良心は容認されえない。しかし、一般に神秘主義の良心概念はもっと広い。神秘主義の流れを汲むシュプランガーの良心論は、神律的・自律的であり、神的・人間的であり、また宗教的・哲学的であるといえよう。狭義の神律的・キリスト教的良心を意味する場合でなくても、"良心"という言葉の響きは、長い歴史のなかで西欧ではとかくもっぱらキリスト教の罪責感を思わせるようになったと思われる。だから、これを避けるために「魂の最内奥」、あるいは中世のM・エックハルトのドイツ神秘主義の中心概念である「魂の根底」というような語を、シュプランガーは適宜に用いる、と見ることもできるであろう。

　さて、上述したような、神を「人格神」とするシュプランガーの立場は、まず人間と神との関係を「有限な人格と無限な人格との間における関係」としての「主観─客観関係」という対立関係として捉える。その上で、次の段階では、人間が自己の意志を全く放棄し、自己の魂の能力の一切が役に立たなくなることによって、両者の間における人格的な分離対立関係が消え、「主観の内なる主─客合一（融合）」にまで至ることを

求める。

　これを良心との関連で見れば、神自身の声と人間自身からのより低い良心の声とは、明確に区別される。その上で、次の段階では、人間が自己を全く放棄し、心を純粋にすることによって、両者は主観の中核である「場としての良心」の深奥で1つに結びつくといえよう。その時、人間の魂の深奥の声は、神の声となるのである。また、魂の根底で「神の閃光」「良心の火花」がきらめくといってもいい。これを「良心の内なる人間と神との出会い（一体化）」、あるいは「良心の内なる主―客合一（融合）」と呼ぶことができる。

　シュプランガーの神秘主義の全体構造においては、基本的には主観の魂に力点が置かれ、客観としての神とか、世界の知られざる深みとかの考察も、いずれは「主観」につなげるためのものであるといえよう。だから、宗教論も、最後には良心論になり、そこに収斂すると見てまず間違いなかろう。

　シュプランガーによれば、「神秘主義的態度にあっては、より高き自己を獲得するために、より低き自己を放棄する[32]」。そうして、そのより高き自己の中核が、良心であった。この良心の内奥で語るものは、単なる人間的なものではなく、「客観が主観化・内面化されたものとしての神の声」である。また、より高き、いや最高の自己の本質としての良心は、そのように「内面化されたものとしての神」の前に立っている。

　しかし、それらを可能にするものは、第4章第2節でも見たように、「心の純粋性」に他ならない。心の純粋性は、「主観の内なる主―客融合」の形において、自己滅却と神への集中、自己無化に至るまでの自己放棄へと導くのではなかろうか。自分を棄てる者は、自分を得る。主観重視の立場は、自己に執着することの反対を意味する。純粋な心をもつことによって、より低い自我を放棄し、自己を無にし空しくしてこそ、人間はみずからの素朴な良心を純化し深化することができ、最後には神の声を聴き取れるようになるであろう。

次に、良心と「愛」の関係について考えてみよう。金子武蔵によれば、「自己を保存しようとすることが連聯を断ち調和を破らせる。……かく連関を断ち切ることが悪なのであるが、これに対して連帯し調和しているところに善は成立する。この点では至高の存在は愛であり、すべては愛のもとに連帯し調和していて、その愛にそむき連帯を切断し調和を破ることが悪であり、そこに良心の呵責はくる[33]」。böses Gewissenが生まれる。逆に、愛の心情と行為とのなかでは、gutes Gewissen が生まれる。また、クーン（Helmut Kuhn）によれば、「良心過程は同時に自己生成であり、自己生成は、他者と共に、他者によって共同体という空間の中で本質的に生じる。そのことは同時に、良心過程が人間の相互的な愛の作用領域の中で生じるということを意味している」。しかし、「いかなる神も存在しないなら、人間を人間的に、しかもなお全く貢身的に愛することは可能であろうか。——それが問題なのである。それは不可能であり、……その不可能性は愛の基礎構造に由来する[34]」のである。さらに、ヤスパースは「良心の規準は、……愛と信仰に基づいてのみ内容あるものとなる[35]」といっている。

それらはいずれも、シュプランガーを代弁しているといえよう。彼も、ほぼそのような考え方に立脚していると見ていい。しかも、シュプランガーは神秘主義の立場に立って「愛とは絶対的自己放棄による絶対的自己実現である。これは愛の永遠のパラドックスである[36]」といっている。しかし、人間は自力だけではそれができないから、「神の愛」が求められる。神の愛に包まれ、また心を純粋に保って、自己の魂の深奥で神秘主義的な「主—客融合」の形で神の愛を予感できた時、人間はそこに「良心の火花」と「良心の覚醒」を体験することができるであろう。だから、愛と良心とは、一体のものである。それ故に、良心教育とは、1つには愛の教育である。

4 宗教的ヒューマニズの視座から

　キリスト教とヒューマニズム（人文主義）とを調停し統一しようとするシュプランガーの立場を「宗教的ヒューマニズム」と呼ぶことができる。彼はキリスト教的なものを深く現世の生活のなかに組み込むことをみずからの課題としている。従って彼は、神の超越性よりも、むしろ「内在性」を主張し、「内在的良心論」の立場に立っていると見ていい。

　逆は、「超越的良心論」である。その典型的なものは、近代の福音主義においてはK.バルトやE.ブルンナーらに代表される「弁証法神学」、あるいは「危機神学」のとる立場である。この神学は、超越的・絶対的な神のみを強調し、ヒューマニズムと近代文化を真向うから否定する。

　以下本章では、第5章で考察したような、シュプランガーの弁証法神学に対する批判を手がかりにして、彼自身の良心論を探ってみたい。

　まず第一に、ヒューマニズムはいうに及ばず、宗教的ヒューマニズムでさえも非難（対話の意志がなく絶対的確信に立った批判）される点は、それが人間の「倫理的自律」を信じているということである。

　自律的な義務の倫理学には、カントの倫理学を初めいろいろな形態があるが、シュプランガーは、善だけでなく「根源的な悪をも前提している義務の倫理学から、自律しか聴き取らない人は十分に弁証法的に思考していないのである」と弁証法神学者を批判する。そうして、「人間のなかに神の閃光がきらめき、これが人間の倫理的光になるべきであることには、弁証法神学者も反論しないであろう[37]」といっている。

　ここで、シュプランガーは「良心」のことを述べている。そもそも弁証法神学のヒューマニズムに対するあらゆる個々の起訴理由は、その「原罪」の思想に起因する。しかし、シュプランガーの良心論は、原罪の教えと必ずしも矛盾しない。彼によれば、「人間は、ただ原罪と同時に、良心を獲得することができた。……少なくとも、良心の呵責は、正しい道の踏みはずしから生じてくる[38]」のである。

　高次の自己としての良心のことを、シュプランガーは「私の胸の内な

る神」とも、「神性の流入する箇所」とも呼んでいる[39]。だからといって、あふれんばかりの神性のことごとくが人間という狭い器のなかに入ってくる、と考えているのではない。また、「私の内なるより高き自己のいかなるものも、決してすでに神なのではない[40]」。こうした良心を中核とする「義務の品性に方位づけられた倫理に、非倫理的で神に逆らうものであるとの烙印を押すことはできないであろう[41]」とシュプランガーはいっている。

　要するに、シュプランガーにあっては良心こそまさに、神律と自律、超越と内在、宗教とヒューマニズムとをそれぞれ結びつける結節点、もしくは紐帯であるといっていい。

　第二に、弁証法神学は、ヒューマニズムはいうまでもなく、宗教的ヒューマニズムも「啓示から外れている」と非難する。

　啓示には「特殊啓示」と「一般啓示」があるが、弁証法神学者バルトは、前者しか容認せず、イエス・キリストにおける啓示以外には啓示という概念は当てはまらないと断言する。一方シュプランガーは、前者と後者とを共に認め、しばしば両者の関係を論じている。

　シュプランガーによれば、「キリスト教的ヒューマニズムの信じるところによれば、神はいつの時代にも自己を啓示する。自然のなかに……神との出会いを証拠立てる個々の人格のなかに。しかし、あらゆるこうした開示は、人間の魂の最内奥で初めて『発火する[42]』」。つまり、良心のなかで「神の閃光」がきらめくのである。宗教的に重要なものはすべて、「魂の根底」で開示される。

　第三に、弁証法神学は、信仰の自由を認めない立場を固執しているので、この点でもシュプランガーやシュライエルマッハーなどの立場と対立する。

　シュプランガーの場合には、「信仰の自由」と結びついたものとしての「良心の自由」が前提されているといえよう。彼によれば、「ヒューマニズムは、社会学的ではなくて、宗教的・形而上学的範疇である。これは、

第7章　シュプランガーの宗教思想から見た良心論　143

キリスト教的ヒューマニズムが、神の啓示は何でありえて何でありえないかに対する規準を人間の意識に譲渡することと関連する[43]」のである。だから、特定の信仰を強制されることなく、良心の真正な規準に耳を傾けることこそ大切なのである。

　しかし、シュプランガーにあっては、良心の自由とは「神に拘束された良心の自由」に他ならない。人間の良心のなかで聴き取ることができる神の声は、その内容についてはわれわれ人間によって生み出されるべきではなく、「『神の語り』の内容が人間を通して語られるのである。われわれは翻訳しているにすぎず、その場合、原文に大きな借りがある[44]」のである。

　第四に、弁証法神学は、ヒューマニズムにおける「人間の自己思考」を非難する。

　なるほど一切の信仰が知識に、また一切の宗教が哲学にかえられうると考えるのは、それこそ人間のおごりというものである。弁証法神学者の主張にも耳を傾けて、人間の能力は濫用されうるということだけはよく知っていなくてはならない。シュプランガーも、弁証法神学に対してヒューマニズムとの調停と統一を求めていると見るべきであろう。シュプランガーは「実証主義」に対しては、まさしく根底から批判しているが、弁証法神学に対してはそうではないといえよう。

　にもかかわらず、シュプランガーにいわせれば、「真正な思考の禁止はすべて、反ヒューマニズム的である。何が真正で何が真正でない思考かは、責任ある良心(verantwortliches Gewissen)が決定するのであり、これはこの特別の機能からして『真実の良心』という名前をもっている[45]」のである。誤ることの多い単なる主観的な良心ではなく、高次の自己の最内奥において真に「責任を自覚している良心」こそが、「真実の良心」であり、「良心の良心」なのである。この良心こそが、人間の思考、知識、文化などの、あるいはヒューマニズムの真偽の判別をすることができる。また、良心は宗教とヒューマニズムとの最も望ましい関係、両者の在り

方と調和について、賢く鋭い判断を下すこともできるであろう。

おそらくシュプランガーは、自己自身の良心の声にみずからじっと耳を澄ましながら、良心論を、それどころか宗教論の全体を展開しているのであろう。

5 現世的敬虔の視座から

シュプランガー宗教思想の三大特質は、「神秘主義」と「宗教的ヒューマニズム」と「現世的敬虔」であるといえる。三者には、基本的には共通したところが多いと思われる。特に「神律と自律」「超越と内在」「彼岸と此岸」「神的なものと人間的なもの」「宗教と哲学」等々における各々の対立概念の調和と統一を求めるところにおいて、三者は基本的には共通している。このことは、三者に対応するそれぞれの良心論についてもいえることであろう。

しかし、「現世的敬虔」の場合には、それら各々における対立概念の後者によりいっそう力点が置かれていると見ていい。つまり、「現世的なもの」によりいっそう比重がかかった表現様式となっているのではなかろうか。「現世的敬虔」は、「神秘主義」や「宗教的ヒューマニズム」と重なり合い、かつそれらが合流したものでありながら、それらをいっそう現世化したもになっているのではなかろうか。何ぜか。神学のあるいは宗教の専門家でなくても、また教会に参らず聖書も読まない人々にも分かる表現を意図したためと思われる。宗教離れの時代にあってすべての人々の宗教心の回復を希求して、「誰でもの信仰」を説いたと見てよかろう。シュプランガーは、単なる人間的なものと実証主義とへの傾斜に大きな問題を感じ、そのせめてもの救済のために「現世的敬虔」を説いたと思われる。

しかも、シュプランガーは「異教の宗教性」に対しても広くて積極的な理解があり、非キリスト教的信仰態度との対話も重んずる。従って、例えば仏教徒に対しては、神の代りに「仏」を、また神の声としての良

心の代りに「仏の声としての良心」を、あるいは神の閃光の代りに「仏の光」を、それぞれ代置することをシュプランガーは容認するであろう。彼はあらゆる宗教・宗派を越えて、また国境と時代を越えて、あるいは宗教かヒューマニズムかを問わず、すべてに通じるものとしての現世的敬虔を説いたと見て間違いない。

このように、現世的敬虔にあっては、宗教の意味や神の概念も、また良心の概念もきわめて広い。だから、前述した各々の良心論のなかで「神」の代りに、しばしば適宜に「神性」「仏性」「形而上的なもの」「最高価値」などの語を代置することが許されるであろう。また、しばしば「キリスト教」を「宗教」、あるいは「宗教的なもの」と換言することもできるであろう。

しかし、それらのなかで特に現世的敬虔においては、シュプランガーの語の使用頻度から見ても、代表的なものは「形而上的なもの」という語である。現世的敬虔においては「形而上的なもの」こそ、「神」であり、「神的なもの」であり、「宗教的なもの」であるといえよう。そうして、形而上的なものが現れるところは、やはり一人ひとりの魂の最内奥、つまり良心に他ならない。

シュプランガーは、ただ既存の歴史的な客観的宗教によるだけでは祝福は与えられえないと考え、宗教を徹底的に主観化・内面化しようとする。彼は、あらゆる信仰の立場を越えて、個々人の魂の最内奥から聞こえてくる孤独なる声こそ信仰の源泉であるとし、これが塞がれてしまう時、無信仰の根本態度が生まれてくると述べている[46]。その孤独なる声とは、良心の声に他ならない。良心の声とは、形而上的なものに源を発する、人格の内奥の声である。いやしくも良心が目覚めている限りは、誰でも宗教的でありうるといえよう。

ここで問題となるのは、「良心の内なる内的経験」としての「宗教的経験」や「神の体験」であろう。何といっても基本的にシュプランガーは「究極の体験」(Urerlebnis)、もしくは「根本経験」(Grunderfahrung) とい

う概念に立脚して、自己の思想を展開させる。それには、現世的敬虔における深い感動体験も、神秘主義における世界の隠された深みの体験も、キリスト教における神そのものの体験も共に含まれている。それ故に、こうした意味における「究極の体験」こそ、現世的敬虔と神秘主義とを、無神論とキリスト教とを、ヒューマニズムと宗教とを、仏教などの世界宗教とキリスト教とを、さらには各々に対応する良心論をそれぞれ相互に結びつける結節点に他ならない、と筆者は考える。

シュプランガーその人は、まことのキリスト教徒であり、深い信仰の人である。しかし、彼の宗教思想はきわめて広く、キリスト教徒としてのみずからの信仰の立場を決して他に押しつけない。従って、彼の良心論もまた、キリスト教の良心論のみに限定されない。だからといってこれをわれわれは、思想研究は思想研究、信仰は信仰と見るべきではなかろう。上述のように「究極の体験」や「根本経験」が結節点になっているので、そうした思想と信仰との間におけるいわば「宗教的両面性もしくは両義性」には、また「良心概念の両義性」にも、さしたる矛盾はないと見ることができる。

さて、最後に、シュプランガーの「現世的敬虔」(1941)とデューイ(John Dewey, 1859-1952)の「誰でもの信仰」(A Common Faith, 1934)という2つの主要な宗教的な著作と概念とに着眼して、両者を比較してみたい。

両人ともほぼ同時代の人であり、各々の著作もほぼ同じ時代に発表された。そうして、第1章で論究したことは、言葉の上だけであれば、そのままデューイにも当てはまるといえよう。すなわち、両人とも「非神学者の立場」に立って「普遍的宗教性の探究」を行っており、しかも「文化や科学と矛盾しない宗教」を主張している。これらこそが、シュプランガーの現世的な「万人に共通に開かれた宗教」、すなわち「現世的敬虔」であり、同時にデューイの「誰でもの信仰」に他ならない。両人とも、固定的なキリスト教のみを弁護する「護教論」(apologetics)の立場をとるものではない。その他、両者の共通性は、少なくとも言葉の上ではいく

らでもあるが、ここではもはやそれをあげる必要はなかろう。

しかし、両者の相違性について、一言付言しておきたい。例えば、デューイは、人間の社会生活における理想の希求のみに、宗教的なものの意義を見いだそうとしている。しかし、シュプランガーの場合には、宗教の個人的な面も同様に強調されており、「神秘主義」もまた、彼の宗教思想の顕著な特質であり、これが「現世的敬虔」のなかにも合流していると見ていい。だから、「神秘的な覚醒」とか「良心の覚醒」が問題となるのである。関連して、「魂の魔術」とか「愛」とか、「自己滅却」とかが問題となる。逆に、デューイの場合には、そうした「神秘主義」や「良心」などについては、ほとんど話題になることさえない。あるいはまた、デューイは「プラグマティズム」に、一方シュプランガーは「ドイツ観念論」に立脚している。シュプランガーは、「ドイツ観念論」も一種の、広義の宗教である、と見ている。すなわち、「現世的敬虔」でもあるというのであろう。また、確かに「ドイツ観念論」もシュプランガーの「現世的敬虔」のなかへと合流していると見ていい。それ故に、シュプランガーの「現世的敬虔」は、デューイの「誰でもの信仰」以上に、いっそう「内面的」であり、「内面化」を強調する。つまり、「内界・良心の覚醒」を主軸にした思想なのである。

注

1　Vgl. E. Spranger : Menschenleben und Menschheitsfragen, Gesammetle Rundfunkreden. R. Piper & Co. Verlag, München, 1963. S.22－23.
2　Spranger : a. a. O., S.24－25.
3　Spranger : a. a. O., S.47.
4　Vgl. Spranger : a. a. O., S.25.
5　小林靖昌「シュトーカーの良心論とその問題点——『良心論概説』にかえて——」、金子武蔵編『良心——道徳意識の研究——』(日本倫理学会論集12)、以文社、1977年、130－132頁参照。
6　Spranger : Gedanken zur Daseinsgestaltung (Ausgewählt von Hans Walter Bähr), R. Piper & Co. Verlag München, 1954, S.104.

シュプランガー著、村田　昇・山崎英則共訳『人間としての在り方を求めて——存在形成の考察——』東信堂、1990年、110頁参照。

7　Spranger : a. a. O., S.105.（同訳書、111頁参照）
8　Vgl. Spranger : Der Lehrer als Erzieher zur Freiheit, 1951. In : GS. Bd. II, S. 331.
9　Spranger : Menschenleben und Menschheitsfragen, S.36.
10　Spranger : a. a. O., S.42.
11　金子武蔵著『良心と幸福』清水弘文堂、1967年、25頁参照。
12　前掲書『良心』（小林靖昌論文）、137頁。
13　Vgl. Spranger : Erziehung zur Menschlichkeit, 1953. In : GS. Bd. I, Quelle & Meyer Verlag Heidelberg, 1969. S.241.
Vgl. Spranger : Der Lehrer als Erzieher zur Freiheit, GS. Bd. II, S.331.
14　Vgl. Spranger : Der geborene Erzieher, 1958. In : GS. Bd. I, S.288－289.
15　Spranger : Menschenleben und Menschheitsfragen, S.47－48.
16　Vgl. Spranger : Ehre, 1934. In : GS. Bd. VIII, Max Niemeyer Verlag Tübingen, 1970. S.225.
17　Spranger : Falsche Ehrbegriffe, 1947. In : GS. Bd. VIII, S.281.
18　Spranger : Der geborene Erzieher, In : GS. Bd. I, S.305.
19　山邊光宏著『人間形成の基礎理論』東信堂、1995年、49－50頁参照。
20　Spranger : Der Eigengeist der Volksschule, 1955. In : GS. Bd. III, S.317.
21　Spranger : Menschenleben und Menschheitsfragen, S.48.
22　Spranger : Erziehung zur Menschlichkeit, In : GS. Bd. I, S.240.
23　Spranger : Der geborene Erzieher, In : GS. Bd. I, S.319.
24　Spranger : Menschenleben und Menschheitsfragen, S.32.
25　Spranger, Die Schicksale des Christentums in der modernen Welt, 1947. In : GS. Bd. IX, S.64.
26　Spranger : a. a. O., S.66.
27　Spranger : Falsche Ehrbegriffe, In : GS. Bd. VIII, S.281.
28　Spranger : Der Kampf gegen den Idealismus, 1931. In : GS. Bd. IX, S.201.
29　Spranger : a. a. O., S.203.
30　前掲書『良心』、45－51頁参照。
31　同書『良心』（野町　啓論文）、31頁参照。
32　Spranger : Religionsphilosophische Fragen eines Abendländers, 1937. In : GS. Bd. IX, S.208.
33　前掲書『良心と幸福』、19頁。

34 ヘルムート・クーン著、斎藤　博・玉井　治訳『存在との出会い――良心の形而上学のための省察――』東海大学出版会、1978年、233頁。
35 前掲書『良心』、302頁。
36 Spranger : a. a. O., S.223.
37 Spranger : Der Humanitätsgedanke und seine Problematik III, 1948. In : GS. Bd. IX, S.306.
38 Spranger : Glaube, Geschichtsprozeß und Bewußtsein, 1944. In : GS. Bd. IX, S.278.
39 Vgl. Spranger : a. a. O., S.283.
40 Spranger : Religionsphilosophische Reflexionen, 1963. In : GS. Bd. IX, S.376.
41 Spranger : Der Humanitätsgedanke und seine Problematik III, In : GS. Bd. IX, S.306.
42 Spranger : a. a. O., S.309.
43 Spranger : a. a. O., S.310.
44 Spranger : Glaube, Geschichtsprozeß und Bewußtsein, In : GS. Bd. IX, S.274.
45 Spranger : Der Humanitätsgedanke und seine Problematik III, In : GS. Bd. IX, S.312.
46 Vgl. Spranger : Zur Psychologie des Glaubens, 1942. In : GS. Bd. IX, S.265.

第Ⅱ部　良心教育への構想

第8章　シュプランガー教育思想における主観―客観問題

　シュプランガー教育思想の根本問題は、宗教思想の場合と同様に、まさに「主観―客観問題」であり、これこそがシュプランガーのあらゆる時代のあらゆる教育学領域の支柱になっていると筆者は考える。すなわち、彼自身のきわめて広範かつ多彩な教育思想において、いわばその骨格にあたるものが、「主観―客観関係」に他ならないと考える。まさしくこの点に着眼してシュプランガー研究を進めていくならば、体系に欠けているといわれているシュプランガーの幾多の教育学的著作をも、われわれの手で体系化する道も開かれてくるのではなかろうか。こうした問題意識の下に、本章では、シュプランガー教育思想における主観―客観問題の基本的構造の解明を試みたい。

　ところが、そのためには、シュプランガーの「文化哲学」、もしくは「精神哲学」の考察が欠かせない。何故ならば、この精神哲学こそが、シュプランガー教育思想自体の根底になっており、その基盤を形成しているからである。だから、彼のさまざまな教育学理論も、その土台の上に構築されていると見ていい。そうして、両者を貫く支柱こそが、「主観―客観関係」であるといえよう。

第1節　精神生活の構造

　まず、シュプランガー教育学の精神哲学的基礎から、考察したい。シュプランガーにあっては、客観としての精神生活は「客観化された精神」

「客観的精神」「規範的精神」の3つから成る。これら3つが構造的に連関し合いひとまとまりになって、最も広義の「客観的精神」、つまり「客観的文化」、もしくは「超個人的精神生活」の全体構造が形成されるのである。これに対して「客観化された精神」と共通(集団)精神としての「客観的精神」とを共に含み、用語上両者を特に区別しないものとしての「客観的精神」がある。さらに、「規範的精神」としての「客観的精神」もある。しかし、シュプランガーが普通、また単に「客観的精神」という場合は、しばしば共通精神としての「客観的精神」を意味し、本章においても、特に断りを付さない限りそれに従っている。

他方において、それらと反対側に個人的・個性的精神、すなわち「主観的精神」というものが存在する。これは、上の3つひと組の精神に対置される第四の精神である。これは、シュプランガーの精神哲学、あるいは文化哲学においては、その3つ以上に重要な位置を占めるのではなかろうか。そうして、この主観的精神自身もまた、全体構造をもっているのである。

この主観的精神の全体構造と超個人的精神生活の全体構造とが相互に作用し影響し合うなかで、より大きな精神の全体構造、すなわち精神の主観—客観関係というより大きな全体的構造連関が成立するのである。

このより大きな全体構造を、精神生活と呼ぶこともできる。また、主観的(個人的)精神生活というものも、確かに存在するであろう。しかし、本章で「精神生活」もしくは単に「生活」という語を使用する場合は、主として「客観的精神生活」、すなわち「客観的文化」という意味である。シュプランガー自身の論文「生活が陶冶する」[1]におけるその「生活」も、同様の意味であり、本章における筆者の語法も、特に断りを付さない限りそれに従っている。

それでは以下において、主観—客観関係に着眼しながら、先の四種の精神について順次構造的に、また相互連関的に考察していきたい。

まず、「客観化された精神」であるが、これは精神生活の全体構造にお

ける「諸側面」のなかで、最も分かりやすいものであろう。この精神の主要な例は、書物の理論的内容、詩や小説、道徳的説話、またそれらを表現する言語、あるいはまた絵画・彫像・道具などであり、これらは客観的な精神的内容が物質的材料を通して表出され、「永続的形式」に固定化されたものである。このような客観化された精神は、それ自身意識をもっていないから、本質的に生きた生命ある精神ではなく、その担い手である体験能力のある主観なしには死物に等しい。もともとそれは、個々人の生命と魂から分離し独立したものであるが、再びまた生きた主観的精神のなかに受入れられ体験され理解されなくてはならない。何故ならば、シュプランガーによれば、「精神は主観—客観関係としてのみ生命をもつ[2]」からである。これを教育についていえば、単に文化財や陶冶財だけでは、教育活動は成立しないということである。

　精神生活の全体構造における第二の側面は、「客観的精神」である。これは「共通精神」とも「集団精神」とも呼ばれ、例えば国民精神、職業精神、階級精神、学級精神、家庭精神などである。こうした「集団精神は、個々人のなかに、個々人の間に、また個々人を越えて現れる[3]」のである。

　客観的精神自体は、意識をもっていない。意識をもっているのは、個々人、つまり主観的精神のみである。その限りにおいて、「主観的精神は精神生活の担い手であり焦点である[4]」といえよう。それ故に、個々人は自己のなかに、例えば国民意識をもっている。個々人は、同国の人たちと自己とが連帯し結ばれているのを感じ、「結合意識」をもつ。これはすなわち、「個々人の間でのあらゆる相互関係のことであり、共々であること、対立していること、上下であること、互いであることなどである[5]」。こうしたいろいろな「間人間的関係」において、つまり個々人の間に集団精神は存在するのである。

　しかしまた、集団精神、つまり客観的精神は、個々人を越えても存在するのであり、それは個々人が自己の魂のなかで体験し感じ考えるとこ

ろのものの総和以上のものである。シュプランガーは、自分と同年生まれの盟友ハルトマン (Nicolai Hartmann, 1882-1950) を援用しながら、いっている。「共通精神は、個々人のなかでは常にただ不完全にしか、ただ断片的にしか現れない[6]」と。しかし逆に、共通精神も、その担い手なしには「不完全な精神」であるというのである。シュプランガーは、ハルトマン自身が「主観―客観の離れえぬからみ合い」を浮き彫りにしていることを指摘しながら[7]、この点を自己の学説に受容していると見ることができる。

それとは全く異なった箇所で、カントとの対比において、すなわち客観的なものを先験的な、それ故に普遍妥当的な判断機能から構築するというカントの方法と対比しながら、シュプランガーはいっている。すなわち、「われわれの思考は、存在に拘束された、また歴史的に拘束された思考であった。われわれの範疇は、純粋な認識範疇ではなく、生活範疇であった。われわれにとっては（この後の傍点は筆者）初めから、客観的精神は、最も一般的な主観―客観関係のなかで現れる生活連関なのである[8]」と。

教育学と教育活動も、そうした主―客関係に立脚しなくてはならない。先の「客観化された精神」を含めても「客観的精神」のみでは、いかんともし難い。

それでは、客観的精神自体（もしそのようなものがあるとすれば）は、真正で価値あるものだろうか。客観的精神は、無数の主観の行為の歴史的な相互作用及び集積としての超主観的なものとして、対象性の領域のなかに構成されたものであるから、それを「対象的精神」(gegenständlicher Geist) と呼ぶこともできるであろう。その限りでは、それは「客観的」である。しかし、価値的には、必ずしも客観的とはいえないのである[9]。

N.ハルトマンによって「客観的精神の傾向と規範[10]」(die Tendenzen und Normen des objektiven Geistes) という言葉が使用されているが、これはすなわち「傾向としての客観的精神と規範としての客観的精神」という意

味であろう。前者は、ある時代とある集団における「風潮」のようなものであろう。後者こそ、真に価値高きものであり、これはシュプランガーが「規範的精神」と呼ぶものであると見ることができる。

　これが、最も広義の客観的精神としての超個人的精神生活の第三の側面である。師ディルタイの歴史主義的相対主義の克服という意図もあって、この規範的精神をこそ、シュプランガーは彼の精神哲学においてことさら浮き彫りにしている。歴史的・社会的現実、あるいは傾向としての客観的精神とその上に築かれた理想的要求、倫理的指導性を意味するところの規範的精神とは厳密に区別されなくてはならない。にもかかわらず、両者は、客観化された精神と共に超個人的精神生活の構造のなかに溶け込んで1つの生命統一をなしているのであろう[11]。のみならず、規範的精神は主観的精神のなかにも、あるいは入り込み、あるいは存在するであろう。主観のなかでその意味が捉えられないような規範的精神は、効力がないのである。

　このように規範的精神は、濃淡の違いこそあれ、客観的精神と客観化された精神とのなかにも、また主観的精神のなかにも共に入り込み存在し現象しうるといえよう。規範的精神は形式的には一応、客観的・超個人的な精神生活の全体構造に属するにもかかわらず、そうなのである。もしそうだとすれば、シュプランガーの場合には規範的精神についてもやはり、「主観を起点としかつ帰着点とする主観―客観の循環関係」として、もしくは「主観を軸にしながらの主観―客観の相互関係」として捉えることができるのではなかろうか。つまり、主観を軸にしながらの「主観的な規範的精神」と「客観的な規範的精神」との間の相互関係として捉えることができないだろうか。

　これをヘーゲルとの関連で見れば、ヘーゲルが主観的精神と客観的精神とを否定的に絶対的精神へと止揚し総合するのに対して、シュプランガーは両者を対立的緊張関係におきながら、絶対的精神の代わりに規範的精神を人間の精神的行為を導くものとして設定する。そこに、長井和

雄のいうように、「シュプランガーの発想が、ヘーゲル弁証法をもとにしていることが見てとれる[12]」のである。ヘーゲルの体系は、純粋な即且対自存在（Anundfürsichsein）から出発して、その他在（Anderssein）へと自己外化しながら、そうして再び自分自身へと還帰してくる理念を対象としている[13]。長井によれば、「シュプランガーの規範的精神は、倫理的精神として、客観的精神あるいは客観的文化を貫いておりながら、むしろヘーゲル的に自己内還帰して（傍点は筆者）、主観的精神の倫理的情熱として人間の良心に最も密接にかかわってくる[14]」のである。

　以上によって明らかなように、精神は、主観—客観関係においてのみ十全であり、かつ生き生きとしている。主観と客観とは、離れえぬからみ合いの関係にあり、いずれも単独では不完全な片割れにすぎない。また、シュプランガーによれば、「精神の存在論的位置は、ただ主観と客観との間に他ならない[15]」のである。しかも、「主観と客観との間の境界線は、人々が一般に考えているよりもずっと流動的なものである[16]」。それ故に、「主観—客観の複合」を意味するようなシュプランガーの表現も、しばしば見いだせる。すなわち、「主観の内なる客観的なもの」とか、逆に「客観の内なる主観的なもの」とか、あるいは「主観に入り込んだ客観」とか、「客観に入り込んだ主観」とかいう意味の言葉が。その他に、「主—客の合一」「主—客の相互作用」等々の語、もしくはこれらに近い言葉が、シュプランガーによって使われることもある。しかしそれらいずれの表現であれ、すべてに共通する意味内容は要するに、人間の精神については純粋に主観的なものも完全に客観的なものも、理論上はともかく、実際には決して存在しないということである。

　主観は、客観のなかに織り込まれている。しかし逆に、この客観は、主観の意識のなかに流れ込み、個人の意識のなかに生きている。だからこそ、主観は単なる孤立した「魂」のままではなく、「精神」にまでなりうるのである。この主観的精神が、いかなるものを客観から取り入れ、またいかなる点を自分独自のものとして所有しているかは、容易に区別

できるものではない。例えば、言語は「主―客の織りなす混紡」の典型的なものといえよう。「道徳」「宗教」「教育」などについても、全く同様であろう。

第2節　精神生活の構造と教育

　前節では、むしろ精神哲学（精神生活の哲学）自体の論究が中心となっていたが、以下においては、よりいっそう教育学的考察へと論を進めなくてはならない。その際、中心問題はやはり「客観的精神生活が陶冶するのか」、もしくは「生活が陶冶するという命題は真に正しいのか」ということである。こうした問題を「教育者及び被教育者としての主観」との関連で明らかにしていきたい。

　ちなみに、かのペスタロッチーが「生活が陶冶する」と力説する時には、彼は人間の主観の奥底に流れる生活（精神的生命）と倫理的・価値的に高い客観的な外なる生活との合一、すなわち全く独得な「主観と客観との一致」を念頭においていると、シュプランガーは見る[17]。そうして、シュプランガー自身にとっても、この「主―客の一致」こそ、何といっても「生活が陶冶する」ための不可欠な基本的前提に他ならない。

　それでは次に、第1節で吟味した各々の精神に順次対応した形で、シュプランガーの陶冶論を考察していきたい。

　まず、「客観化された精神」としての生活が、陶冶するかどうかを見てみよう。これを、客観化された精神の典型的なものとしての「言語」の学習に例をとって考えてみよう。言語は、「主―客の織りなす混紡」になっている。だから、偉大な詩人の場合でさえ、彼が自分の固有な言葉を用いて詩作しているのか、それとも客観的な言葉が彼のなかで詩作しているのか、これがはっきり分からないのである。子どもの作文についても、基本的には同じことがいえよう。子どもは子どもなりに、「文は人なり」である。

　個々人は言語から、もしそれが内容豊かなものであれば、価値ある文

化や道徳的価値を受容することができる。個々の主観は、客観的言語を学び取り継承すること、つまり客観の主観化と同時に、逆にそれに入り込むこと、つまり主観の客観化によって、あらかじめ念入りに形成しぬかれた豊かな客観的精神界を自己自身のなかに取り入れそれを「我がもの」にしながら、反対にそのなかへ自分が入ってゆくこともできる。「主―客の往復運動」が、くり返されるであろう。客観化された精神としての言語生活に関わりながら、個々人は深い思考力と豊かな心情を養い、また思想界、感情界、精神的な活動範囲を拡大してゆく。シュプランガーによれば、「『言語がわれわれを陶冶する』(Die Sprache bildet uns)とは、生活による陶冶の最も重要な特別な場合の１つである[18]」のである。

次に、「客観化された精神」としての「古典的なるもの」の陶冶価値について考えてみよう。シュプランガーは、古典的な作品のなかに、超時間的で永遠な価値と歴史的客観性とを探究しようとする。陶冶、特に人間形成や道徳教育においては、超個人的・歴史的内容を自覚することが大切である。しかるに今日、教育における具体的諸現象に目を向ける時、われわれは、客観的なものの要求に対する、なかんずく「歴史的客観性」の内容に対する畏敬の悲しむべき欠如に気づくのである[19]。そうして、古典的な作品自体における「主―客の合一・複合」について、シュプランガーは次のように述べている。すなわち、「あらゆる古典的なるものは生活の個人的条件の下で、しかし生活の一般的法則を目指して闘い取られた人間性の形成であり、かつそれは個人的なものと一般的なものとの、具象的存在と支配的法則との複合体である。そうして、この生活連関の多面性における全く直観的なものと、常に妥当する法則との結婚は、われわれが最高の意味で形式と呼ぶところのものである[20]」と。

このような「形式」においてこそ、「客観的な規範的精神」と「主観的精神」とが、出会い結合し融合しているのである。こうした「客観的規範性」と「主観的能動性」との共働・調和・統一の理念こそ、陶冶の理念に他ならない。村田　昇も特に力を込めて述べているように、「『客観

的規範性と主観的能動性との共働』の理念こそは、シュプランガー精神哲学の中核であるといわなければならない[21]」のである。

こうした古典的作品自体における主－客の合一としての広義の「客観的精神」（＝客観化された精神）は、教育の場にあってはさらに教育者と被教育者という二者の「主観的精神」と合一しなくてはならない。

これを道徳教育との関連で述べれば、資料などの客観化された道徳に内在する規範としての「事柄的規範」と、主観的精神としての道徳（＝個人的倫理）に内在する規範としての教育者と被教育者との「自己形成の規範」(Norm der Selbstgestaltung) とが合一しなくてはならない。

その他、F.W.A.フレーベルの恩物やM.モンテッソリの教具はもちろん、有用な商品や道具類との格闘も、子どもたちの知識と情操と技能を豊かにする。それどころか、環境界(Umwelt)の意義ある事物はすべて、無言の教師である。シュプランガーによれば、「疑いもなく、われわれの環境界がわれわれを陶冶する。ただし、それができるのは、われわれの心情がその環境界において陶冶を孕んでいるものに対して開いており、かつ上への確たる方向をすでにみずからの内にもっている時である[22]」のである。

以上で明らかなように、各種の客観化された精神は、もしそれが、シュプランガーが「事柄的規範」と呼ぶ客観的な規範的精神をそれ自身のなかに含んでいて、意義あり価値あるものならば、確かに陶冶力をもっている。しかしその場合でさえ、被教育者の主観がそのような客観化された精神に対して「開かれており」、かつ「上への方向」を目指し、よりよいもの・より価値あるものを求める主観的な「規範的精神」を自己の内部にもっていなくてはならない。つまり、シュプランガーが「自己形成の規範」と呼ぶものの形成が求められる。これを助力するのは、みずからの内部にもまた「自己形成の規範」を含むものとしての「規範的精神」を有する、そのような教育者としての主観であろう。

それでは次に、「客観的精神」としての「生活」、換言すれば「集団精

神」と呼ばれる「生活現象」が、陶冶するかどうか考えてみよう。この精神は、個々人に結合意識、社会的連帯の意識をもつようにさせる。従って、もし集団精神が価値ある場合には、社会的陶冶、社会性の育成も行われうるであろう。誰もがさまざまな集団に所属しており、これらは互いの目的や価値をめぐって、あるいは協同し合い、あるいは敵対し合うであろう。こうした協同や敵対は、個々人のなかにも入ってくる。つまり、客観が主観に作用し、入り込む。逆に、主観が客観に積極的に働きかけ、入り込む場合もあるだろう。また、個々人は集団精神によって担われ、かつこれを共に担うのである。これらも「主―客の相互作用」、もしくは「相互関係」と呼ぶことができる。

　しかし問題は、すでに述べたように、集団精神のなかには無価値なもの、反価値的なものも混入していないわけではない。それ故に、ただ集団の諸力の戯れに任せただけでは、「上への方向」は決して保証されるものではない。これはただ、真の集団的道徳が実現している、そのような集団にのみ期待できるであろう。ここでもまた、「規範的精神」が求められる。シュプランガーは述べている。「原則的にいえば、共通精神は、次の場合に初めて教育学的な精神的力と見なされうる。すなわち、共通精神が、規範的精神の成分をもみずからのなかに有している(傍点は筆者)、そのようなより高き集合状態に変わっていく場合にである[23]」と。ここで規範的精神とは、「客観的な規範的精神」、もしくは「客観としての規範的精神」を意味する。しかし逆に、「自己形成の規範」としての「主観的な規範的精神」も欠かせない。これと教育者および被教育者の問題は、図式的には、先に「客観化された精神」との関連で述べたことと同じである。すなわちこの場合もやはり、被教育者主観が、右の「客観的な規範的精神」に対して「開かれており」、かつ「上への方向」としての、よりよいもの・より価値高きものを求める「主観的な規範的精神」を自己の内部にもっていなくてはならないのである。ところが、これを助力するのは、みずからの内奥にもまた「主観的な規範的精神」を有する、教

育者主観に他ならない。

　さて次に、以上のことを、シュプランガーの道徳教育思想との関連で考えてみよう。やはり精神生活の全体構造に属し、共同生活の規範と特に密接に関係する、一種の、しかし主要な集団精神の現象形式としてのあの「集団的道徳」もしくは「社会的道徳」もしくは「国民道徳」と呼ばれる超個人的諸力がある。これは「共同生活の規範」を主成分とする、いわば精神的「雰囲気」であり、無意図的に教育する超個人的教育諸力であるといえよう。周知のように、シュプランガーも、これを認めている。確かに、「集団的道徳が陶冶する」といって誤りではない。

　しかし、集団的道徳とそれに内在する規範でさえ、すべてがすべて正しく価値があるとは限らない。シュプランガーに従えば、集団的道徳という「有効な道徳は、一部形而上的に、一部実際的・功利的に基礎づけられうる[24]」のである。特に後の場合には、不純なものも混在している可能性が大きい。最悪の場合には、泥棒の道徳や戦争の道徳にまで堕落してしまうこともある。それ故に、被教育者を単に陶冶するのではなく、上へとより高く陶冶すべきだとすれば、さらに別の要因が加わらなくてはならないであろう。

　まず、超個人的な「倫理的諸力」が求められる。シュプランガーのこの語は、狭義の、純粋な、また厳密な意味での「道徳的諸力」を意味すると見ることができる。そうして道徳的諸力に属するものが共同生活の規範であるのに対して、倫理的諸力に属するものは、いわば「倫理的規範」、もしくは「規範の規範」といえよう。また前者が、いわば「存在としての規範」であるとすれば、後者は「当為としての規範」、あるいは「理念としての規範」であろう。こうした規範は、現実界における共同生活の規範のなかに存在し、それと密接につながりながらも、時と所を越えて妥当する。これは過去の長い歴史的過程のなかで形成され、要求され続けてきたし、現在及び将来の歴史的・社会的生活を指導する力とならなくてはならない。このような規範的精神の内在によって、広狭いずれ

の客観的精神も、歴史的生起のなかで意義を与えられ、ますます豊かなものとなり、永劫の内容をみたす現世の容器となるのである[25]。この種の規範的精神としては、例えば西欧では、古代に源流をもつ真の「ヒューマニズム」の倫理、あるいはまことの「キリスト教」の倫理がある。さらに、第Ⅰ部で考察したような「ドイツ観念論の宗教」「神秘主義」「宗教的ヒューマニズム」「現世的敬虔」などの中核に位置する倫理もある。また、世界の四聖とされている釈迦、孔子、ソクラテス、イエスなどの教えも、典型的な規範的精神である。それほど濃密でなくても、もっと素朴ないろいろな規範的精神としての倫理、あるいは宗教的なものであってもよかろう。しかし、規範的精神が真に規範的精神である限りにおいて、それは必ず時と所を越えて永劫性の特質を有するものであろう。だから、結局、「宗教的」なのである。

客観としての集団的道徳は、その中核に上述のような倫理的諸力、倫理的に規範的なものがすでに構築原理として働いているならば、真正かつ妥当なものである。まさにそのような場合に、「集団的道徳が陶冶する」と明言できる。

しかしそれは、被教育者主観はもちろん、教育者主観の存在をも前提にしてのことである。そこで、いま一つ、主観的な規範的精神としての「自己形成の規範」が求められる。すでに若干触れたように、シュプランガー自身は、規範を３つの類型に大別している。第一は、客観化された精神に内在する規範としての「事柄的規範」である。第二は、共通精神の規範としての「共同生活の規範」、もしくは、「社会的規範」である。さらに、彼が最も重視する第三のものは、主観的精神に内在する規範、つまり「個人的規範」としての「自己形成の規範」に他ならない。これは、シュプランガーのあの真正な「個人的倫理」における規範であり、それ故に事柄的世界と社会的世界との要求をはるかに越えており、個人の内密性の領域における規範、もしくは内的規制機構の中心としての「良心」の規範である。「良心とは、それに頼ってわれわれが無限なるものに

由来する光線である」とJ.G.フィヒテは、いみじくもいっている[26]。そのような個人の内奥における孤独な良心のなかでのみ、あの空間と時間を越えた規範、つまり究極的意味関係を開く形而上的・宗教的規範もきらめくことであろう。これこそまさに最も狭義の、最も純粋な、また最も厳密な意味での規範であり、規範の極まりであり最高峰である。また、この段階の規範について「倫理的規範」「規範の規範」「当為としての規範」などの特色づけができる点は、先に述べたことと同じであるといえなくはない。ただ両者の対照的な違いは、先には「客観的」な、逆にここでは「主観的」な規範的精神を問題にしている点にある。宗教思想との関連でいえば、ここでは「主観的宗教性」とその中核に位置している「良心」が問題となる。第Ⅰ部で考察したような「ドイツ観念論の宗教」「神秘主義」「宗教的ヒューマニズム」「現世的敬虔」などにおけるそれぞれの「主観主義的な面」と「良心」とが、問題なのである。そうして「主観を軸にした主観―客観関係」（シュプランガー自身はこの言葉を使用していない）については、形式的にはすでに言及した通りである。もしシュプランガー自身の言葉を用いるならば、「人間は、超個人的な生活と精神との織物のさまざまな糸が交わる、その結節点である[27]」のである。

　実際の教育に際しても、主観の関与が欠かせない。被教育者主観の集団的道徳に対する態度と対し方は、やはり彼が子どもなりにそれに対して「開かれており」、かつ「上への方向」を求める「自己形成の規範」を子どもなりに自己の内部に有しているのでなくてはならない。こうしたことは、「客観化された精神」及び「客観的精神」との関連で前述したのと図式的には異なるところはない。

　教育者主観の果たす役割もまた大きい。道徳の教育的影響は、決して完全に非人格的に起こるものではない。たいていそこには、「誰かある代表的人物がいて、これが具体的な典型（Vorbild）として魅力的に、あるいは対立像（Gegenbild）として反発的に作用する[28]」のである。計画的・意図的であろうとなかろうと、また教育者が教師であろうとなかろうと、

教育者主観の被教育者に対する働きかけや影響のし方いかんが、道徳教育の成否を左右するといっても過言ではない。何故ならば、「人間はただ人間によってのみ教育される」（カント）し、人格は人格によってのみ形成されうるからである。

　自己形成の規範は、教育者の内部にもなくてはならない。教育者主観とこれに助けられる被教育者主観とに内在する各々の「自己形成の規範としての主観的な規範的精神」が「狭義の客観的な規範的精神」と出会い、結合する場合にのみ、まさしく言葉の最も厳密な意味において「集団的道徳が陶冶する」、それどころか「客観としての文化や社会生活が陶冶する」と明言できるのである。これこそまさに、まことの「個人的倫理」とまことの「社会的道徳」との結合を意味し、陶冶の最高峰であるといえよう。

　しかし、その反対の場合もありうるであろう。客観的な精神的諸力が、規範性を失って倫理的諸力と正反対になってしまい、そのため客観としての文化や生活が低俗化し不純で無価値なものに堕落した時には、決して生活は陶冶することができないであろう。単なるあるがままの生活が、陶冶し損なうことも、まれではない[29]。それ故に、われわれは「教育即生活」の考え方を無批判的に容認して、単なる「生活教育」、もしくは単なる「生活主義」に陥ってはならない。むしろ、教育者による、いわば「生活の教育化」（Pädagogisierung des Lebens）が、積極的に行われるべきであろう。

　このように、一般に「生活が陶冶する」とは半分の真理にすぎず、教育には教育者とその教育的意図と行為とが不可欠なのである。自己教育も「自己が」「自己を」教育する意で、教育者がいないわけではない。自己教育とは、教育者と被教育者とが同一人物に結合することで、すでに他者によって教育され続けてきた結果、この段階に達しうるものであると見てよかろう。

第3節　主観的精神の優位と良心の覚醒

　以上の諸考察に際して、われわれが常に客観から主観へと逆戻りさせられてしまい、また客観なしには主観を考えることができなかったこと、これは精神生活の固有な構造によるのである。

　思うに「主観―客観問題」は、近代以降哲学においても難問中の難問であり、そう簡単に決着がつくものではなかろう。しかし、シュプランガーによれば、「最後にはあくまでも、主観的精神が優位を守る[30]」のである。主観的精神のこの特別な地位は、これのみが意識をもっていることによってすでに、根拠づけられうる。

　外部から与えられ要求される意図的・計画的教育も、被教育者自身が、内部からそれを迎え入れ内的に容認するということを頼りにしなくてはならない。生活の諸影響による無意図的教育の場合にも、その正しく善なるもの、価値あるものは、被教育者が内的に容認し、反対のものは認めないという態度をとることが求められる。だから、被教育者主観こそが、教育の可能性と効果との基本的な前提である。

　もちろん、教育には教育者主観も欠かせない。客観的精神内容を担う教育者は、「霊的主観以上」である。文化とも呼ばれるその客観的内容は、彼の狭隘な主観をはるかに越えて、固有の法則性と豊かさとを有する形象を意味する。教育者はこうした豊かな内容を、あるいは身につけ、あるいは携えて被教育者に働きかける。

　しかし、そうした働きかけを受ける被教育者は、決して単に受身的な客体ではない。だから、いろいろな働きかけや影響を容認したり、回避したりする。こうして教育者に助けられながら、客観的文化を学ぶことを通して、被教育者は次第に、自己自身による固有な態度決定のための能力を獲得するであろう。そうして究極するところ、彼は客観的精神の意識的担い手として自己の内部の深みへと入ってゆき、そこにおいて規範的・形而上的なものが最も根源的に啓示される。内なる良心の声、そ

れどころか神の声までが、聴き取れるようになる。これこそが、シュプランガー教育学においてあれほどまでに強調されている「良心の覚醒」に他ならない。この良心の覚醒こそがまさに「主観の内なる主―客の合一」であり、しかも最も典型的な「主―客の合一」を意味するということが、明らかであろう。ちなみに、良心とは「主観の焦点」、つまり「主観的な規範的精神の焦点」であるといえよう。

　主観の重視という点についても、シュプランガーの立場は、ペスタロッチーと一致すると思われる。シュプランガーに語らせれば、「ペスタロッチーは、彼の『内への転回』(Wendung nach innen) によって、あらゆる教育と高き陶冶との本来の中心神秘に触れたのである[31]」。ここで、「内への転回」とは「客観から主観への転換」を意味する。しかし両人とも、ただ主観のみを一面的に強調するのではなく、客観偏重を脱することによる「主観を軸にした主観―客観の合一」をねらっていると見るべきである。それ故に、客観的な精神生活の作用と影響、あるいは客観化された精神としての文化財の伝達も、軽視されているのではない。

　要は、被教育者がみずからの精神的発達に役立つさまざまな素材を、内から自由に意欲的に獲得しうるように、助力することである。この「内から」(von innen heraus) にこそ、教育の重要な契機が存する[32]。内から生成発展しないものは、死物同然であり、そこには被教育者主観との人格的なつながりが全くない。だから、それは人格の向上や上への陶冶と無縁である。

　シュプランガーにあっては、教育とは客観的文化内容を被教育者に内から学び取らせることを通しての「発達の援助」（ここでは発達とは単なる「生物的・心的biopsychisch」発達だけではなく、「精神的geistig」発達をも意味する）と「良心の覚醒」であるといえよう。継続的な「発達の援助」のなかで起こる「覚醒」もある。逆に、「覚醒」の結果としての「発達の援助」もある。シュプランガーによれば、「生物的・心的発達は、あの外的諸要因が保証されている限り、健康な人には基準的に経過することを常とす

る。精神的諸能力は、これが萌芽と潜在的能力としてすでに内的発達過程においてあらかじめ形成されているに違いないのではあるが、覚醒的援助を必要とする[33]のである。その最適時は、若者の内部から理想がわき上がる、あの思春期の魂の開花の頃であろう。このような前提のもとに、シュプランガーは「教育とは常に覚醒である」という。この彼が最も重視している覚醒こそ、まさしく主観の「内から」起こる最たるものであることは、もはや言を俟たない。

こうした「良心の覚醒」の教育学という側面を、忘れてはならない。もしこの点に注目しなければ、第6章でも述べたように、全体的・本来的なシュプランガー像は歪められてしまう。「良心の覚醒」の教育学の探究によってこそ、われわれは本来のシュプランガーに触れることができるであろう。ところが、その良心の覚醒の教育学とは、「主観の内なる主―客合一」という意味での「主観的精神の優位」の教育学に他ならない、と筆者は考える。

覚醒させるということは、「倫理的精神本質への核心的に操舵的な作用」であり、「目覚ますこと」、「底から揺り起こすこと」(Aufwühlen)、内部から「取り出すこと」などの言葉で説明できるであろう。しかし問題は、これらの「行為」の主体である。それは、「環境 (Milieu) だろうか。なるほど環境は、作用し影響を与えるが、それ自身はいかなる意図も意識ももっていないが故に、何も行為しない。シュプランガーは、一般に、Milieuとしての環境に対しては消極的な見解をとる。

しかし、覚醒に対する「教育的風土」(pädagogisches Klima)や「教育的雰囲気」については、高く評価している。これは、一種の「人間的環境」であり、例えばボルノーがその著 Die pädagogische Atmosphäreで詳細に論じている「教育を支える人間学的前提」としての雰囲気のようなものである。また、ペスタロッチーその人の周囲には、常にまことに温かい愛の雰囲気がみなぎっていた。そうした人間的な、あるいは倫理的な雰囲気が、覚醒の契機になることであろう。ところが、そのような雰囲気

は、しばしば人と人との「交わり」によって生み出されるものである。交わりが雰囲気を生み出し、雰囲気が交わりを促す。例えば、愛の交わりが愛の雰囲気を生み出し、愛の雰囲気が愛の交わりを促すのである。こうした交わりこそ、精神的覚醒にとってはより重要な役割を果たすといえよう。客観的・規範的な精神内容を媒介にした交わりの行為を通して、教育者主観が被教育者主観を目覚ますことができる。また、教育者の全人格が被教育者に深い影響を与え、しかも交わりのなかでのみ「典型」が体験される。

この典型とのすばらしい「出会い」について、シュプランガーは次のように述べている。すなわち、「なかんずく知っておくべきことは、自分の典型となり、自分を理解してくれ、かつ自分の最高の可能性を映し出してくれているような人物に、若い人間が出会うかどうかに以後の健やかな全発達がかかっている、そうした時期があるということである。そのような出会いは、教育における聖なる瞬間である[34]」と。これも、良心を覚醒させることができるであろう。

しかし教育する人格がいなくても、ただ書物や教材などの客観化された精神との出会いや交わりも、あるいは客観としての美しい自然との交わりもありうるし、またそれらによる覚醒も可能であろう。けれども、そうした場合でさえ、しばしば「生きた人格」（生物学的な意味に限定されない。だから、生物学的には「死んだ」人格であっても、教育学的、もしくは精神的には「生きた」人格であることもある）が、あるいは時間的に、あるいは空間的に、あるいは精神的にあまり遠くないところにいるものではなかろうか。つまり、生きた人格が、少なくとも「間接的」に教育するのではなかろうか。何らかの意味でやはり、教育者が教育すると見ることができるであろう。

たとえきわめて一般的な意味では「生活が陶冶する」は、必ずしも誤りではないとしても、「生活が倫理的に陶冶する」ということは、より困難であろう。良心の覚醒を初め倫理的な教育的行為であればあるほど、

教育者主観の果たす役割は、ますます大きくなる、といわなくてはならない。

注

1 ちなみに、その論文は『シュプランガー全集』第II巻に所収のもので、副題は「精神哲学的分析」となっている（Eduard Spranger : Das Leben bildet.—Eine geistesphilosophische Analyse, 1959. In : GS. Bd. II.)。
　その論文と次の作品とを混同せぬよう注意しなくてはならない。すなわちそれは、やはりシュプランガーによる、しかも同じ1959年公刊の『教育の思考形式』に所収の「生活が陶冶する——ペスタロッチーの"白鳥の歌"の分析——」という作品である（Eduard Spranger : Das Leben bildet.—Analyse von Pestalozzis ＞Schwanengesang＜, In : Pestalozzis Denkformen, Quelle & Meyer Verlag Heidelberg, 1959)。

2 E. Spranger : Das Leben bildet.— Eine geistesphilosophische Analyse, 1959. In : GS. Bd. II, 1973. S.147.

3 Spranger, a. a. O., S.150.
　Vgl. Spranger : Vom Wesen des Geistigen, 1962. In : GS. Bd. VI, Max Niemeyer Verlag Tübingen, 1980. S.310.

4 Spranger : Objektiver Geist, 1934. In : GS. Bd. VI, S.195.

5 Spranger : Das Leben bildet.— Eine geistesphilosophische Analyse, In : GS. Bd. II, S.149.

6 Spranger : a. a. O., S.150.

7 Spranger : Das Echte im objektiven Geist, 1952. In : GS. Bd. VI, S.250.

8 Spranger : Objektiver Geist, In : GS. Bd. VI, S.192.

9 杉谷雅文編著『現代のドイツ教育哲学』玉川大学出版部、1974年、136頁（村田　昇論文、第1章5節シュプランガー）参照。

10 Vgl. Spranger : Das Echte im objektiven Geist, In : GS. Bd. VI, S.252.

11 杉谷雅文編著、前掲書、136頁参照。

12 長井和雄著『シュプランガー研究』以文社、1973年、73-74頁。

13 同書、84頁。

14 同書、74頁。

15 Spranger : Das Leben bildet.— Eine geistesphilosophische Analyse, In : GS. Bd. II, S.156.

16 シュプランガー著、小塚新一郎訳『文化哲学の諸問題』岩波書店、1937年、

56頁。

17　Vgl. Spranger : Das Leben bildet.──Analyse von Pestalozzis＞Schwanengesang＜, In : Pestalozzis Denkformen, 3 Aufl. 1959. S.138.（吉本均訳『ペスタロッチー研究──教育の思考形式──』明治図書、1962年、163頁参照）

18　Spranger : Das Leben bildet.── Eine geistesphilosophische Analyse, In : GS. Bd. II, S.159.

19　Spranger : Das deutsche Bildungsideal der Gegenwart in geschichtsphilosophischer Beleuchtung, 1926. In : GS. Bd. V, S.96.

20　Spranger : Die Generationen und die Bedeutung des Klassischen in der Erziehung, 1924. In : GS. Bd. I, S.79.

21　杉谷雅文編著、前掲書、139頁。

22　Spranger : Das Leben bildet.── Eine geistesphilosophische Analyse, In : GS. Bd. II, S.160.

23　Spranger : a. a. O., S.161.

24　Spranger : Die moralbildende Kraft in unserem Zeitalter, 1961. In : GS. Bd. V, S.450.

25　杉谷雅文編著、前掲書、136－137頁参照。

26　Spranger : a. a. O., S.461.

27　Spranger : Volksmoral und persönliche Sittlichkeit, 1939. In : GS. Bd. V, S. 257.

28　Spranger : Das Leben bildet.── Eine geistesphilosophische Analyse, In : GS. Bd. II, S.161.

29　Vgl. Spranger : Grundstile der Erziehung, 1953. In : GS. Bd. I, S.218.

30　Spranger : Das Leben bildet.── Eine geistesphilosophische Analyse, In : GS. Bd. II, S.176.

31　Spranger : a. a. O., S.177.

32　天野正治編著『現代に生きる教育思想5──ドイツⅡ──』ぎょうせい、1982年、327頁（村田　昇論文、第9章　E.シュプランガー）。

33　Spranger : a. a. O., S.180.

34　Spranger : Volksmoral und Gewissen als Erziehungsmächte, 1948. In : GS. Bd. VIII, S.317.

第9章　シュプランガーの道徳思想における主観―客観問題

　第8章の論究に立脚して、本章では、「シュプランガーの道徳思想における主観―客観問題」の基本的構造の解明を試みたい。というのは、彼の「主観―客観関係」は何よりも彼の「道徳思想」において明瞭に展開されており、かつこの学説はシュプランガー教育思想において中心的な地位を占めると思われるからである。前章が総論であるとすれば、本章はその各論の1つの典型であるといってよかろう。

第1節　精神生活の構造と道徳との関連における主観―客観問題

　シュプランガーの場合には、前章で考察した精神生活、もしくは精神哲学の構造の基礎の上に初めて道徳思想、あるいは道徳学説が構築されていると思われる。以下において、シュプランガーの主観―客観関係に着眼しながら、あの四種の精神とそれぞれに対応するシュプランガーの各々の道徳の概念との関係を明らかにしていきたい。
　最初は、「客観化された精神」であるが、この精神の主要な例は、書物の理論的内容、活字になった詩や小説、道徳的な説話、またそれらを表現する言語、あるいはまた絵画、彫像、フレーベルの恩物、モンテッソリの教具などである。
　このように固定化され客観化された精神は、その担い手である体験能力のある主観なしには、たとえ客観的形象が永続しようと死物に等しい。前章でも述べたように、客観化された精神は、もともとは個々人によって生み出され、次にそれが具体的な形をとって個々人の生命と魂から分離し独立したものであるが、それが再びまた生きた主観的精神のなかに

受け入れられ体験され理解されなくてはならない。何故ならば、シュプランガーによれば、「精神は主観—客観関係としてのみ生命をもつ[1]」からである。

　これを教育についていえば、単に文化財や陶冶財だけでは、あるいは道徳の資料だけでは、教育活動は成立しないということである。客観化された精神を、ただ詰め込まれるのではなく、主体的に受け入れ理解する被教育者主観、及びこれを援助する教育者主観がいなくてはならない。

　それでは、上述のことをシュプランガーの道徳思想、あるいは道徳学説との関連で考えてみよう。「客観化された精神」に対応する道徳は、シュプランガー自身のいい方ではないが、「客観化された精神としての道徳」、あるいは「客観化された道徳」と呼ぶことが許されると考える。

　一例として、「モーセの十戒」をあげることができるであろう。十戒は、すでに太古以来、書き記されてきている。しかし、書き記されたものが、そのまま後のあらゆる時代とあらゆる場所に、あるいはあらゆる状況のなかで妥当する最も望ましい道徳であるとは限らないし、それどころかもし後の時代に、また異なった状況のなかで理解の仕方や使い方を誤るならば、「道徳の生きた倫理的生命にとって危険を意味しうるのである[2]」。すなわち、生きた魂と無縁なものとなり、しかも魂の息吹や躍動を押し殺してしまうようなことにもなりかねないだろう。支那の偉大な道徳の師であった孔子も、基本的には彼の文化圏のなかで、何百年来、基準的な道徳秩序としてすでに認められ求められていた「社会的道徳」を『論語』のなかに書き記したといえよう。これも、「客観化された（精神としての）道徳」の典型的な例である。

　このように書き記されたものは「主観的精神」によって受容され、支えられなかったならば、また時代と所に合ったように修正されなかったならば、ただ活字だけの理解に終わったり、道徳法則の単なる外面化と形式化ということになりやすいものである。モーセの十戒も、孔子の教えも、十分に理解され作用するためには、今日の、また各国の状況に移

し換えて考えなおされなくてはならない。それらは、その都度の現代人の主観的精神、分けてもその中核である個々人の「良心」のなかにつねに新しく手を加えてはめ込まれなくてはならないだろう[3]。もしそれができさえすれば、そうした古典的な内容は、必ずや永遠に生きて働く道徳の現実的な力となるであろう。いや、ぜひともそのようにする義務が、われわれにはあるのではなかろうか。

　さて、精神生活の全体構造における第二の側面は、「客観的精神」であった。これは「共通精神」とも「集団精神」とも呼ばれ、例えば国民精神、職業精神、階級精神、学園精神、学級精神、家庭精神（家風）などである。こうした客観的精神は、生きた個々人によってのみ、意識をもっている個々人による生活の諸関係を通してこそ、具体的に現実化されうる。前章で見たように、シュプランガーにとっては、客観的精神はただ単に客観的なものではなくて、主観―客観関係のなかで現れる生活連関を意味するということであった。

　それでは、客観的精神との関連で、シュプランガーの道徳思想について考えてみよう。「客観的精神」に対応する道徳は、「客観的精神としての道徳」、あるいは「集団（共通）精神としての道徳」と呼ぶことが許されると考える。シュプランガー自身の言葉で表現すれば、それは「個人的倫理」に対する「超個人的道徳」のことであり、「社会的道徳」とも「集団的道徳」とも、あるいは「国民道徳」ともいい換えることができる。この種の道徳は、超個人的精神の現象形式であり、個々人を広く非組織的に規制する生活秩序でもある。そうしてそれは、もともと風習、習俗、慣習、習慣などから生じたものであり、また今日もそのようなものとして存在しているといえよう。

　この種の道徳にあっては、道徳的判断を行うものは匿名の「ひと」である。「ひと」が歴史と共同生活を通じて結ばれている、特定の集団のなかで善悪、あるいは正邪の判断を下し、その結果それはしばしば「うわさ」の形で所属する成員たちを道徳的に規制するであろう。道徳は、よ

いうわさによって世間的名誉を与え、悪いうわさによって世間的名誉を剥奪するという唯一の効果的な手段を行使する。その都度の現行の道徳の要求に応じる者は、よき評判を得るし、それに抵抗する者は、みずからの世間的名誉を失うか、最悪の場合には集団から追放される。

そうした場合に、シュプランガーによれば、「価値判断はある事柄の価値とでは決してなく、つねにある人物の価値と関わっている[4]」のである。その際、価値尺度は、長い共同生活のなかで吟味され、定着してきたものであり、いわば沈澱し堆積してきたものであるといえよう。しかしそれは、当分の間はどこにも文章として定着していなかった。つまり、成文化されていない不文律、慣習法であった。それが、文字に書かれて「客観化された道徳」、あるいは「道徳的法典」になったのは、後になってからである。ちょうど言葉が先にあって、後になって文法や文章論がつくられていったようなものであろう。逆ではなかろう。

さて、第三の精神は「規範的精神」であった。この規範的精神をこそ、シュプランガーは彼の精神哲学においてことさら浮き彫りにしている。歴史的・社会的現実、あるいは傾向としての客観的精神とその上に築かれた理想的要求、倫理的指導性を意味するところの規範的精神とは厳密に区別されなくてはならない。にもかかわらず、両者は、客観化された精神と共に超個人的精神生活の構造のなかに溶け込んで1つの生命統一をなしているであろう[5]。のみならず、規範的精神は主観的精神のなかにも、あるいは入り込み、あるいは内在するであろう。

シュプランガーによれば規範的なものは、①「事柄的規範」、あるいは「事実的規範」、②「社会的規範」、③「個人的規範」、あるいは「自己形成の規範」という三種の主要形態において現れるが、それらは主としてそれぞれ、「客観化された精神」「客観的精神」（共通精神）、「主観的精神」という各領域のなかで要求される規範である[6]。

それでは次に、規範的精神との関連で、シュプランガーの道徳思想について考察を加えたい。規範的精神、分けても理想的な厳密な、また倫

理的に最も高次な規範的精神からのみ成り立っている道徳は、現実には存在しないであろう。完全に、また純粋に倫理的な狭義の規範的な道徳は、人間社会にはありえないといっていい。

しかし、一般に広狭いずれの規範的精神も前述の「客観化された精神」と「客観化された道徳」とのなかにも、「客観的精神」と「客観的道徳」とのなかにも、また後述する「主観的精神」と「主観的精神としての道徳」＝「個人的倫理」とのなかにも、それぞれ入り込んでいると見ることができるであろう。特に、それら各々の「道徳」においては、各々の「精神」以上に、規範的精神が濃密であり、規範的精神が含まれていない道徳はありえないといえよう。規範的精神が圧縮的に含まれているからこそ、道徳たりうるのである。

まず第一に、客観化された道徳との関連における規範的精神について考えてみよう。これは、「客観化された精神」に内在する規範としての「事柄的規範」のことである。その精神に「事柄的規範」が含まれていなければ、それは道徳的な内容にはなりえない。逆に、この規範が多ければ多いほど、もしくはこの密度が高ければ高いほど、「客観化された道徳」とか道徳的法典となりうるであろう。

第二は、客観的道徳との関連における規範的精神であるが、これは「客観的精神」に内在する規範としての、もしくは「共通精神」の規範としての「共同生活の規範」、換言すれば「集団精神」の規範としての「社会的規範」を意味する。そのような精神にそのような規範が含まれていなければ、そこには「社会的道徳」はありえない。逆に、そのような規範が含まれており、強く作用すればするほど、有効な「社会的道徳」となりうるだろう。

第三は、主観的精神としての道徳（個人的倫理）との関連における規範的精神であるが、これは、「主観的精神」に内在する規範、つまり「個人的規範」としての「自己形成の規範」を意味する。これを、四種の精神のなかでもシュプランガーは最も重視する。「規範的精神」は「主観的精

神」のなかにも、あるいは入り込み、あるいは内在するであろう。主観のなかでその意味が捉えられないような規範的精神は、効力がないし、無意味でもある。もし主観的精神に規範的精神、しかも倫理的な規範的精神が含まれていなかったら、そこには「主観的精神としての道徳」、すなわちシュプランガーのあの真の「個人的倫理」はありえないのである。

ところが、以上のようなさまざまな精神とそれらに対応する各々の規範や道徳は、実際には、構造的にきわめて密接に関連し合っているといえよう。いったい各々の精神とそれぞれに対応する規範や道徳の構造的関連性はどうなっているのだろうか。「主観─客観関係」とそこから生ずる四種の精神のからみ合いは、なかなか単純ではないと思われる。

こうした問題を、もう一度、客観化された精神としての「古典的なるもの」の陶冶価値を例にあげて考えてみよう。というのは、この例ほど「主─客の複雑なからみ合い」を示すことができるものはないし、かつこの例は図式的には、他の多くの場合に通じるところも多いといえるからである。

前章で見たように、シュプランガーは、古典的な作品のなかに、超時間的で永遠の価値を探究しようとする。陶冶、あるいは道徳教育においては、超個人的・歴史的内容を自覚することが大切であろう。すなわち、「規範的精神」をその中核にもっている「歴史的客観的内容」に対する畏敬の念の教育が求められる。そうして、古典的な作品自体における「主─客の合一・複合」について、シュプランガーの考え方はほぼ次の通りである。すなわち、あらゆる古典的なものは、個人的なものと一般的なものとの、具象的存在と支配的法則との複合体である。そうして、直観的なものと、常に妥当する法則とのこの結婚は、われわれが最高の意味で形式と呼ぶところのものであるということなのである。このような「形式」においてこそまさしく、「客観的な規範的精神」と「主観的精神」とが、出会い結合し融合しているのである。しかも、「客観的規範性」と「主観的能動性」との共働・調和・統一の理念こそ、陶冶の理念に他ならな

い。
　道徳教育の視点でいえば、そうした「古典的作品自体における主―客の合一」としての、客観化された道徳に内在する規範としての倫理的な「事柄的規範」と、主観的精神としての道徳（＝個人的倫理）に内在する規範としての被教育者と教育者との倫理的な「自己形成の規範」とが、結びつき融合しなくてはならないということである。すなわち、被教育者の主観が古典的作品の客観化された精神に対して「開かれており」、かつ「上への方向」、つまりよりよいもの、より価値あるものを求める主観的な「規範的精神」を自己の内部にもっていなくてはならない。少なくとも、その萌芽だけは不可欠であろう。倫理的な「自己形成の規範」の育成が、求められるのである。一方、これらを助力するのは、みずからの内部にもまた、倫理的な「自己形成の規範」としての「規範的精神」を有する、そのような教育者主観であろう。
　以上の例によっても明らかなように、シュプランガーの場合には道徳思想においても、あの四つの精神は、確かに相互にきわめて密接に構造的に作用し合い連関し合っている。にもかかわらず、規範的精神についてもやはり、「主観を起点としかつ帰着点とする主観―客観の循環関係」として、もしくは「主観を軸にしながらの主観―客観の相互関係」として捉えることができる。つまり、主観を軸にしながらの「主観的な規範的精神」と「客観的な規範的精神」との間の相互関係として捉えることができるのである。
　しかも、こうしたことは、シュプランガーにあっては「道徳教育思想」「教育思想」、また「宗教思想」についても、一貫していえることである。

第2節　社会的道徳と個人的倫理との関連における主観―客観問題

　さて進んで、上述のような主観と客観との密接な関係と複雑なからみ合いを、シュプランガーのあの道徳学説において考察してみよう。それ

はすなわち、あの「超個人的道徳」と「個人的倫理」との関係に関する理論に他ならない。先に見たように、前者は「客観的精神に対応する道徳」、もしくは「客観的精神としての道徳」のことであり、この種の道徳をシュプランガーは「社会的道徳」とも、「集団的道徳」とも、あるいは「国民道徳」とも呼んでいる。

　これに対して後者、すなわち個人的倫理は、「主観的精神に対応する道徳」、もしくは「主観的精神としての道徳」を意味する。主観的精神は、それ自身のなかに「規範的精神」、分けても倫理的な「規範的精神」をもっていて初めて、個人的倫理となりうるものである。個人的倫理とは、主観的・個人的で倫理的な規範的精神がそのなかでこそ輝き出る、自己自身の内奥の「良心」による、道徳的な価値判断と態度決定とに基づいた個人的・自律的・自己決定的な行為規制を意味する。それ故に、基本的には、規範も規則も、自己自身が自己自身に与え、自己自身から出てくるということであろう。その際、個人が社会的道徳の規則に完全に服従したとしても、彼は強制されるからではなく、その規則に対する内的尊敬のゆえに、そのようにするのである。これは、客観の主観化を意味し、社会的道徳が個人的倫理のなかに入り込んだ場合のことであり、「社会的道徳の内面的自覚」と呼ぶことができるであろう。

　これら二種の道徳の相互関係や密接なからみ合いについて、もう少し考えてみよう。何といってもまず、主観的精神としての個人的倫理は、客観的精神としての社会的道徳を基盤にして、もしくは背景にして初めて育ち発達しうるということである。個人的倫理は、道徳的真空状態のなかでは、決して生まれ育ち発達することができない。ちょうど個人がある言語圏のなかに生み込まれているように、彼は広く世間的に承認され通用している現実の具体的な社会的規範としての道徳的規範のなかに生み込まれてもいるし、またそれに従属してもいるのである。それに従えば、個人は世間に認められ、よい評判や名誉を与えられるが、逆にそれに背くと、非難され名誉を奪われ軽蔑され、時として追放されること

さえある。この種の規制によって、これまで一定の道徳的水準が維持されてきたことは、確かな歴史的事実であるといわざるをえない。社会が存続し発展するためには、伝統的遺産として継承されてきた、客観的精神としての既存の道徳が不可欠なのである。

しかし、それだけでは十分でない。「文は人なり」といわれるように、われわれが文章に表現するものは、客観としての共通な国語の法則と習慣に則りながらも、そこには主観的精神、つまりそれを書く人の独自な個性と人柄とが表現されている。しかもその際、文を書く主体は、当然のことながらあくまでも個々人である。個々人が、客観的な文章の素材を使いながら、書き始め完成させていく。客観は主観の材料にすぎない、といえなくもない。だから、文章表現においても「主観を起点とし帰着点とする主観―客観の相互作用、もしくは循環作用」が行われるといえよう。

道徳の場合にも同様に、個々人は客観的な規範的精神としての共通な集団的道徳に従いながらも、それぞれの主観的精神としての人格と個性を表現すべきであろう。このような個々人の生活態度に関わる主観的精神としての、より厳密にいえば主観的で倫理的な規範的精神としての主体的・自律的道徳が「個人的倫理」であり、人間が人格的・個性的存在である限りは、「まさしく私である私自身」の生き方としての、この個人的倫理の確立こそが最も肝要である。従って、個人的倫理と社会的道徳との間で主観―客観の相互作用をくり返しながらも、個人的倫理こそが主軸となるべきであろう。

それ故に、もし個人が客観としての既存の道徳に一方的に規制され、それにそのまま非主体的に服従してしまうとすれば、彼はまだ真に道徳的である、とはいえない。また、そういうことでは、客観的な社会的道徳自体の進歩も望まれえないであろう。客観的な規範的精神としての、あるいは社会的規範としての既存の道徳に担われながらこれを担い、さらに創造し発展させる、主観的な規範的精神としての独自な個人的倫理

を有する自律的人格としての個人が求められるのである。個人は、ただ他律的に社会的道徳に適合するだけでなく、自己の内密な良心のなかで、それを内面化し是認し尊敬しなくてはならない。「良心という主観の内なる主―客合一」（シュプランガー自身はこの通りの言葉は使用していない）が求められるであろう。

　これは「客観の主観化」であり、また「主観のなかに入り込んだ客観」であり、いわば「個人的倫理のなかに入り込んだ社会的道徳」を意味する。いやむしろ、主観が主体的自律的に客観を自己のなかに取り入れ我がものとし、個人的倫理が主体的自律的に社会的道徳を自己のなかに吸収し、摂取同化することを意味する、といった方がよいかもしれない。

　しかし逆に、それを批判、修正、改革しなくてはならない事態も生じるであろう。ブル（N. J. Bull, 1916～）によれば、「道徳的進歩は、一般に通用している道徳的おきてに挑戦する個人の自律的良心によって生み出され、かつこのような挑戦においては、社会を越えて働くところの要因がなくてはならない[7]」のである。

　一様な、伝統で規定された静止的な社会にあっては、風習に基づく集団的規範は、もちろんのこと、「当然のこと」として受け入れられるであろう。ところが、多元的でダイナミックな社会、もしくは変動する民主的な社会にあっては、事情はまったく違う。このような社会では、客観的精神としての伝統的な風習や道徳は、しばしば意味を失ってしまう。それらは、化石化して道徳的動脈硬化を起こすことさえある。このような状況でこそ、特に必要とされ期待されるものは、高い次元の主観的精神としての個人的倫理であり、個々人の目覚めた良心であるといわなくてはならない。これによる、既存の規範に対する正しい批判と抵抗も、欠かせないのである。

　しかし、ここで留意すべきは、既存の客観的な社会的規範に対して正しい批判と抵抗を行わせるものは、決して単なる主観的精神ではない、換言すれば偶然的な個人としての私ではない、つまり自分本位の利己主

義的な私であってはならない、ということである。それは、シュプランガーのいわゆる「自我」(Ich=Ego)ではなく、その純化され洗練されたものとしての高次の主観的精神である「自己」(das Selbst)でなくてはならない。この自己とは、すなわち反省的自我のことであり、低き自我を越えて上級審の性格をおびた「より高き自我」のことである。そうしてこのより高き自我、すなわち自己の中核をなすもの、あるいは主観的精神の最高峰に位置するものこそが、知・情・意のすべてを含むところの良心であるといっていい。つまり良心とは、最高の主観的精神であり、最高の自我である。

　だからシュプランガーにあっては、良心とは決して低次の主観性に傾く、自我中心的で狭隘なものではない。それどころか良心は、低次の主観的精神としての自我と独立し、それに対立しており、客観的な規範的精神の価値要求に従って態度決定をしようとする。良心の声とは、聞き流そうとしてもどうしても聞き流しえない「敵対者」の声であり、しかもその敵対者はこの私自身のなかにいるのである[8]。そうして、不正で悪い私をとがめ、罰する。しかし、「良心は原告としてだけでなく、確かに裁判官としても機能する[9]」。その時、苦悩しかつ葛藤する孤独な良心の深奥で「倫理的判断の星が輝く」ことであろう。

　先に見た主観的精神に内在する規範、つまり「個人的規範」としての「自己形成の規範」とは、真正かつ高次の「個人的倫理」における規範のことであるともいえる。これは、事柄的世界と社会的世界との要求をはるかに越えており、個人の内密性の領域における規範、もしくは内的規制機構の中心としての「良心の規範」に他ならない。個人の内奥における孤独な良心のなかでのみ、あの空間と時間を越えた規範、つまり究極的な意味関係を開く形而上的・宗教的規範もきらめくことであろう。これこそまさに最も狭義の、最も純粋な、また最も厳密な意味での規範であり、規範の極まりであり最高峰である。また、この段階の規範について「倫理的規範」「規範の規範」「当為としての規範」などの特色づけ

をすることもできる。

　まさしくこのような意味での「良心の規範」に基づいてのみ、個人は既存の社会的規範としての社会的道徳を批判したり、それに挑戦し抵抗して、自己自身の主観的な倫理に生きることができ、かつその資格があるといえよう。また、目覚めた良心の働きによって、主観におけるより高き主観がより低き主観に対して、換言すれば人格におけるより高き自我がより低き自我に対して勝利を得る限りにおいてのみ、つまり自分に勝つことができてこそ、人間は厳密な、また真の意味において「自主的」、もしくは「主体的」、もしくは「自律的」であることができる。従って、「自由」であることもできるし、自由を要求する資格もあるということになる。自由で個性的な「個人的倫理」の創造も、可能となるし、かつ大幅に許容されるべきであろう。自由や自律性は、外的・社会的に規制されなくても、自分で自分を支配し制御することができること、すなわち「自己支配」と「自制」とを不可欠の条件とするものである。

　最も完全な意味において人間的・倫理的・精神的成人性にまで到達した人間は、上述のような最高段階の主観的精神と自己と個人的良心とを、また同時に最大限の自由をももつであろう。青少年を助成してそのような人間にまで高めることが、現代教育の理想的到達目標であるといわなくてはならない。

　ところで、筆者はシュプランガーにならって「個人的良心」という言葉をくり返し使用してきたが、これは個人の深奥に宿り内在している良心、という意味において個人的なのであり、決して社会や仲間、つまり客観から孤立しているという意味ではない。主観的な規範的精神の最たるものである、あの優れた「個人的良心」を有する人間は、客観的な社会的・集団的道徳を自己の双肩に担い、かつそれを少しでも望ましいものに改善する一員となることが、みずからの「責任」であることを自覚しているのである。

　だから、主観のなかに客観が入り込んでいると同時に、客観のなかへ

と主観が働きかけ作用しているといっていい。「主観」と「客観」、「個人」と「社会」、また個人的「良心」と社会的「責任」とは２つにして１つ、車の両輪、鳥の翼のようなものであり、もしいずれか一方を欠くと、他のものはほとんど意味をなさなくなることが、目覚めた良心をもっている人間には分かっているのである。それは、社会の客観的な倫理的精神に対する責任をみずから引き受ける点に、自己の最高の名誉を見いだす人間のことである。

　責任(responsibility, Verantwortung)とは、当為的要請が内在している客観的・社会的状況を通して語られたこと、これに対して主観的精神としての人間が応える用意ができていることを意味している。それで、この「応える」という行為には、もはや社会的義務がないわけではない。それは、随意で恣意的なものではなかろう。何か重要なことや遂行すべき社会的義務が問題となり、その結果、全主観的精神と全人格との投入が必要となる場合に、人は社会的責任をうんぬんすることになるであろう。主観的精神である人間が、主体的に責任を引き受けるのは、次のような場合である。すなわち行為に先立って、行うか行わないかを、その結果をも熟慮した上でみずから自由に決断する場合であり、かつまた後になって、自分が欲し行った、あるいは思いとどまったことに対して身をもって保証する場合にである。

　責任には、大別して二種類あるといえよう。これについて、シュプランガーは次のようにいっている。すなわち、「私は下位の段階を委託の責任(ないし執行の責任)と呼び、上位の段階を主導の責任(Initiativverantwortung)と呼ぶ。後者にあって規準的なものとなるのは、もはや……『思い悩まされる義務』ではなく、何ぴとも彼をそれに強いることなしに、一般性の用件に対する世話を引き受ける貴人の自由意志である。彼には、自分には何の見返りもない奉仕を共どもに担おうとする心構えがある。それが、倫理的意味における強い肩をもっている人間である[10]」と。ここにいう主導の、つまり自発的でイニシアチブな責任を果たすことができるの

は、高次の目覚めた個人的良心をもっている人間以外にいない。彼は強制されなくても、宗教的にも政治的にも自己の良心の自由のなかで、みずからの良心の声に従うことによってのみ、社会的責任を果たすことができる。

このように、主観的精神の倫理的核心としての良心と道徳の客観的側面としての責任とは、互いに密接に関連し相互作用していると見ることができる。これもまた、確かに、「良心という主観を軸にしながらの主―客の相互作用」、あるいは「主観を起点としかつ帰着点とする主―客の循環関係」、あるいは良心と責任との主体である「主観を軸にした主―客の合一」、あるいはまた「主観の内なる主―客合一」といえるのではなかろうか。

注

1　E. Spranger : Das Leben bildet. ― Eine geistesphilosophische Analyse, 1959. In : GS. Bd. II, S.147.
2　Spranger : Menschenleben und Menschheitsfragen, 1963. S.109.
3　Vgl. Spranger : a. a. O., S.110.
4　Spranger : a. a. O., S.111.
5　村田　昇著『シュプランガー教育学の研究』（京都女子大学研究叢刊26）京都女子大学、1996年、89頁参照。
6　同書、90頁参照。
7　N. J. Bull : Moral Education, Routledge & Kegan Paul, 1969. P.36.
8　Vgl. Spranger. a. a. O., S.25.
9　Spranger. a. a. O., S.36.
10　Spranger. a. a. O., S.101.

第10章　シュプランガーの教育思想から見た良心論

　すでに、第7章で「シュプランガーの宗教思想から見た良心論」について一通りの考察を終えた。本章は、全くそれと一体のものであり、その発展であるといってもよかろう。
　先の論考が「シュプランガーの宗教的良心論」であるとすれば、本章は「シュプランガーの教育学的良心論」である。前者は後者の基盤となっており、両者は密接不可分に関連し合っていると見ることができる。両者の関連と接点としての良心論こそ、シュプランガー宗教思想とシュプランガー教育思想とを結びつける結節点であることに、筆者は着眼した。こうした視点に立って、本章では、「シュプランガーにおける良心論の教育学的考察」を試みたい。

第1節　道徳への教育

1　道徳と宗教と良心

　まず、道徳と宗教及び良心との関係について考えてみよう。これについて、シュプランガーは篠原正瑛宛の書簡に、次のように書いている。すなわち、「来世という表象を求めようとする根拠は、今日においてもなおわれわれ人間の道徳的意識（＝良心、筆者注）の内に存在しているのです。道徳的要求というものは、単に時間的・空間的なこの地上世界での関連だけで終わってしまうものではありません。もしこの地上的世界が道徳的なるものにとっての一切であるとすれば、いったい人間というものはこの世の生活をあっさりと享楽にだけ送る代りに、何故に良心の問題などに苦しめられたりするのであろうかということは、理解できなくなるのではないでしょうか？　道徳的な義務づけが存在するという事実

はすなわち、トラ︰ン︰ツ︰ェ︰ン︰デ︰ン︰ト︰（超越的）な義務づけがあるということを教えてくれるものなのです。単なる此岸の世界以上のものがなければなりません。……カントは従来のキリスト教的神話をば、ある特別な方法、すなわちもっぱら道徳的な方法によって弁護しようとしたものである[1]」（原文は適宜に漢字をかなに、また常用漢字に変えた）と。

　要するに、ここでシュプランガーは、道︰徳︰と︰宗︰教︰と︰良︰心︰が︰三︰位︰一︰体︰の︰も︰の︰であるといいたいのであろう。また、道徳の根底には良心を中核とした宗教があり、その宗教を基盤とした道徳の中核にも良心が存する、といっているのであろう。道徳にとっては、単なる空間的・時間的な水平的次元ではなく、宗教的・形而上的な深さをもった垂直的次元、つまりシュプランガーのいわゆる「形而上的次元[2]」が不可欠なのである。シュプランガーにあってはもちろん、良心もこの形而上的次元に属するものである。

2　社会的道徳と個人的倫理

　前章で述べたように、シュプランガーの道徳教育思想においても、「主観―客観関係」の基本構造は、教育思想一般、及び宗教思想一般と同じである。彼は「客観的精神としての道徳」を「社会的道徳」と呼び、「主観的精神としての道徳」を「個人的倫理」と呼ぶ。その主観的精神、あるいは個人的倫理には倫理的な「規範的精神」が含まれており、それは「良心」のなかでこそ輝くことができるであろう。またそれは、「葛藤状況」のなかで、良心による倫理的価値判断と価値感情と意志力とを結集した決断によってこそ、具体化されうるであろう。こうして、まことの個人的倫理の具体的な行為と実践とが可能となる。まことの良心は、すぐれて実践的である。

　現実の具体的な「状況」のなかでの「良心的決断」に属するものとして、判断と洞察だけでなく、あらゆる誘惑と攻撃とに耐えうる「勇気」と「力」（実践力、行動力、倫理的エネルギーなど）とが欠かせない、とシ

ュプランガーは考える³。これは道徳意識としての良心をすでに越えてはいるが、良心教育とは知・情・意、及び勇気と力とを調和的に発展させる教育であるといえる。

　シュプランガーによれば、「一般に精神に目覚めている人は誰でも、良心に耳を傾けはする。ただしばしば力が欠けていて、他の衝動の誘惑に良心の調整作用が勝つのを、助けることができない。いかにしてこの倫理的エネルギーを教え子のなかに強化することができるかが、教育の最大の神秘である」⁴。実践力は実践によって、行動力は行動によってのみ、養われ鍛え上げられる。倫理的な行為や実践は、実際に具体的な問題状況に直面してこそ、促されうるものであろう。例えば、勇気ある行為をなしうるような具体的な状況に子どもを置き、その体験をさせなければ、真に勇気ある子どもに育てることはむずかしい。これこそ「良心体験」であり、良心教育は体験なしには行われえない。もちろん、「道徳意識」が良心の核心であることに変わりはないが、良心概念をただそれのみに限定するならば、教育学的視点が欠けてしまう。

　さて、以上とも関連はするが、良心教育の主要な問題の1つは、「個人的倫理」の教育であるといえよう。個人的倫理とは、主観的・個人的で倫理的な規範的精神がそのなかでこそ輝き出る、自己自身の内奥の「良心」による、倫理的な価値判断と態度決定とに基づいた個人的・自律的な行為規制を意味する（ただ、シュプランガーにあっては、厳密には自律は「神律的自律」を意味し、従って自律良心は「神律的な自律良心」に他ならない。彼は人間社会に対しては、あくまでも個人の自律性を要求するが、神に対してはあくまでも神律的自律性を強調している）。だから、基本的には、規範も規則も、自己自身が自己自身に与え、自己自身から出てくるということであろう。その際、もし個人が社会的道徳に完全に服従したとしても、強制されたからではなく、「良心の自由」の名のもとに良心の声、あるいは内奥の神の声に耳を傾けて、そのようにしたのである。その時、彼はgutes Gewissenを経験する。社会に対して、いや何よりもあの「より

高い自己」と「神」に対して。これは、客観の主観化、すなわち良心を中核とする個人的倫理が主体的自律的に社会的道徳を自己のなかに吸収し摂取同化することを意味し、その結果として社会的道徳が個人的倫理のなかに入り込んだ場合のことであり、「社会的道徳の内面的自覚」と呼ぶことができる。これを別言すれば、「良心という主観の内なる主―客合一」といえよう。

　逆に、社会的道徳が正しいにもかかわらず、個人が正当な人格的権利を有することなく、また良心が目覚めていない状態で、あるいは単なる主観的良心しかもっていないままで、社会的規範を逸脱してしまい、罪ある反抗をする場合がある。この場合には、個人のなかで「消極的葛藤」(negativer Konflikt) が起こり、早かれ遅かれ彼は良心の呵責を感じ、いわば「社会的レベルにおけるböses Gewissen」を経験する。また同時に、自己自身の胸に手を当てて自分の行為を反省するならば、いわば「形而上的・宗教的レベルにおけるböses Gewissen」をも多少なりとも経験するともいえよう。

　他方、私利私欲のために腐敗した社会的道徳に無良心的、無批判的に服従した場合にも、しかもその際決して誰からも罪を問われることがないとしても、個人はböses Gewissenを経験するであろう。これは、明らかに「形而上的・宗教的レベルにおけるböses Gewissen」であるといっていい。

　さらに、個人がより高い倫理的意識と真正な良心とから、社会の支配的道徳に反抗し挑戦する場合がある。この時には、個人的良心と現行道徳との間で生産的な「積極的葛藤」(positiver Konflikt) が起こる。マイヤー (Hermann J. Meyer) によれば、「シュプランガーは、個人と現行道徳との間での積極的葛藤を、道徳的進歩のための決定的『原動力』であるとしている[5]」。ここでは、良心を「冒険と闘い」として特質づけることができ、良心とは「闘う良心」(kämpfendes Gewissen) を意味する。冒険と闘いは、まさに「実践」と一体のものであり、これらは「体験」を生み出す。

逆に、体験なしには、良心は育ちようがないといえよう。積極的葛藤を通して闘いを勝ち取った時には、個人は「形而上的・宗教的レベルでのgutes Gewissen」を体験する。逆に、闘いに負けた時には、böses Gewissenを体験するであろう。

シュプランガーの考え方によれば、例えばモーセの十戒や孔子の教えのような、最も古い規範的な社会的道徳も、それぞれの時代にいつか一度、個人の良心によって闘い抜かれたものであるといえる。それらは結局、個々人の良心的葛藤と良心的決断とに由来する。だから、個人的良心こそが、規範的な社会的道徳の「本来の源泉」、その「本源的な箇所」、その「創造力の源泉」であるといえる。

こうしたシュプランガーの個人的良心優位の思想的基盤は、良心の形而上的・宗教的把握に存する。シュプランガーにあっては、良心の法廷は社会を越えた法廷であり、これは哲学的な言葉では「人間のより高い形而上的自己」であり、宗教的な言葉では広狭の違いこそあれ「神」を意味する。

3　道徳教育における自由と拘束

道徳教育は「社会化援助」と「人格化援助」という2つの基本的形式によって行われるべきであろう。前者は「他律的道徳の学習援助」のことであり、後者は「自律的道徳の学習援助」のことである。そうして他律的道徳とは、外的・社会的道徳を意味し、他方自律的道徳とは「自由な自律的良心」に根ざす内的・個人的倫理を意味する。ただ、シュプランガーの場合には「自由な自律的良心」とは、「より高い自己」「形而上的なもの」「広義の、あるいは狭義の神」などに拘束された「自由な自律的良心」に他ならない。「良心の自由」とは「神に拘束された良心の自由」のことであり、それは「神律的・自律的」であるといっていい。

まず、「社会化援助としての道徳教育」は、社会的諸規範への個々人の適合、期待されている社会的役割への順応、集団的風習や慣習の同化な

どを助成する。これは社会的諸規範に他律的に服従する態度と行為への教育である。

　それに対して、「人格化援助としての道徳教育」は、道徳的不自由の段階から、良心による道徳的自己決定の段階への解放の形式である。だからこれは、個々人に自己の良心に基づいた自律的・批判的・生産的判断、道徳的態度決定と行為などの準備ができていき、かつ彼がこれらに対して有能となるよう助成しようとするのである。この個人的次元の道徳教育によって、個々人は習慣化し慣例化した行為の型や風習に対して何ら疑問をもたないままそれらを受容し踏襲することから、解放されるべきである。さらにまた、「良心の自由」のもとに、それらに対抗して批判的距離へと、道徳的自己決定と社会的諸状況の変革へと解放されるべきである。何故ならば、マイヤーもいっているように、シュプランガーの考え方に従えば「個人的良心は集団的道徳の産物、あるいは反射ではない[6]」からである。

　特に、危機の時代や世紀の転換期には、また多元的でダイナミックな社会、変動する民主的な社会にあっては、上述のような人格化の援助と個々人の良心の積極的な働きのための教育が、なおいっそう求められるといえよう。そうした時代と社会とにおける「人格化援助としての良心への教育」が特に留意すべき点は、具体的な道徳的状況とそこでの諸価値の葛藤であろう。状況と葛藤のただなかで勇敢に闘い決断する良心を育てることが求められる。これこそまさに、先の「闘う良心」に他ならない。お決り通りに進行する道徳授業は、もう過去のものだ。子どもたちは、諸価値の葛藤する状況のまっただなかに突き落とされ、存分にゆさぶられ、良心のなかで悪戦苦闘し葛藤し、最後には良心に基づいて決断する必要がある。このように、外なる葛藤をわが身に取り込んだ形での良心の内なる葛藤と決断とを通して、子どもたちは豊かな「良心経験」をすることができる。これをまた、次の葛藤状況のなかでの決断に賢くいかすことができるであろう。

第10章　シュプランガーの教育思想から見た良心論　191

　道徳教育に際して重大な危険の１つは、「社会化過剰」によって人格化と個人的良心の発達とが妨げられる、あるいは完全に阻止されるという点にある。なるほど、人間は無道徳・無良心の状態で生まれてくるのであり、この段階では道徳教育は、社会化援助としてのみ可能である。そうして以後、年齢段階と個人的発達段階とに応じて、最初はごくわずかに、その後次第に度を増して、人格化の援助によって補完され、これに置き換えられうる。しかし、個々人の行為をあまりにも後の時期に至るまで、かつ完全に習慣に即して固定し、彼を無批判的服従へと強制し、もっぱら外的支配によって「過剰適応」へとそそのかし、彼に独断的価値確信をたたき込み、彼を良心の外的操作に隷属させる場合には、個々人の人格化と良心の発達はほとんど不可能となってしまう。
　強制とか外的支配によって引き起こされる社会化過剰には、大別して二種類ある。１つは封建時代のそれであり、この場合には強制や外的支配は、文字通り権力や腕力に訴えようとし、強圧的・弾圧的である。今１つは、現代に特有なものであり、この場合には強制や外的支配は、子どもに対する世話のやきすぎや過保護・過干渉と一体になっているといえよう。きちょうめんすぎてこせこせした世話、冒険の禁止、必要以上の口出し、要するに過干渉と過保護が子どもを強く束縛し、その結果社会化過剰と過剰適応に陥らせてしまう。良心の自由を奪い、自律的良心の発達を止めてしまう。
　しかし逆に、年少の子どもに初めから、全く無拘束にまた社会的義務を課さないで好き勝手にさせておく場合にもまた、人格性と道徳性との発達、あるいは自律的良心の発達は達成されないであろう。シュプランガーにあっては、主観としての良心のなかには、少なくとも一部客観としての社会的道徳が入り込んでおり、また入り込まなくてはならないのである。かつまた、両者は相互作用をくり返すべきものなのである。シュプランガーにとって、なるほど道徳を創造する力の本来の源泉は、個人的良心ではあるが、しかしこれは、「社会的に調整された、社会の名に

おいて思考し値ぶみし行為する個人的良心」をも含んでいると見ていい[7]。しかも、子どもの発達段階の初期であればあるほど、良心を中核とする自律的な個人的倫理は、既存の社会的道徳を基盤にして、もしくは背景にして初めて発達しうる。自律的な個人的倫理は、道徳的真空状態のなかでは、決して生まれ育ち発達することができない。

　確かに、正しく適度な他律は、自律の不可欠な基礎である。自律的良心は、他律的良心から徐々に発達していくということになる。だから、N.J.ブルはG.W.オルポートを援用しながら、「『ねばならないmust』良心は、『するのが当然であるought』良心に先行する[8]」と考える。そして、発達した高い自律の段階では「外的抑制は内的抑制に譲歩する。I mustは、I oughtに譲歩する。恐怖は自重に、外的訓練は自己訓練に譲歩する。……世論の声は、良心の声に道を譲る[9]」のである。この良心こそが、自己の内なる真の自律的な、従って自由な良心に他ならない。「拘束された他律的良心」は、「自由な自律的良心」という目的に至る手段としてのみ必要であるといえよう。

　そうした子どもの発達理論からの考察は、「人は拘束される教育によってこそ、自由に到達することができる[10]」というシュプランガーの教育哲学的洞察や彼の良心論とも矛盾しないといっていい。ただ、シュプランガーの良心概念は、よりいっそう形而上的・宗教的要素が強く、これが中核となっているという違いはある。シュプランガーは、規範的な社会的道徳に対してはともかくとして、現実の社会そのものに対しては段階を追いながらも最後にはより徹底的な良心の自由と自律とを説くが、これは神律的自律の立場である。広狭いずれであれ、神に拘束された良心の自由と自律とを説いているといえる。だから、広狭の宗教心、あるいは形而上的な心を子どもに育てることによって、現実社会と大人による拘束から子どもを解放してやることを、道徳教育に求めていると見ることができるのではなかろうか。

第2節　畏敬の念への教育

1　畏敬の意味と対象

シュプランガーにあっては「畏敬」と「宗教」と「良心」とは、三位一体のものであると思われる。従って、本節では第7章の「シュプランガーの宗教思想から見た良心論」を踏まえて、畏敬の念の教育について論究したいと考える。

さて、日本語とドイツ語のいずれにおいても、「畏敬」(Ehrfurcht)という語は、「尊敬」という意味と「畏れ」という意味とが闘い合っており、相互対照的である。それは明暗の交錯、混合した感情、あるいは論理的矛盾を表している。また、畏敬は日常的なものではなくて、何か神秘的なものであろう。こうした一種宗教的なものは、現代人にとって色あせるばかりであるが、いつの世にも失われてはならない大切なものではなかろうか。畏敬は形而上的・宗教的世界から人間の内界に入ってくること、また神秘的なものとの出会いから生まれてくることを、教育者はもう一度想起すべきではなかろうか。

畏敬の感情がそれによって生まれる、神秘的なものを、まず一応外部から、客観的・対象的な側から考察したい。

最初に畏敬の対象としての人間について考えてみよう。健全な感性の人は、恐ろしい暴君などではなくて、真に尊敬に値する人物、あるいは高い人格しか尊敬したいと思わないであろう。その点では、客観としての尊敬あるいは畏敬に値する者と、主観としての畏敬の感情との間には矛盾がない。にもかかわらず、畏敬を起こさせる対象は、ただ近づいてくるのではなくて、距離をつくり、親密さや「お互いずくの態度」(Au-pair-Einstellung)を許さない。だが逆に、その偉大さと尊厳は、人を引きつけ魅惑する。

高齢者も、畏敬に値するといえよう。高齢者における人生の苦悩や重荷と闘い終わった姿、従ってたとえただ人間としての全生涯が彼に刻み

込んだ深いしわからだけでも、高齢者に対する畏敬の念は呼び起こされるべきものであろう[11]。ましてそれ以上の積極的な価値を有している、円熟した高い人格の場合にはなおさらである。

　もう1つ例をあげると、子どもも畏敬の対象であるといえよう。"赤ちゃん"を見て畏敬の感情を抱かない人がいるだろうか。いや、本来あらゆる子どもは、畏敬の感情を起こさせる。子どもも畏敬の念で見ずにはおれない「驚き」(Wunder)だからである。

　「簡単にいえば、おそらく一般的に、畏敬は人間の内なる何か神聖なものに向けられるということになろう[12]」とボルノーはいっている。われわれに何かが畏敬の念を起こさせる時には、そこには常に何か神秘的なものがあるというのである。

　さらに、畏敬の対象は、人格を越えることもある。国旗、建築物、絵画、楽器などシュプランガーのいわゆる「客観化された精神」も、また聖なる山や川、神々しい樹木、歓喜あふるる渓谷などの自然界の事物も、畏敬の対象として存在する。こうした客観と畏敬の念を感じる主観とが1つに結びつき「主観―客観の合一」が起こる。対象が人間の場合も同様である。

　畏敬の対象が人間であれ、事物であれ、問題は単に空間的・時間的に広がっているものの背後に距離を置いて横たわっている力が存在するということであり、これをシュプランガーは「形而上的力」と呼ぶ。しかし、これは個人の魂の根底、あるいは良心においてのみ感じ取られうるといえよう。

2　畏敬の念への教育と内界・良心の覚醒

　畏敬を起こさせる対象について一通り考察したところで、次に一応この精神的態度自体の特徴づけへと、それ故に客観的な面から主観的な面へと論を転じたい。

　一例として「崇高美の体験」から生まれる畏敬の念について考えてみ

よう。そのなかでも、ここでは雄大な山々を見るという単純な場合を考えてみよう。最初個人は、圧倒され、押しつぶされると感じる。しかし次に、別の偉大な精神的力を自己の内部で実感する。内的自己保存の衝動がうまく働く。しかも、外的に大きい事物の印象と自己自身の内なる胸の「驚き」(奇跡)とが、等しい背景、つまり神的根源力において合流することを、「主観と客観との一体感」として個人は予感するであろう[13]。こうして、初めは個人を圧迫しようとも、その後で個人を高め、高揚させる崇高な感情がかき立てられる。これが畏敬の念であるといえよう。個人は事実、押しつぶされるのではなく、逆説的に醇化される。その際、「感動」や「感激」が起こる。これが、シュプランガー教育学においてあれほどまでに強調されているあの「内界の覚醒」、あるいは「良心の覚醒」を生み出すと見てまず間違いなかろう。神秘主義の流れを汲むシュプランガーの良心論にあっては、「内界の覚醒」と「良心の覚醒」とはしばしば同義語と見ることができる。

対象が偉大な人物、高齢者、子どもなどであっても——主観が圧倒される程度と内容とにおいて多少の違いはあるにせよ——、基本的には上述のことが当てはまるといえよう。一般に畏敬の念は、シュプランガーやゲーテのあの「現世的敬虔」に属し、それと密接不可分の関係にある。だから、畏敬の念は、現世的敬虔を意味し、単なる日常的・地上的世界以上の何ものかに対する信仰であるといえよう。また、畏敬の念は、シュプランガー的な「神秘主義的信仰」を意味するといってもいい。いずれにせよ、畏敬の念とは、最も広義の「宗教心」であるといえよう。

ところで、本章第3節でも明らかになるであろうように、シュプランガーの形而上学と宗教思想にあっては、「畏敬―尊敬―名誉」(世間的名誉ではなく、形而上的名誉)は、三位一体のものであると見ることができる。しかも、これらと個人的良心とが、不可分の関係にある。だから、畏敬の感情を育むことが個人的良心を育むことになり、逆も真である。関連して、畏敬の念の覚醒は、良心・内界の覚醒を生み、逆も真である。そ

うだとすれば、良心教育の主要な道の1つは、畏敬の念の教育であるといえよう。

しかし、ボルノーによれば、「畏敬とは、本来教えることのできないものであり、尊いものとのふれ合いによってしか知ることができないのです[14]」。そうだとすれば、まず教育者(親や教師)が、畏敬に値する人間になることが大切である。そうして、その教育者が、子どもに畏敬の念を呼び起こすその他のさまざまな人物や事物、事柄的形象に出会わせることが求められる。例えば、価値あるよい読物・絵画・音楽などに出会わせること、キャンプなどによる自然体験学習、老人ホームや乳児院の訪問等々いろいろ工夫するとよい。

とはいえ、何といっても、教育は教育者自身にかかっている。良心教育や畏敬の念への教育については、なおさらであろう。最初に親や教師にいわば「畏敬の徳」があり、これによって次に彼らと子どもたちとの間に、相互に畏敬し畏敬される人間的な関係が育ち成立していくことが大切である。子どもたちは畏敬に値し、また同時に自分たちを畏敬してくれる親や教師と触れ合い交わることを通してこそ、自分たちの内部に次第に畏敬の感情を育んでいくことができる。

これは主として、子どもの内奥に畏敬の感情を呼び起こすこと、つまり目覚ますことではなかろうか。「畏敬は、1つのより高い感性(ein höherer Sinn)であって、人間の天性に加えられなければならぬものであり……[15]」というゲーテの言葉に対して、シュプランガーは「それが『加えられうる』というようないい方は適切でない。それは、ただ目覚まされうるだけである[16]」といっている。それ故に、シュプランガーにあっては、良心教育と同様に、畏敬の教育も、覚醒による他ないのである。まさに彼が力説するように、「教育とは常に覚醒」である。

畏敬の念の覚醒をも含めて、覚醒一般に対する「教育的風土」や「教育的雰囲気」を、シュプランガーは重視している。第8章3節でも触れたように、これは、一種の「人間的環境」であり、例えばボルノーが詳

細に論じている「教育を支える人間学的前提」としての愛、尊敬、信頼などの雰囲気のようなものである。それらに、畏敬の雰囲気も加えられるべきである、と筆者は考える。そうしたあるいは人間的な、あるいは一種宗教的な雰囲気が、教育者とその周囲にみなぎっていたならば、それが畏敬の覚醒であれ、良心の覚醒であれ、覚醒の契機になることであろう。

ところが、そのような雰囲気は、しばしば人と人との「交わり」によって生み出されるものである。交わりが雰囲気を生み出し、雰囲気が交わりを促す。従って、畏敬し畏敬されるという相互畏敬の交わりが畏敬の雰囲気を生み出し、これが畏敬の交わりを促すのである。すばらしい循環が生じる。こうした交わりが、覚醒にとっても重要な役割を果たす。客観的・規範的な精神内容を媒介にした交わりの行為を通して、畏敬に値する教育者は被教育者の畏敬の感情を覚醒させることができる。また、教育者の全人格が被教育者に深い影響を与え、しかも交わりのなかでのみ「典型」が体験される。こうした畏敬の念であおぎ見ずにはおれない典型とのすばらしい「出会い」が求められ、「かかる出会いは、教育における聖なる瞬間である[17]」。これも、確かに、良心や畏敬の感情を覚醒させることができるであろう。

さて、今日の環境に目を転じてみよう。今日多くの環境は、畏敬という感性の目覚めを妨げているように思われる。自然の喪失とそれにとって代った刺激の洪水、忙しさと落ち着きのなさ、静けさと沈思の喪失などは「心の底から揺り起こすようなまことの感動体験」と「覚醒体験」とを困難にしている。教育における静寂と沈黙の効果性が、もう一度見なおされるべきであろう。まず幼い時から子どもに、物理的にも精神的にも本当に静かな環境のなかで、自己に沈潜させ、自己自身についての「瞑想的な驚き」を体験させなくてはならない。

そうすればやがて人間は、あらゆる他の畏敬がそれに由来し、逆にあらゆる他の畏敬がそれへと流れ込む、ゲーテのあの畏敬、すなわち「自

己自身に対する畏敬」を感じることができるようになるであろう[18]。

シュプランガーによれば、ゲーテの畏敬の概念は、「アルベルト・シュバイツァーらが考えたような、生命一般に対する畏敬にきわめて近い[19]」のである。そうしてまた、シュプランガー自身の畏敬の概念にもきわめて近い、と筆者は考える。そうだとすれば、三者のいずれの思想においても、神秘的なものから現れ出て、探究しがたいものへと消え失せるあらゆる生命は、神聖そのものであり、尊厳すべきものである。ここでは畏敬は、身体的・精神的生命そのものに対する畏敬であり、高い人格や偉大なものにも、自己自身及び自己と同等なものにも、また取るに足りないと思われているものに対しても同様に作用する。いや、取るに足りないと思われているものに対してこそ、かえってより純粋に現れるともいえよう。

しかも、そうした「もの」は、もちろん人格的なものをも含むが、しかし人格的なものという範疇だけでは汲み尽せない本質、すなわち「神聖にして非合理的なもの」「道徳的・合理的価値を越えた本来のもの」「神秘的・宗教的なもの」などをも意味すると見ていい。

要するに、こうした思想の源泉は、宗教的なものである。およそ宗教の名に値するものである限り、いかなる宗教、いかなる宗派であろうとも、また神秘主義であろうとも、現世的敬虔であろうとも。シュプランガーによれば、「神の前での人間の小ささが人間を謙虚にさせ、神との内なる出会いが人間を偉大にする。こうして2つの根源感情の間に投げ入れられて、……人間は神秘的な畏敬を経験する[20]」のである。生きとし生けるすべてのものに、いなそれを越えて森羅万象に対しても畏敬の念をもつことができるようになるであろう。

第3節　人間性への教育

1　宗教的人間性と人間性の意味

シュプランガーは、基本的には「宗教的ヒューマニズム」、つまり「宗

教のヒューマニズム化」の立場をとるといえよう。この立脚地と出発点は、ヒューマニズムや人間性にではなく、むしろ宗教にあるといっていい。私見によれば、この立場が最大限に押し進められた場合に、シュプランガーのあの「現世的敬虔」という形になると思われる。

「宗教的人間性」は、「宗教的ヒューマニズム」に属し、「宗教の人間化」を意味する。この人間性には当然、宗教的・形而上的なものが含まれている。シュプランガーによれば、「人間性とはすなわち、まさに単に人間的以上のものを、最も明瞭には良心の結合（良心の神との結びつき、筆者注）において現れるような、より高い聖なる諸力のために魂の最内奥に存続する結合（神との結びつき、筆者注）を意味している[21]」のである。しかし、これをより人間的に表現するために、シュプランガーはペスタロッチーの次の言葉を援用している。「最も神的なものは、人間にとって、それが考えることのできるもののなかで最も人間的であるが故にのみ、神的である[22]」と。

これこそ、宗教の人間化であり、現世的敬虔に他ならない。シュプランガーの人間性の概念の基盤には確かに宗教があるが、彼はそれを可能な限り現世化し、現世的に表現しようとする。宗教の現世的翻訳を試みているのである。それでは、シュプランガーにとって基本的に、いったいいかにして「宗教的人間性」の内容を「現世的人間性」として表現することができるのだろうか。両者を結ぶものこそ、「良心」に他ならない。シュプランガーにあっては良心こそまさに、宗教とヒューマニズム・人間性、さらに神律と自律、越超と内在とをそれぞれ結びつける結節点、もしくは紐帯であるといっていい。

宗教的人間性、あるいは現世的人間性、あるいはまた良心の視座から見ても、いずれにせよ単純化していえば、人間性とは「人間らしさ」である。これは、人間の内部からにじみ出てくるものであり、主として「内面性」を意味する。だから、人間性を育む教育とは、人間らしさと内面性とを育む教育のことであるといえよう。また、これはあるいはほぼ「個

人的倫理性の教育」を、あるいは広義の「心の教育」を意味するものである。ただ、後に明らかにするように、内面性や心は「責任意識」へと社会的に具体化されなくてはならないことを付言しておく。

　教授や思考力の展開を通して、外界に対する視野を拡大するだけでは十分でない。もし教育が、責任をもって今後将来の文化を担い、倫理的に発展させ続けることができる諸能力を青少年に目覚まそうとするのであれば、シュプランガーも力説するように、「教育はきわめて深く内面性にまで浸透しなくてはならない[23]」のである。しかし、現代の教育は、このような深みと全く関わろうとしない。主知主義と業績という誘惑の声に惑わされて、外面的な世界にしがみついている。だから、良心教育も行われていないことになる。

2　人間性への教育の道

　シュプランガー教育思想における「人間性への教育の道」として、7つの問題をあげることができる。それらのなかでも、以下においては良心論に直接関連するところを中心に考察していきたい。

　(1)　自己省察への教育　人間らしさと内面性を育むためにも、また良心・内界の覚醒のためにも、まず「自己省察」(Selbstbesinnung) が必要であろう。人間は、特に思春期という危機的な時期に、静寂と落着きのなかで自分だけになりきる「孤独の体験」をしなくてはならない。それに属するものに「孤独な声の体験」がある。そうして、これは「良心体験」であるといっていい。何故ならば、H.J.マイヤーも述べているように、「良心とは全く孤独な声（einsame Stimme）であり、シュプランガーは良心をしばしば単に『孤独な声』と呼んでいる[24]」からである。自己省察を通してこそ、そうした孤独な声が聴き取れるようになる。魂の深奥から発する神の声さえ、聴き取れるようになるであろう。これによって人間性、いな宗教的人間性さえ育まれうるであろう。

　(2)　自尊と自己批判への教育　まず、「自尊への教育」から考えてみよ

う。誰もが自尊へと教育されなくてはならないであろう。自己自身を尊び敬い、大切にすることができない者は、人間性が豊かであるとはいえない。すなわち、人間らしい人間ではないのである。

ゲーテは『ヴィルヘルム・マイスターの遍歴時代』のなかの「教育州」において「上なるものに対する畏敬」「同等なるものに対する畏敬」「下なるものに対する畏敬」という3つの畏敬について述べ、しかもこれら3つから「自己自身に対する畏敬」という最高の畏敬が生まれるといっている。また、その逆の方向も可能であると考えている[25]。

シュプランガーは、ゲーテのこの「畏敬」の考え方から、多くを摂取している。ゲーテの各々の「畏敬」は、シュプランガー自身の「畏敬」及び「尊敬」へとつながる。だから、ゲーテの「自己自身に対する畏敬」は、シュプランガーの「自己自身に対する尊敬」に通じている。さらに、ゲーテの「自己自身に対する畏敬」とは、シュプランガーの解釈によれば、とりもなおさず「自己自身に対する名誉」なのである[26]。こうして結局、シュプランガー自身において「畏敬―尊敬―名誉」は、三位一体のものとなる。だから、「自己自身に対する尊敬」、つまり「自尊」とは「自己自身に対する名誉」を意味し、逆も真である。これは、外的・世間的名誉と対照をなす「内的名誉」のことである。

豊かな人間性を育てる教育は、外的名誉から出発してそれを手がかりとしながら、次第に「内的名誉意識」を育んでいく必要がある。人が何といおうと、自己の良心の深奥でひそかに自己を敬い、自己にプライドをもつことができるという意味での「内的名誉意識」を育み伸ばしていかなくてはならない。

上述のように、シュプランガーにあっては「畏敬―尊敬―名誉」は三位一体であるが、しかもそれらと個人的「良心」とが不可分の関係にある。従って、これらはいわば四位一体であるといえよう。だから、あるいは「内的名誉意識」を、あるいは「自尊の感情」を育むことが「個人的良心」を育むことになり、逆も真である。そうだとすれば、良心教育

の主要な道として、「内的名誉意識への教育」と同様に「自尊への教育」をあげることができる。

次に、「自己批判への教育」について考えてみよう。シュプランガーは、先の「自己省察は、もしそれが自己批判にまで至らないとしたら、何ら実際的な成果をもたらさないであろう[27]」といっている。誠実かつ謙虚に自己を批判するならば、誰もが自分をささやかなものと感じざるをえないであろう。自分を自分以上のものや偉大な作品の前に置く場合には、まして厳粛に神や仏の前に置く場合にはなおさらに、そうである。あるいは自分を下なるものや同等なるものの前に置く場合にも、自己批判をすればこそ、上下を問わず何ぴとに対しても、いな人間以外のあらゆる生命と存在に対しても、畏敬し尊敬（重）し、大切にする心で接することができるであろう。これがまことの自尊の感情を育む。この意味で自尊と自己批判は、一体のものである。

こうした自己批判は、何といっても良心によって最もきびしく行われるであろう。良心は私のより低い自我を徹底的に批判し、私を「内奥の法廷」に引きずり出す。また、良心の声とは、聞き流そうとしてもどうしても聞き流しえない私の「敵対者」の声であり、この敵対者はこの私自身のなかにいるのである[28]。この意味で「自己批判への教育」は「良心への教育」であり、「良心への教育」の方途の１つは「自己批判への教育」であるといっていい。

（3） 個人的良心への教育　「自尊と自己批判への教育」が、ごく普通の段階にとどまることなく、また単なる世俗的・水平的次元にとどまることなく、さらに徹底して「形而上的・宗教的・垂直的次元」にまで深化したものが、「良心への教育」ではなかろうか。上述のように、シュプランガーにあってはすでに「自尊と自己批判への教育」そのものが、宗教的・形而上的前提に立っているので「良心への教育」であるといえるが、ここで後者についてあらためて考察したい。

目覚めた良心なしには、人間性は考えられえないといえよう。しかし

シュプランガーによれば、「次の2つの事実には、最近ますます驚かされる。すなわち、われわれは慣行の教育学のなかで良心への教育ということを聞くことがきわめて少ないという事実である。………さらに、まさに良心は今日堕落してしまったという事実である。だから、真正な人間性が喪失し、群衆的人間性、それどころか非人間性が増大している[29]」のである。逆も真であろう。

シュプランガーは個人的良心を「内的調整器」とか「内的統制者」と呼んでいる。この自己の内なる統制者は、全く唯一無二の状況にある私に、ひそかに語りかけ働きかけるのである。だから、良心とは自己自身の内奥の声である。また、これは神の声でもある。徹底した「自己省察」と「自己批判」のなかで、この魂の深奥の声に、あるいは神の声にすなおに耳を傾けさせる教育が求められる。

先に言及したように、個人的良心は「自己自身に対する名誉」とも密接に関連している。外的名誉のためにだけ生き、それが全く法に触れることがなかったとしても、私自身の良心は満足しないであろう。あるいは良心の呵責が生じ、それはいつまでも付きまとうであろう。人間性、いな宗教的人間性の中核に位置する良心のなかでは、私の行為は、私がそれを自己自身に反して行ってしまったのであるから、拭い消すことができないのである。

(4) 責任意識への教育　シュプランガーの「個人的良心」は、個人の内奥に存在している良心という意味で個人的なのであって、決して社会や仲間から孤立していることを意味しない。まことの個人的良心を有する人間は、社会的責任を自己の双肩に担うことを自覚しているのである。「良心」と「責任」とは2つにして1つであり、いずれか1つを欠くと、他のものはほとんど意味をなさなくなるであろう。あるいは自己省察の人、あるいは自尊と自己批判の人、まして良心の人は、社会的責任をみずから主体的に引き受けることを、自己自身に対する最高の名誉と感じているであろう。まことの内面的名誉に生きる人は、同時に深く責任を

意識しているであろう。責任意識をもち、責任を担うことができるという徳性も、人間性の不可欠な構成要素である。だから、もし責任感がなければ、いかに豊かな教養があり、そこからにじみ出る品性の人であっても、まだ人間性が豊かであるとはいえない。

　例えば、いわゆる労作教育やボランティア活動、あるいは遠足、キャンプ・集団宿泊、集団でのスポーツなども、共同体精神と責任感を育むであろう。これらの体験を通してこそ、「集団のなかで責任を果たせ！」と「良心に従って汝自身を尊敬せよ！」という2つの定言的命令が、1つに結びつく。社会的責任と個人的プライドとの結合、これこそまさに真の人間性を育むものであるといえよう。これは、シュプランガーの考え方によれば、「自己責任」への教育を意味する。自己自身の良心から自己自身の内なる名誉のために、自分が共同体の仲間に信頼されることを求めるというほどまでに、自分自身を尊敬しない者にとっては、自分の前にいる人間、生きもの、事物などもまた、尊敬あるいは畏敬に値するものではないであろう[30]。これは「個人のなかでの個人と社会との合一」、つまり「主観の内なる主―客合一」を意味し、これこそまさにシュプランガーの思考形式の全体を貫く基本的特質に他ならない、と筆者は考える。

　ただ、そうした場合にも主軸は主観の中核としての良心にあり、シュプランガーは「良心の優位」を主張する。まして共同体が良心に反するものであるために、共同体と個人との間の合一が困難となり、個人的良心のなかで激しい葛藤が生じる場合には、シュプランガーはあくまでも良心に特に優位な地位を与える。これは、彼の「社会的道徳」と「個人的倫理」との関係についての図式に等しいといえよう。

　(5)　愛への教育　人間性への教育は、愛への教育ではなかろうか。そうして、愛への教育は、良心への教育ではなかろうか。

　すでに第7章2節で、「良心と愛の関係」について、一通り考察した。そこで確認できたことは、愛とは連帯であり、その愛にそむき連帯を切

断することが悪であり、そこに良心の呵責が生まれ、逆に、愛の心情と行為とのなかでは、gutes Gewissenが生まれるということであった。また、大なり小なり、愛の根底には宗教があり、愛とは宗教的な愛であり、かつ良心の規準は、愛と信仰に基づいてのみ内容あるものとなるということであった。だから、「良心―愛―宗教」は、三位一体のものであると見ていい。ちなみに、ここで愛の代りに、例えば「畏敬」や「尊敬」を代置することもできる。

さて、シュプランガーによれば、「人間性への教育は、愛への教育である」。すなわち、「人間性への教育は、人間愛と隣人愛への教育である。——これは、単なる個人主義と利己主義に対する明らかな拒絶である[31]」。従って、愛はすぐれて社会的なものである。だから、愛は責任、わけても「主導の責任」(Initiativverantwortung)と結びついている。また、愛の人とは、シュプランガーのあの生の類型の上では、他がためにのみ生きる「社会的人間」である。他がためにのみ、自由意志で責任をもって生きることこそが、人間性、いなむしろ宗教的人間性（ここだけでなく、シュプランガーの場合、人間性とはしばしば「宗教的人間性」であると解釈することができる）を特質づけるものであると見ることができる。

要するに、愛とは自分のすべてを他のために「与えること」である。「与えること」を通してgutes Gewissenが生まれ育まれるであろう。逆に、利己主義的に「奪い取る」場合には、böses Gewissenが事前に悪い行為をするなと警告し、行為中に叱責し、事後に裁き罰するであろう。

次に、愛とは「つながり」であり、「連帯」である。ペスタロッチーの説いている「身近な人間に対する愛」「狭くて近い関係としての愛」であろうと、「人間愛」であろうと同様であろう。しかしここでは、人間愛の場合について考えてみよう。人間愛とは、あらゆる人間が「同一の聖なる根源」に由来するから、あらゆる人間は、この「形而上的・宗教的連帯」の意味で尊重され、愛されるべきであるという感情であろう。あの聖なる落着きの支配のもとでは、個々人の魂の内部に「全生命の神秘的

な根源」が輝き出るであろう。そこに、一切の人間愛と人間性との根底がある。まことの人間性の内部に支配するものは、すべての人が心と心、魂と魂とで結ばれているという愛の感情であり、人間はすべて聖なる存在であるという宗教的感情に他ならない。

　さらにそれを越えて、すべての生きとし生けるもの、いな山河、岩石などに至るまでの万有に対しても、同様の感情の広がりが求められる。人間と人間とのつながり、人間と動物や植物とのつながり、人間とあらゆる存在とのつながり、それらが1つになったものとしての全宇宙的連関、その存在の根源などについて子どもが意識し目覚めることへの教育が大切である。

　こうしたつながりを意識させ、これに目覚めさせる教育は、もちろん愛への教育であるが、畏敬の念への教育でもあり、良心への教育でもあるといえよう。愛のつながりを切断することは悪であり、böses Gewissenが事前には切断するなと警告し、その行為中には叱責し、事後には裁き罰し、そこに良心の呵責が起こる。これが、根絶しがたい罪悪感にまでなることもあろう。逆に、gutes Gewissenは、事前には愛のつながりへの方向を指示し、これが実行できた時には、人間は良心の平安を体験することができる。こうした体験の積み重ねが、ますますgutes Gewissenを育んでいくであろう。反対に、böses Gewissenによる悪の自覚の体験も、人間に悪をくり返させなくさせ、人間を善へと生まれかわらせうるであろう。結局、いずれの良心であれ、良心は善への方向指示をしてくれる。シュプランガーは、良心を「操舵組織」と呼んでいるが、これは明らかに良心の「方向指示的機能」を意味する。

　ところで、教育は教育者にかかっている。教育者自身の「愛へのあこがれ」、不断の「愛の実践」こそが、今日の埋もれた人間性を蘇らせることができるであろう。深く愛を体験し実践し続ける者しか、愛へと教育することはできないのではなかろうか。「愛の体験」と「良心の体験」とは一体のものであり、教育者には両者の往復運動が求められる。のみな

らず、子どもに対してもまた、そうした往復運動をさせるように助成しなくてはならない。

(6) 全体性への教育　今日、知識の詰め込み・注入の教育から、「全人の教育」への大転換が求められている。前者は人間性を育むどころか、窒息させかねないが、後者は「豊かな人間性を育む教育」であるといえよう。

ペスタロッチーも、「諸能力の全人的調和」の実現を人間性の理想とする教育説を展開した。つまり、いわゆるあの「諸能力の調和的発展」こそが、豊かな人間性を育成することができるというのである。彼はあの3つの能力の調和を説きながらも、とりわけ「心情的（＝宗教・道徳的）能力」をこそ最も重視している。

ところが、H.G.シュトーカーによれば、「良心とは、あらゆる──知・情・意に関わる──道徳意識を自己の個々の行為のそのつど固有の全体的連関において総合的に働かせる全人格的な働きである[32]」。従って、良心とは全人的な働きであり、全人でなければ良心を働かせることができないということになる。また、シュプランガーの考え方によれば、具体的な「状況」のなかでの「良心的決断」に属するものとして、あらゆる誘惑と攻撃とに耐えうる「勇気」と「力」（実践力、行動力など）とが欠かせないのである[33]。だから、両人の見解を結びつけて、良心への教育とは、まさしく「知・情・意、及び勇気と力とを調和的に発展させる教育」であるといえよう。ただ、良心の中核は、やはり「心情」であり、「宗教・道徳的なもの」であることに変わりはない。だから、良心への教育とは、宗教・道徳的心情を中核にもっている全人の育成であるといっていい。

こうした考え方こそ、まさに上述のペスタロッチーの「諸能力の調和的発展」の教育説に対応し、ほぼ一致していると考える。

さて、シュプランガーは、全体性の原理に属するものとして「郷土科の原理」「労作の原理」「共同社会的教育の原理」、さらに「内界覚醒の原理」の4つをあげている。第四の「内界覚醒の原理」には、戦後特に人

間の内面性を強調するシュプランガーの思想が、浮き彫りにされている。これは「人間性への教育」一般、わけても「良心への教育」ときわめて密接に関連するものである。「内界の覚醒」は、しばしば「良心の覚醒」を意味するからである。第四の原理は、主として外界に関わる前の3つの原理と結合して、それらを内界へと深化させるものとして、教育の究極の原理とされている。これは、客観の主観化と内面化とを意味し、それはシュプランガー教育学一般においてしばしば確認できるが、「内界覚醒の原理」において最も徹底している。また、上述の(1)—(6)の教育もすべて、シュプランガーにあっては究極的には「内界覚醒への教育」によってこそ達成されうるものである。

　(7) 内界覚醒への教育　一般に「内界」の中核に位置しているものが「良心」であるが、シュプランガーの場合には、両者はほぼ同義語と見ていい。また「人格の内奥」「魂の深奥」「魂の根底」なども、「良心」と同義語と見なすことができる。何故ならば、シュプランガーの良心論は、神秘主義の流れを汲むものだからである。一般に神秘主義の良心概念は、キリスト教そのものの良心概念よりも広い。ただ、内界や魂の根底などと良心との用語法の微妙な違い、いや違いというほどのものではないが、ニュアンス的な違いとしては、シュプランガーも良心という語をいっそう道徳意識、あるいは善悪に関連した場合に使用していると思われる。

　さて、究極的には、内界・良心の覚醒にまで至らなければ、真に豊かな人間性は育たないであろう。内界の覚醒とは、シュプランガーにあっては、内界で価値に目覚めることであり、内界で価値に目覚めさせることであるといえよう。内界で価値に目覚めさせるためには、家庭・郷土・学校生活のなかで、生い立つ者に心の底から揺り動かされるような深い「感動体験」をさせなくてはならない。もし感動と感激が起こらなかったら、教材の価値であろうが、共同生活と責任との価値であろうが、愛の価値であろうが、その他いかなる価値であろうが、子どもの「魂の深奥」、もしくは「良心」にまで入っていくことはなかろう。いかなる知識

第10章　シュプランガーの教育思想から見た良心論　209

や能力も、まだ人間性へとつながりえない。逆の場合には、それらの価値は「魂の根底」にまで根を下ろし、子どもはそれらに目覚め、しかもより高い価値へのあこがれをも心に懐くようになるであろう。内心から悪を斥け、善を求めるようになるであろう。子どもの「価値体験能力」は深化する。これが、人間性の内なる真に価値あるもの、善なるもの、いや何か神的なものをさえ育て上げる。

　シュプランガーの内界覚醒の原理は、単なる「現世的なもの」にとどまらない。「宗教・形而上的なもの」にまで深まる。従って、先の「価値に目覚める」、もしくは「価値に目覚めさせる」という場合、それにはより高い「宗教・形而上的価値」も含まれている。シュプランガーによれば、「有用なもの、技術的なものは、常に結局は、はるかに高い価値、すなわち事物にではなくて、全く魂そのものに所属する価値を目指す奉仕価値(Dienstwert)であるにすぎない。………要するに、魂が、究極的なものと最も価値高きもの、すなわち魂の、現世的なものへよりも神的なものへの関係がより多くそのなかで現れる聖なるものに出会うということ[34]」が大切である。それは、内界覚醒の極致としての宗教的覚醒を意味する。その時こそ、内奥の良心のなかで神の声を聴き取ることができるであろう。誰も容易にその段階に達することはできないであろう。まして比較的年少の子どもは、なおさらであろう。しかし、その方向を目指しながら、あの「現世的敬虔」の立場に立って、より現世的で素朴な意味で「内面性を覚醒する」ことだけはできる。もし内界の覚醒をあきらめてしまったら、喫水のない「中途半端な人間性」しか育成できない。

　われわれは、シュプランガー教育学の随所に、覚醒させる機会と方向を見いだすことができるであろう。あるいは、そのヒントを得ることができるであろう。例えば、静寂のなかでの自然体験や静かな読書、自己省察や自己批判などが覚醒させる。また、愛で結ばれた子どもと親あるいは教師との交わりや対話などが、覚醒させる。子どもは愛されて愛することができるようになるのと同様に、愛されて愛に感動し、愛に目覚

めることができるようになるであろう。親と教師の愛と情熱が、また誠実な生き方が、子どもの内界を覚醒させる。内容豊かな教材とそれを使った見事な授業に感動し、子どもの内界が覚醒する。全力を尽した労働を通して、労働の価値に覚醒する。その他、際限なく浮かんでくるであろう。シュプランガーの思想は、構造的にすべてがすべてとつながり合っている。そのつながりを全身全霊を傾けてじっくりと追っていくならば、方法論は少しずつ見えてくるであろう。

注

1 シュプランガー著、篠原正瑛訳『文化病理学』弘文堂、1950年、195－196頁。
2 Vgl. E. Spranger : Weltfrömmigkeit, 1941. In : GS. Bd. IX, S.247.
3 Vgl. Spranger : Erziehung zur Menschlichkeit, 1953. In : GS. Bd. I, S.241. Vgl. Spranger : Der Lehrer als Erzieher zur Freiheit, 1951. In : GS. Bd. II, S.331.
4 Spranger : Der geborene Erzieher, 1958. In : GS. Bd. I, S.317.
5 Hermann J. Meyer : Der Primat des Gewissens — Die metaphysischen Grundlagen der Gewissenstheorie Eduard Sprangers, In : Walter Eisermann/Hermann J. Meyer/Hermann Röhrs（Hersg.）, Maßstäbe — Perspektiven des Denkens von Eduard Spranger, 1983. S.50.
6 Meyer : a. a. O., S.51.
7 Meyer : a. a. O., S.51.
8 N. J. Bull : Moral Education, 1969. P.25.
9 ibid. P.54.
10 Spranger : Grundstile der Erziehung, 1951. In : GS. Bd. I, S.227.
11 Vgl. Spranger : Menschenleben und Menschheitsfragen, 1963. S.79.
12 O. F. Bollnow : Die Ehrfurcht, 2 Aufl. Frankfurt am Main, 1958. S.54.
13 Vgl. Spranger : a. a. O., S.83－84.
14 O. F. ボルノー著、森田　孝・大塚恵一訳編『問いへの教育』川島書店、1978年、79頁。
15 ゲーテ著、関　泰祐訳『ウィルヘルム・マイステルの遍歴時代』（中）岩波書店、1976年、17頁。
16 Spranger : Menschenleben und Menschheitsfragen, S.88.
17 Spranger : Volksmoral und Gewissen als Erziehungsmächte, 1948. In : GS. Bd. VIII, S.317.

18　Vgl. Spranger : Menschenleben und Menschheitsfragen, S.88.
19　Spranger : a. a. O., S.88.
20　Spranger : a. a. O., S.88－89.
21　Spranger : Volksmoral und Gewissen als Erziehungsmächte, In : GS. Bd. VIII, S.313.
22　Spranger : a. a. O., S.313.
23　Spranger : Erziehug zur Menschlichkeit, In : GS. Bd. I, S.233.
24　Hermann J. Meyer : Der Primat des Gewissens ― Die metaphysischen Grundlagen der Gewissenstheorie Eduard Sprangers, In : Walter Eisermann/Hermann J. Meyer/Hermann Röhrs (Hersg.), Maßstäbe ― Perspektiven des Denkens von Eduard Spranger, S.54.
25　ゲーテ著、関　泰祐訳、前掲書、第1章、特に19頁参照。
26　Vgl. Spranger : Falsche Ehrbegriffe, 1947. In : GS. Bd. VIII, S.287－288.
27　Spranger : Erziehung zur Menschlichkeit, In : GS. Bd. I, S.238.
28　Vgl. Spranger : Menschenleben und Menschheitsfragen, S.25.
29　Spranger : Erziehug zur Menschlichkeit, In : GS. Bd. I, S.239.
30　Vgl. Spranger : Menschenleben und Menschheitsfragen, S.98－99.
31　Spranger : Erziehung zur Menschlichkeit, In : GS. Bd. I, S.243.
32　小林靖昌「シュトーカーの良心論とその問題点――『良心論概説』にかえて――」、金子武蔵編『良心――道徳意識の研究――』(日本倫理学会論集12)、以文社、1977年、137頁。
33　Vgl. Spranger : Erziehung zur Menschlichkeit, In : GS. Bd. I. S.241.
　　Vgl. Spranger : Der Lehrer als Erzieher zur Freiheit, In : GS. Bd. II, S.331.
34　Spranger : Die Volksschule in unserer Zeit, 1950. In : GS. Bd. III, S.198.

結章　良心教育の可能性について

第1節　教育の可能性について

　教育は未来を決して完全には支配できないであろう。すばらしい親による最善の教育を受けた息子や娘でさえも、予期に反して人間らしくない人間になってしまうこともまれではない。逆に、よくない親に教育されても、その子どもは人間的に優れた人になることもある。学校教育についても、計画通りにはいかないことが多い。また、教育は文化、及び文化によってつくられる人類を改善しうるであろうか。教育は未来に影響力を及ぼし、未来を形成することができるであろうか。誠実な教育意志や教育的努力よりも、他の力と要因の方が、より強いのかもしれない。

　かつて近代教育思想の台頭に伴ってあの「教育の楽観論」が、声高らかに唱えられるようになった。その「楽観論」とは、教育の力は全能もしくはそれに近いのであり、人によい教育を施しさえすれば、いかなる人間をも欲するままにつくることができるとする立場である。人間は本来「白紙」であるとするロック（J. Locke, 1632-1704）や「われわれに教育を与えよ。しからば1世紀以内にヨーロッパ人の性格を一変するであろう」と説くライプニッツ（G. W. Leibniz, 1646-1716）らは、その代表者である。さかのぼって、教育楽観論と万能論との源流は、コメニウス（J. A. Comenius, 1592-1670）であろう。

　そうした教育への楽観的信頼が全くなくなってしまったとしたら、教育の力は弱くなるばかりであろう。楽観論が力と情熱を生み出し、また技術の開発を可能にし、これが近代教育を発展させてきたといっていい。岡田渥美と田中毎実によれば、「もともと教育への楽観的信頼を欠くところでは、いかなる実践も成立し得ない。教育実践とオプティミズムは、本来的に切り離せないのである。しかし、歯止めのない無反省な楽観論

は、ついに人間の技術主義的統制や操作化への道を開くこととなる。教育万能論のこのような両義的特質は、早くもコメニウスの理論に明白に認められる。その教育目的論は別にして、彼のカリキュラム論、教授法論、学校制度論などが、近代以降における教育機会の無制限な拡大と人間形成の技術的操作化（以上傍点は筆者）とに対して、大きな弾みをつける理論的根拠となったことは確かである[1]」。傍点の箇所は、シュプランガーがその著作の至る所で最もきびしく批判することを常としている事柄である。

岡田と田中は、続いて次のように述べている。すなわち、「コメニウス理論の技術主義的で物件化的な特質は、個々の子どもや教育状況がはらみもつ固有性や独自性を無視（以上傍点は筆者）しかねない『普遍的技法』という言葉や、当時の最先端技術たる印刷術をもじって名付けた『教刷術』（didacographia）といった新造語などにも、端的に象徴されているといえよう[2]」と。ここでもまた、傍点の箇所は、シュプランガーが常にきびしく批判する事柄である。

だから、シュプランガーの立場は、コメニウス、あるいはコメニウス的なものとは正反対なのである。すなわち、無限の教育可能性を確信する近代の教育楽観論や教育万能論を支持するものではない。だからといって、例えばショーペンハウアー（A. Schopenhauer, 1788-1860）のように、「教育悲観論」の立場をとるのでもない。シュプランガーを始め、フィッシャー（A. Fisher, 1880-1937）やフリットナー（W. Flitner, 1889-1990）などにおける教育可能性に関わる論議の要点は、再び岡田と田中によれば、「教育可能性をたんに抽象的な個人的属性とは見ず、………社会文化的歴史的な相関性＝相対性の下で把握しようとした点にある。教育可能性は、社会文化的諸条件……学習者の自己教育力などとの力動的な相関から、全体的構造的に再規定されることとなった[3]」のである。すなわち、「社会文化的歴史的諸条件」のなかでの「被教育者の自己形成力」と「教育者の働きかけ」との相関が問題であるということであろう。結局、こ

れら三者の複雑微妙で不可思議な力動関係とからみ合いとによって、教育の最大の可能性から最小の可能性に至るまでの幅における特定の位置が決まるものであるといえよう。しかし、それを確実かつ正確に「予測」することは困難である。三者のうちのいずれか１つについてさえも、予測や計画的設定には限界がある。知識や技術の教育以上に、道徳教育や良心教育の場合には、その限界がはるかに大きい。しかも、３つの要因の各々から、さらにさまざまな要因が派生してくる。

　さて、上述の近代教育の楽観論や万能論とは性格を異にする「教育の狂信」に対して、シュプランガーはきわめてきびしく批判している。彼は第二次大戦後間もない頃に、東西に引き裂かれたヨーロッパ、及びドイツとベルリンとの状況のなかで、「教育の狂信」に対して警告を与えている。シュプランガーによれば、「全体主義国家が青年をいわゆる教育によってその組織のなかに押し込めようとすることは、われわれがかつて体験したことであり、また今なおそれを体験しつつある。このように全体主義国家は、そのイデオロギーに適した人間の類型を第二、第三の世代のなかに確実に産出できると信じている[4]」のである。ムッソリーニ、ヒトラー、スターリンらが、それを確信し、そのために全力を尽した。シュプランガーは、この種の教育への狂信と過信をこそ警戒しなくてはならないと力説する。

　他方では、今次の大戦直後に、アメリカを中心とした戦勝国のリーダーシップのもとで、自由主義圏の敗戦国において全国民の「再教育」(reeducation)が、強い自信をもって語られた。ドイツの教育はほとんどそれに影響されなかったが、日本に対するその影響は、まさしく絶大であった。この時にも、考えられないほど大きな教育の信頼、いや過信が支配したことになる。

　この場合も、全体主義国家の場合も、あるいは前述の近代教育についても、それぞれ内容は異なってはいるが、いずれにおいてもみな教育の「無限の可能性」が確信に満ちて声高らかに唱えられたのである。

しかし、「良心の自由」を基底とした、また「良心教育」を中核としたシュプランガーの教育学にとっては、教育的意図はそのように容易に、かつ直接的に実現しうるものではない。道ははるかに困難であろう。というのは、まことの自由を基底とした「自由への教育」、及び「良心教育」は、単なる外的力や強制によっても、また単なる技術的操作によっても行われえないからである。第8章でも見たように、それはただ、子どもの「内部から」（von Innen heraus）のみ、可能だからである。

シュプランガーは東西に引き裂かれたヨーロッパとドイツとの状況下で「未来に及ぼす教育的影響の力と限界」（戦後の主著『教育学的展望――現代の教育問題』の第一論文に所収、初版1951年）と題して、1950年に講演を行った。これは、その主著全体における論述の基調をなすものとも考えられる。この講演においてシュプランガーは、敗戦などというすべての大きな社会的政治的革命の後には、また時代の大きな転換期には、新しい人間が大至急つくられなくてはならないと主張され、人間の変革が激情的にあまりにも意図的になされようとすることに対してきびしく警戒し、真の教育と「プロパガンダ」や「暗示」などを通じて行われる虚偽の教育とを峻別している。もしもプロパガンダや暗示などが、それだけで純粋真実の教育と呼ばれうるとしたら、教育の可能性はきわめて大きいと考えてよかろう。教育万能論を積極的に支持することも容易であろう。しかし、そうはいかない。

上の講演のなかで、シュプランガーはおおよそ次のような意味のことをいっている[5]。すなわち、われわれが未来を目指すには「必然」（Müssen）と「意欲」（Wollen）と「当為」（Sollen）という3つの根本範疇があって、それらが相互に織り合わされているが[6]、「意欲せざるをえないこと」（Wollenmüssen）に決定的な意義を与えると、組織に縛られた人間（der systemgebundene Mensch）ができ、逆に「意欲すべきこと」（Wollensollen）に決定的な意義を与えると、ヒューマニズム（人文主義）とキリスト教とに基づいたヨーロッパ的人間、すなわちみずからの良心に基づいて自主的

に判断し行為する人間ができる。

　その最初の場合には、個々人は単に自動的、機械的に経過する出来事のなかに嵌め込まれている、小さな歯車だと見なされる。個々人は、巨大な歴史的文化的出来事を変更できない、宿命的なものだ、と考えるようになる。そうして、「意欲が完全に規定された必然への変化[7]」(意欲が完全に外的なものによって支配され、操縦されるようになること)がひき起こされる。だから、人間は「もはや他様には考えることができないもの[8]」(Nicht-mehr-anders-denken-können)になり、人間の画一化、平均化、機械化、群集化、従って内面性と良心との喪失が起こる。しかもその際、社会学と心理学とによる機能の確実な経過法則に基づいた「技術としての教育」が重視され、これがまたそうした問題の原因となってしまう。全体主義国家におけるイデオロギー的力は、それ以上に大きな原因である。その最大の実例を、われわれはヒトラー主義やマルクス主義に見いだす。しかし、シュプランガーの考えによれば、上述のような問題は、全体主義国家だけでなく、大なり小なりアメリカでも、また「フランス的実証主義」や「社会的技術としての教育社会学」、あるいは「近代心理学」の偏った強い影響のもとにある、多くの自由主義諸国においても見いだせる。シュプランガーは、いかなる政治体制のもとでも、今日ますます「群集的人間」が増加していることを指摘している。群集的人間とは、主体的自主的な、また自律的な良心をもっていない人間であり、しかも宗教心ももたず、現世的敬虔とさえも無縁な人間であろう。この種の人間こそ、もはや他様には考えることができず、他様には行為することができないのである。

　逆に、上述の「意欲すべきこと」に決定的な意義を求め、かつ伝統的な「ヒューマニズム」と広義の「キリスト教」とに基づいた「ヨーロッパ的人間」の場合には、みずからの良心の声に耳を傾けながら、自主的に判断し行為することができる。こうした人間類型にあっては「意欲を倫理的当為に従属させ[9]」、あるいは「必然の範囲が永遠に形而上的なもの

の範囲に従属しなくてはならない[10]」のである。それは、みずから主体的に、文化や道徳を担い操舵する人間である。「必然」だと諦めずに、また諦めさせられずに、「当為」に向かって力強く情熱を燃やして「意欲」する人間であり、かつまた内部から自主的に態度を決定する人間、自己自身の「良心の声」に聴き入り、そのなかで自身の形而上的・宗教的義務を聖なるものと自覚する人間に他ならない。こうした「ヨーロッパ的人間」にあっては、「良心」が決定的に重要な位置を占めるのである。

　しかし、シュプランガーにとって「良心の覚醒」と「良心教育」とを可能にする方途は、広義の「キリスト教」、あるいは広義の「宗教」と伝統的な「ヒューマニズム」との復活に他ならない。従って、彼は「キリスト教的ヒューマニズム」、あるいは「宗教的ヒューマニズム」を力説する。シュプランガーのヒューマニズムは、社会主義的・マルクス主義的ヒューマニズムとは正反対の特質を有するものであって、宗教の深みから湧き出た倫理であり、この倫理は確かに「プロテスタンティズムの良心原理」に基づいていると見ていい。こうした「宗教的ヒューマニズム」、また関連して広義の「神秘主義」や「現世的敬虔」によってしか、本質的な教育への道は開かれえないのではなかろうか。シュプランガーにあっては、プロパガンダや暗示、また技術的過程への編入は、決して本来の教育ではない。それどころか、真の教育の障害要因なのである。だから、これらを除去、もしくは緩和することこそが、真の教育と良心教育とを可能にする1つの道であることになる。

　教育の本来の姿に照らして見た時、われわれは「教育の無限の可能性」を信じ、「教育万能論」を支持することはできないであろう。教育の力によってのみ、本質的な文化革新を実現することはできないであろう。シュプランガーによれば、「本質的な激変が期待されうるのは、教育によってではなくて、ただ徹底的な宗教的・倫理的変化によって、いいかえるとあらゆる現実の反文化的なものを克服し、型に嵌った全文化を内部から倫理的に醇化するに足る、透徹した変化によってのみである。その時、

教育はこの精神を追い求め、この精神によって活気づけられ、みずからの務めを果たすだろう[11]。すなわち、教育の可能性は、まず宗教的・倫理的改善の可能性に規定され、かつ文化的社会的歴史的障害要因の克服にかかっているということになる。その前提に立ってのみ、次に教育そのものの可能性が具体的現実的に問われるべきであろう。

第 2 節　良心教育への道

　本章第 1 節、あるいは第 8 章や第10章などにおける考察ですでに明らかなように、良心を直接子どもにつくってやったり、植え付けることは、不可能であろう。良心教育に対しては、科学的な計画的操作や技術という意味での方法は、存在しないといわざるをえない。しかし、それへの道筋とか、広義の方途のようなものは、見いだせるのではなかろうか。

　本節では、シュプランガーを手がかりにして、そうした意味での「良心教育への道」の可能性を、良心教育と不可分の関係にあると思われる以下のような 8 つの教育の視座から探り当ててみたい。

　そのような本節の各々の事柄は、それぞれ前章の内容と対応し、密接に関連するものである。本節では、前章を踏まえながら、特に「良心教育の可能性」の視座から、もう少しだけ具体的な「方法論的な論究」を試みたい。良心教育という事柄の性質上、具体的な方法論の展開は困難か、もしくは不可能であるとしても、せめてその道筋についてもう少しだけ明瞭にしておかなくてはならない。

　なお、この第 2 節においては、中心的な論点が前章とかなり重複していることについて、あらかじめお断りしておかなくてはならない。それは確かに、筆者の研究の不十分さによるものである。しかし、この種の問題に関しては、議論を螺旋的に循環させ、円環運動の形で深めてゆくことも許されるであろう。問題と内容の性質上、直線的な論の展開がやや困難であるといえよう。

1　道徳への教育から

　道徳への教育との関連で良心教育において特に留意すべき点は、具体的な道徳的状況とそこでの諸価値の葛藤であろう。状況と葛藤のただなかで勇敢に闘い決断する良心を育てることが求められる。前章1節でも述べたように、H.J.マイヤーによれば、「シュプランガーは、個人と現行道徳との間での積極的葛藤を、道徳的進歩のための決定的『原動力』であるとしている」[12]。ここでは、良心を「冒険と闘い」として特質づけることができる。冒険と闘いは、まさに「実践」と一体のものであり、これらは「体験」を生み出す。逆に、体験こそ、厳密には「良心体験」こそ、良心教育への1つの道であるといえよう。

　現実の具体的な「状況」のなかでの「良心的決断」に属するものとして、判断と洞察だけでなく、「勇気」と「力」とが欠かせない、とシュプランガーは考える。それ故に、良心教育への道は、「知・情・意、及び勇気と力とを調和的に発展させる教育」であるといえる。もちろん、「道徳意識」が良心の核心であることに変わりはないが、良心概念をただそれのみに限定するならば、教育学的視点が欠けてしまう。

　次に、良心教育の障害要因は、過剰な強制や外的支配である。1つは封建時代のそれであり、この場合には強制や外的支配は、文字通り権力や腕力に訴えようとし、強圧的・弾圧的であり、今1つは、現代に特有なものであり、この場合には強制や外的支配は、子どもに対する世話のやきすぎや過保護・過干渉と一体になっている。いずれの場合にも、過剰な強制と支配が、子どもの自由を奪い、自律的良心の発達を止めてしまう。

　しかし逆に、年少の子どもに初めから、社会的義務を課さないで好き勝手にさせておいてもまた、自律的良心の発達は困難である。シュプランガーにあっては、主観としての良心のなかには、少なくとも一部客観としての「社会的道徳」が入り込んでいる。シュプランガーにとって、個人的良心には、「社会的に調整された、社会の名において思考し値ぶみ

し行為する個人的良心」も含まれていると見ていい[13]。要するに、「社会的道徳」の学習援助が適切に行われなかったとしたら、「個人的倫理」の中核としての良心の発達もむずかしくなるのである。だから、良心教育への道の1つは、適度で適切な「社会的道徳の教育」であるといえよう。

2　畏敬の念への教育から

　畏敬の対象は、日常的なものを越えた何か神秘的なものであるが、これが個々人を高め、高揚させる崇高な感情をかき立てる。人は一種宗教的なものに圧倒され魅了され引きつけられながら、醇化される。その際、「感動」や「感激」が起こる。これが、あの「内界の覚醒」、あるいは「良心の覚醒」を生み出すと見てまず間違いなかろう。

　ところで、やはり前章3節で述べたように、シュプランガーの形而上学と宗教思想にあっては、「畏敬－尊敬－名誉」は、三位一体のものである。そうして、これらと個人的良心とが、不可分の関係にある。だから、畏敬の感情を育むことが個人的良心を育むことになり、逆も真である。関連して、畏敬の念の覚醒は、良心・内界の覚醒を生み、逆も真である。そうだとすれば、良心教育の主要な道の1つは、「畏敬の念への教育」であるといえる。

　しかし、O.F.ボルノーによれば、「畏敬とは、本来教えることのできないものであり、尊いものとのふれ合いによってしか知ることができないのです。」[14]。そうだとすれば、まず教育者が、畏敬に値する人間になることが大切である。そうして、その教育者が、子どもに畏敬の念を呼び起こすその他のさまざまな人物や事物、事柄的形象に出会わせることが求められる。これらによって、良心教育も可能となる。

3　自己省察への教育から

　良心教育、最終的には良心・内界の覚醒のためには、「自己省察」も必要であろう。人間は、静寂と落着きのなかで自分だけになりきる「孤独

の体験」をしなくてはならない。孤独には、明るく積極的な意義を有するものと、逆に暗く消極的なものとがあるが、ここでは、またシュプランガーの思想一般においても、孤独とは前者を意味する。こうした孤独の体験のなかでこそ自己省察、あるいは自省が生まれる。

ところが、その孤独の体験に属するものに「孤独な声の体験」がある。そうして、これは、「良心体験」であるといっていい。何故ならばマイヤーも述べているように、「良心とは全く孤独な声であり、シュプランガーは良心をしばしば単に『孤独な声』と呼んでいる」[15]からである。静寂のなかでの自己省察を通してこそ、そうした孤独な声が聴き取れるようになる。つまり魂の深奥から発する良心の声、いな神の声さえ聴き取れるようになるのであろう。その時にこそ、「良心の覚醒」も可能なのである。また、畏敬の念や宗教心も育まれるであろう。たとえ、それが神秘主義的なものであろうと、あるいは現世的敬虔に属するものであろうと。

4　自尊と自己批判への教育から

すでに見たように、シュプランガーにあっては、「畏敬―尊敬―名誉」は三位一体のものであるから、「自己自身に対する尊敬」、つまり「自尊」とは「自己自身に対する名誉」を意味し、逆も真である。これは、外的・世間的名誉と対照をなす「内的名誉」のことである。自尊も、もちろん「内面的・形而上的自尊」である。しかも、シュプランガーにあっては、「畏敬―尊敬―名誉」と「個人的良心」とが不可分の関係にある。従って、これらはいわば四位一体であるといえよう。だから、あるいは「内的名誉意識」を、あるいは「自尊の感情」を育むことが「個人的良心」を育むことになり、逆も真である。そうだとすれば、良心教育の主要な道として、「内的名誉意識への教育」と同様に「自尊への教育」をあげることができる。その際、こうした教育は、神秘主義、あるいは現世的敬虔、あるいはまたキリスト教や仏教などのような既成宗教との関連において行われる必要があるといえよう。少なくとも、最も広義の普遍的な

現世的敬虔の立場に立って、そうした教育を行う必要がある。

　次に、「自己批判への教育」について考えてみよう。シュプランガーは、先の「自己省察は、もしそれが自己批判にまで至らないとしたら、何ら実際的な成果をもたらさないであろう」[16]といっている。誠実かつ謙虚に自己を批判するならば、誰もが自分をささやかなものと感じざるをえないであろう。これがまことの自尊の感情を育む。この意味で自尊と自己批判は、一体のものである。つまり、世間的な意味では、両者は対立概念であるが、形而上的、あるいは宗教的には一体のものなのである。

　まことの自尊と自己批判の正反対は、うぬぼれと傲慢であるが、これは虚偽の名誉心によって生み出されると思われる。誠実な人間らしい生活態度、あるいは良心的な生き方は、まことの健全な名誉感情ではなくその正反対の間違った名誉欲によって、しばしば抑圧されている。シュプランガーもいっているように、「人間性が過度な名誉欲によっていかに多くの損傷を被ってきたかは、想像を絶するものがある」[17]。ここで、「人間性」の語にかえて「良心」を代置することが出来るであろう。何故ならば、彼の場合には人間性の中核は良心に他ならないからである。そうだとすれば、その引用文は、世間的な虚偽の名誉欲、あるいは功名心が良心教育の大きな障害となっていることを述べている、と読み取ることができる。こうした状況を改善しない限り、良心教育の見通しは立たないであろう。

　ところで、前述の「自己批判」と「良心」との関係であるが、「自己批判」は何といっても「良心」によって最もきびしく行われるであろう。第7章1節でも述べたように、より高い自我の中核としての良心は、私のより低い自我を徹底的に批判し、私を「内奥の法廷」に引きずり出す。また、良心の声とは、聞き流そうとしてもどうしても聞き流しえない私の「敵対者」の声であり、この敵対者はこの私自身のなかにいるのである[18]。この意味で「自己批判への教育」は「良心教育」であり、「良心教育」の方途の1つは「自己批判への教育」であるといっていい。

5　責任意識への教育から

　シュプランガーの「個人的良心」は、決して社会や仲間から孤立していることを意味しない。「良心」と「責任」とは車の両輪・鳥の翼のように2つにして1つであろう。責任意識をもち、責任を担うことができるという徳性も、良心的人間性の不可欠な構成要素である。だから、もし責任感がなかったとしたら、他の面では全く良心的であったとしても、人はまだ真に良心的であるとはいえない。

　まことの個人的良心は、ただ単に、また常に個人の全くの内面からのみ生まれるのではない。しばしば社会的責任の自覚から生まれ、育まれるものである。それ故に、良心教育の主要な道の1つは、「責任意識への教育」であるといえよう。子どもたちに社会的責任をみずから進んで主体的に引き受けさせることを通して、良心教育を実践していかなくてはならない。具体的な責任の体験を通してこそ、「集団のなかで責任を果たせ！」と「良心に従って汝自身を尊敬せよ！」という2つの定言的命令が、1つに結びつく。社会的責任と個人的プライドとの結合、これこそまさにまことの良心を育むものであるといえよう。

　しかし、そうした場合にも主軸は主観の中核としての良心にあり、シュプランガーはあくまでも「良心の優位」を主張する。実際、自己自身の良心から自己自身の内なる名誉のために、自分が共同体の仲間に信頼されることを求めるというほどまでに、自分自身を尊敬しない者にとっては、自分の前にいる人間、生きもの、事物などもまた、尊敬あるいは畏敬に値するものではないであろう[19]。これは、自尊と良心とを軸にした「個人のなかでの個人と社会との合一」、つまり「主観の内なる主－客合一」を意味する。これこそまさにシュプランガーの思考形式の全体を貫く、また本論文全体を貫く基本的特質に他ならない。

6　愛への教育から

　愛への教育も、良心教育の道へとつながるのではなかろうか。第7章

２節と前章３節でも触れたように、愛の根底には宗教があり、愛とは宗教的な愛であるといえる。何といってもペスタロッチーにおいて、その典型を確認できるであろう。ペスタロッチーの愛の思想を自身のなかに深く学び取っている、シュプランガーの場合にも、考え方は全く同様である。しかも、すでに見たように、「良心－愛－宗教」は、三位一体のものであった。

　それ故に、良心教育は、１つには「宗教への教育」、いなむしろシュプランガーの場合にはあの「現世的敬虔」とも結びついた「宗教的なものへの教育」である。また、１つにはこれと不可分の意味で「愛への教育」である。すなわち、良心教育は、人間愛と隣人愛への教育であろう。そうして、第７章２節のあの金子武蔵からの引用文でも明らかなように、このような愛は連帯そのものだから、単なる個人主義と利己主義に対する明らかな拒絶を意味する。つまり、愛はすぐれて社会的なものである。従って、愛は責任とも結びついている。シュプランガーは責任を大別して、下位の段階を「委託の責任」（Auftragsverantwortung）、ないし「執行の責任」（Ausführungsverantwortung）と呼び、上位の段階を「主導の責任」（Initiativverantwortung）と呼んでいる[20]。後者は「発意の責任」、もしくは「自発的責任」と呼んでもいい。この種の責任こそ、愛に直接結びつくといえる。

　愛の人とは、シュプランガーのあの「社会的人間」である。他がためにのみ、自由意志で責任をもって生きることこそが、愛の人、及び「良心的人間」を特質づけるものであるといえよう。要するに、愛とは自分のすべてを他のために「与えること」である。「与えること」を通してgutes Gewissenが生まれ育まれるであろう。逆に、利己主義的に「奪い取る」場合には、böses Gewissenが警告し、叱責し、裁き罰するであろう。

　次に、愛とは「つながり」であり、金子の語では「連帯」であった。「身近な人間に対する愛」であろうと、「人間愛」であろうと同様であろう。

まず、前者から考えてみよう。シュプランガーによれば、「自愛を完全に拭い去る一般的な人間愛のようなものは、およそこの世には存在しないし、また将来も存在することはないであろう」[21]。遠くの人たちに対する抽象的で一般的な人間愛のみを説く哲学者は、家族や隣人などという私に最も身近な人間に対する愛を、また自己自身に対する愛をも忘れているであろう。シュプランガーによれば、「私の最も身近な人とは、どこでも、単に『隣接』しているだけでなく、私に関わり合っている人のことである。その言葉は二義的である。すなわち、私と関わる人間、私と共に関わり合う人間、私でもある人間である(後の傍点は筆者)。さらにそれは、私に頼み込む人間である」[22]。例えばここで、「私」を母、「私の最も身近な人」をその幼子であるとしよう。両者は「関わり合って」おり、母と子は一心同体であり、だから母にとってわが子はわが身でもある人間である。そういう母を子どもは、誰よりも信頼し、従って母に「頼み込む」であろう。これこそが、最も近き愛の典型であり、自愛と他愛との融合である。自尊がなければ、他人を尊敬できないように、自愛と他愛も一体のものではなかろうか。

これをわれわれは、ペスタロッチーのあの「生活圏の原理」のなかに読み取ることができるであろう。そこでは、母の愛から幼子のなかに生まれた愛の芽が、子どもの生活圏の拡大に伴ってやがて順次家族全体、郷土、学校、職場、国家へと同心円的に広がっていく。このように愛への教育は、従って良心教育もまた、狭くて近い関係としての愛を育むことから、次第に広くて遠い関係としての人間愛を育むことへと広がっていくべきである。ものには順序がある。

しかし、全宇宙的に見れば、森羅万象においてすべてがすべてとつながり合っている。「人間愛」とは、あらゆる人間が「同一の聖なる根源」に由来するから、あらゆる人間は、この「形而上的・宗教的連帯」の意味で尊重され、愛されるべきであるという感情であろう。そこでは、個々人の魂の内部に「全生命の神秘的な根源」が輝き出るであろう。そこに、

一切の人間愛と「良心」との根底がある。まことの愛と良心との内部に支配するものは、すべての人が心と心、魂と魂とで結ばれているという感情であり、しかも人間はすべて聖なる存在であるという一種の宗教的感情に他ならない。さらにそれを越えて、万有に対しても、同様の感情の広がりが求められる。全宇宙的連関、その存在の根源などについて子どもが意識し、また「目覚める」ことへの教育、つまり覚醒への導きが大切である。こうした教育は、もちろん「愛への教育」であるが、「畏敬の念への教育」でもあり、「良心教育」でもあるといえよう。あるいはまた、「道徳への教育」や「宗教的な教育」でもあるといえよう。それらは、決して同じではないが、構造的に関連し合っている。

　次に、近代文化に目を向けてみよう。そこには、もはや静寂も落着きもゆとりもない。家族は共同体の特質と愛の温もりを失ってしまい、自然は産業と効用との手段と化し、経済中心に世の中が動き、生活全体がきわめて機械的になってしまった。シュプランガーによれば、「われわれは、われわれの生存を根底から支えるものについて、もはや何も知っていない。われわれ相互の交際はもはや愛ではなく、金でなされている。……金が精神を、すなわちいにしえの敬虔な愛の精神を窒息させてしまっている」[23]のである。これは、全く最近のわが国についていえることである。いったい何のための近代であったのか。愛を喪失した文化状況のなかでは、愛への教育は、きわめて困難であろう。愛への教育も、だから良心教育も、近代文化の改善と同時に行われなければ、効果的でない。

　にもかかわらず、教育は教育者にかかっている。教育者自身の「愛へのあこがれ」、不断の「愛の実践」こそが、子どもの良心を覚醒させることができるであろう。深く愛を体験し実践し続ける者しか、愛へと教育することはできないのではなかろうか。「愛の体験」と「良心の体験」とは不可分の関係にあり、教育者には両者の往復運動が求められる。

7　全体性への教育から

　この教育、つまり「全人への教育」も、良心教育への主要な方途の1つであろう。すでに第7章1節や第10章3節で述べたように、良心とは全人的な働きであり、全人でなければ良心を働かせることができないということであった。それ故にこそ、人間の全体性の育成を目指す「全人への教育」は、「良心教育」の道へとつながるのである。そうして、結局、良心教育とは、宗教・道徳的心情を中核にもっている全人の育成であるということであった。すなわち、良心教育の主要な方途の1つは、宗教・道徳的心情の陶冶を中心にした全人の育成にあるということなのである。

　ちなみに、「全人への教育」の正反対は、「知識の詰め込みと注入の教育」、つまり「主知主義の教育」である。これが緩和され、改善されない限り、良心教育はきわめて困難であるといわざるをえない。良心教育には、良心を教え込み植え付けるというような、直接的方法は通用しない。徐々に外堀を埋めることが、最も確実な方法であろう。障害要因を除去し、本来の正しい教育へと軌道修正していく他ないのではなかろうか。

8　内界覚醒への教育から

　シュプランガーにあっては、あの「内界覚醒の原理」は、あらゆる教育を内界へと収斂させ深化させるものとして、教育の究極の原理とされている。上述の「1－7」の教育もすべて、彼にあっては究極的には「内界覚醒への教育」によってこそ達成されうるのである。この意味で彼は、「教育とは常に覚醒である」[24]とまでいっている。特に良心教育こそ、結局は覚醒による他ないとしている。また、覚醒への教育そのものが、そのまま良心教育であると考えている、と見てよかろう。

　前章3節でも述べたように、用語上、一般に「内界」の中核に位置し道徳意識と強く結びついたものが「良心」であるが、シュプランガーの場合には両者はほぼ同義語と見ていい。また、「人格の内奥」「魂の深奥」「魂の根底」なども、「良心」とほぼ同義語と見なすことができる。

さて、「内界の覚醒」のためには、家庭・郷土・学校生活のなかで、子どもたちに魂の底から揺り動かされるような深い「感動体験」をさせなくてはならない。もし「感動」と「感激」が起こらなかったら、いかなる価値も、子どもの「魂の深奥」、もしくは「良心」にまで入っていくことはなかろう。いかなる知識や能力も、まだ良心へとつながりえない。逆に、感動と感激が起こった場合には、あらゆる価値は「魂の根底」にまで根を下ろし、子どもはそれらに目覚めるであろう。子どもの「価値体験能力」は深化する。これが、内界にまどろんでいる真に価値あるもの、善なるもの、いな何か神的なものをさえ目覚めさせるであろう。たとえ、感動と感激が、それらの十分条件ではないとしても、少なくとも必要条件であることだけは確かな事実であろう。

　前章でも述べたように、シュプランガーの内界覚醒の原理は、単なる「現世的なもの」にとどまらない。さらに、「宗教・形而上的なもの」にまで深まる。従って、より高い「宗教・形而上的価値」の覚醒も求められる。魂が、究極的なものと最も価値高きものに、すなわち魂の、現世的なものへよりも神的なものへの関係がより多くそのなかで現れる聖なるものに出会うということが大切である。それは、内界覚醒の極致としての宗教的覚醒を意味する。その時こそ、内奥の良心のなかで神の声を聴き取ることができるであろう。誰も容易にその段階に達することはできないであろう。しかし、その方向を目指しながら、少なくともあの「現世的敬虔」の立場に立って、より現世的で素朴な意味で「内面性を覚醒する」ことだけは可能であろう。もし内界の覚醒をあきらめてしまったら、良心が眠ったままの人間しか育成できない。

　さて、第8章3節、及び第10章2節で述べたように、内界・良心の覚醒を初め、畏敬の念の覚醒やその他諸々の価値の覚醒などをも含めて、覚醒一般に対する「教育的風土」や「教育的雰囲気」を、シュプランガーは重視している。そうしたあるいは人間的な、あるいは一種宗教的な雰囲気が、教育者とその周囲にみなぎっていたならば、それが良心の覚

醒であれ、畏敬の覚醒であれ、愛の覚醒であれ、覚醒の契機になることであろう。

　ところが、そのような雰囲気は、しばしば人と人との「交わり」によって生み出されるものである。交わりが雰囲気を生み出し、雰囲気が交わりを促す。こうした交わりが、覚醒にとっても重要な役割を果たす。客観的・規範的な精神内容や文化財を媒介した交わりの行為を通して、愛や畏敬に値する教育者は、被教育者の愛や畏敬の感情、いな良心をさえ覚醒させることができる。比較的年少の子どもの場合には、よりいっそう一般的な意味での「発達の援助」を通して、覚醒させることができるであろう。また、幼児期の教育では、遊びのなかにも、覚醒の機会はあるといえよう。それらいずれの場合であれ、また被教育者の年齢にかかわらず、教育者の全人格が被教育者に深い影響を与え、しかも交わりのなかでのみ「典型」が体験される。こうした典型とのすばらしい「出会い」もまた、確かに、良心や畏敬の感情を覚醒させることができるであろう。そうした出会いは、聖なる一種宗教的なものである。あるいは、これを形而上的なものといってもよかろう。

注

1　岡田渥美編『人間形成論──教育学の再構築のために──』玉川大学出版部、1996年、31頁。
2　同書、31頁。
3　同書、31−32頁。
4　E. Spranger : Macht und Grenzen des Einflusses der Erziehung auf die Zukunft, 1950. In : GS. Bd. I, S.190.
5　長田　新著『教育哲学』岩波書店、1963年、227−228頁参照。
　　E. シュプランガー著、村田　昇・山邊光宏共訳『教育学的展望──現代の教育問題──』東信堂、1987年、243頁（村田　昇による「訳者あとがき」）参照。
6　Vgl. Spranger : a. a. O., S.191.
7　Spranger : a. a. O., S.197.
8　Spranger : a. a. O., S.195.

9 Spranger : a. a. O., S.197.
10 Spranger : a. a. O., S.199.
11 Spranger : a. a. O., S.203.
12 Hermann J. Meyer : Der Primat des Gewissens — Die metaphysischen Grundlagen der Gewissenstheorie Eduard Sprangers, In : Walter Eisermann/Hermann J. Meyer/ Hermann Röhrs (Hersg.) Maßstäbe-Perspektiven des Denkens von Eduard Spranger, 1983. S.50.
13 Meyer : a. a. O., S. 51.
14 O. F. ボルノー著、森田　孝・大塚恵一訳編『問いへの教育』川島書店、1978年、79頁。
15 Meyer : a. a. O., S.54.
16 Spranger : Erziehung zur Menschlichkeit, 1953. In : GS. Bd. I, S.238.
17 Spranger : a. a. O., S.238.
18 Vgl. Spranger : Menschenleben und Menschheitsfragen, 1963, S.25.
19 Vgl. Spranger : a. a. O., S.98−99.
20 Spranger : a. a. O., S.101.
21 Spranger : Erziehung zur Menschlichkeit, In : GS. Bd. I, S.243.
22 Spranger : Menschenleben und Menschheitsfragen, S.19.
23 Spranger : Erziehung zur Menschlichkeit, In : GS. Bd. I, S.245.
24 Spranger : Der geborene Erzieher, 1958. In : GS. Bd. I, S.286.

付論Ⅰ　シュプランガーのソクラテス観
　　　――良心の覚醒を中心にして――

　本稿では、シュプランガー（Eduard Spranger, 1882－1963）がどのようにソクラテス（Sokrates, 前470－399）を理解し受容したのか、またどのように彼の思想をみずからの教育学の主要な構成要素や支柱にしてきたのか、ということについて明らかにしたい。その際、問題を限定して、特に「良心の覚醒」を中心に考察する。何故ならば、これこそシュプランガーがソクラテスから学び取ったもののなかで最大のものであり、かつシュプランガー教育学において中心的な位置を占めているからである。もちろん、シュプランガーは「良心の覚醒」の教育学をソクラテスからのみ受容したのではないが、やはりその構成要素として一つソクラテス的なものがきわめて大きいことに注目しなくてはならない。
　なるほどシュプランガーは、教育とは「発達の援助」と「文化財の伝達」と「良心の覚醒」であるとしてはいるが、しかし「教育とは常に覚醒である[1]」と力説している。特に、良心教育こそ、他の二つと関連しながらも、結局は覚醒による他ないと考えている。また、覚醒への教育そのものが、そのまま良心教育でもあると考えている、と見てよかろう。
　なお、用語上、一般に「内界」の中核に位置し、道徳意識と呼ばれるものが「良心」であるが、シュプランガーやソクラテスの場合には両者はほぼ同義語と見てよかろう。さらに、「人格の内奥」「魂の深奥」「魂の根底」等々も、「良心」とほぼ同義語と見なすことができる。何故ならば、シュプランガーやソクラテスの良心論は、広い意味で神秘主義的であり、一般に神秘主義的な良心概念は、現世的敬虔の性格をもっており、キリスト教そのものの良心概念よりももっと広いからである。本稿における良心概念も、最も広いものであり、従って「良心の覚醒」と「内界の覚

醒」(あるいはその他さまざまな類似の表現)とは意味的にほぼ等しいものである。

I　良心の覚醒の元祖としてのソクラテス

シュプランガーによれば、「キルケゴールが、人間覚醒(Menschenerweckung)の領域において、ソクラテスをイエスのすぐ次に偉大な人物である、といったのは正しい[2]。なるほどソクラテスは、イエスとは対照的に現世的・哲学的な覚醒者ではあるが、しかし神秘主義的な「鋭い宗教的感覚」の持主でもあった。こうした意味での「ソクラテス的なものを全く自己の内部にもっていない者は、決してまことの教育者ではない[3]」と、シュプランガーは確信している。

ソクラテスのような歴史に残った偉大な教育者は、ただ読んだり書いたりしたのではなく、みずからの全本質を魂と魂との火を吐くような、感動的な触れ合いに投入したのである。魂、あるいは良心の閃光(Funke)を飛ばしたのであり、西欧におけるその最初の発火は、確かにソクラテスであったといっていい。だから、彼は西欧では「良心の覚醒」の元祖であるといえる。

ところで、人間は生き方によって死に方が規定され、逆に死に方によって生き方が真に深く理解できるのではなかろうか。シュプランガーによれば、「ソクラテスの後々にまで及ぶものすごい影響力の主要な理由は明らかである。すなわち、われわれが知る限りでは、この人物はみずからの誠実な哲学的確信から自由意志で死を引き受けた、西欧における最初の人だからである[4]」(傍点は筆者)。祖国、民族の神などのために死ぬことは、まれではなかった。しかし、ソクラテスのように、時の権力者に頼んで死刑を免れることもできたにもかかわらず、自己の信念と精神的な在り方のために、みずからの生命を犠牲にするということは、西欧古代では前代未聞であったといえよう。

ここで、われわれが想起するのは、その400年後に全人類の魂を最も深

く揺り動かし、覚醒させた、イエスの十字架上の死である。ソクラテスとイエスのいずれの場合にも、問題は「人間の内密な内面性」(die intime Innerlichkeit des Menschen)、すなわち「良心」と「魂」に他ならない。両人の生き方と死に方においても、また人間の覚醒者である「人類の教師」としても、そうなのである。

　こうしたソクラテス的な「良心的確信」を、シュプランガーは自己の道徳学説に摂取し、我がものにしていると思われる。だから、彼は「社会的道徳」よりも、良心を中核にもち良心に基づくあの「個人的倫理」をいっそう重視し強調した、と見ることができる。その際、もちろん、ソクラテスだけを摂取し、我がものにしたのではない。他の多くの人物やキリスト教思想なども加わり合流して、シュプランガーの「個人的倫理」の学説が形成されたことは、確かであろう。ただ、ここでも他の箇所でも、本稿では問題を限定して、常にソクラテスとの関連で考察することを再確認しておかなくてはならない。

　しかし、これはシュプランガーのソクラテスからの受容がきわめて部分的で、小さいことを意味しない。それどころか、彼は本当にソクラテスを主観化・内面化し、我がものにしている。彼は歴史的実証主義の立場に立ってソクラテスを客観的に論証するというよりも、自己自身のソクラテスをもっている。そのシュプランガーは、われわれにも、この古代の賢者と内面的に出会い、自身のソクラテスをもつように促している。そうして、彼を追体験・共体験してもらいたいと考えている。シュプランガーによれば、私シュプランガーのソクラテス論を読んでいる「読者はまず一度、自己自身を哲学的不安に陥らせなくてはならない。これは、あの不思議な人物に近づくための前提である[5]」。というのは、ソクラテスは固定的な真理を伝達する教師としてではなく、「偉大な質問者」(der große Frager) として、われわれに出会い、われわれを動揺させるからである。彼は、ただ知識を教えるだけの教師ではなく、真の教育者としてわれわれを内的に変化させるであろう。われわれを覚醒させ (erwecken)、動揺さ

せ (erschüttern)、われわれに電撃を加える (elektrisieren)。ちょうど古代のアテネで、ソクラテスが青年たちに対して行った通りであるかのようにである。

　シュプランガーの独自なソクラテス理解について、もう少し考えてみよう。シュプランガーは「もし自己がある人間の精神的・倫理的水準にまで高まることができなければ、人はどんなに望んでも、その人間の本質にまで入り込むことはできない[6]」といっている。これは、対象の人物を真に主観化・内面化し、我がものにするということでもあり、また真に人間にならなければ、人間は理解できないという意味でもあり、シュプランガー自身の不動の確信である。そうして、彼自身の人間理解の実践原理であり、同時に彼の精神科学的教育学の原理でもある。もしそうしたことを言葉通りに理解するとすれば、ソクラテスを完全に我がものにし、またちょうどその人格にまで到達しなければ、彼は真に深く理解できない、ということになるだろう。しかし、これはできるだけ近づく努力をするとか、あるいはその方向に向かって動いているとか、というようなことで許されると考えることができるであろう。シュプランガー自身も、そうした努力をしたのであり、その結果は、彼の人格と学問とにソクラテスが、少なくともある程度は写し出されているといえよう。

　さらに、シュプランガーはソクラテスが「自己自身と一つになること」を説いている点に注目し、自己のソクラテス観の表明として、次のようにいっている。すなわち、「汝がその内奥で汝自身と一つに (einig) なることが大切である。汝が汝自身と矛盾に巻き込まれている限り、汝は倫理的な意味ではまだ成熟していない[7]」と。これは、つまり「言葉・概念・学問などと自己の人間としての生き方との一致」「思考と行動（為）との一致」「知行合一」「言行一致」「語りと存在との一致」等々を意味する。ソクラテスは「汝自身を知れ！」といったが、さもなくば「汝の言葉と生き方」「汝の思考と存在」とは、一致しないままであろう。ある人が単なる客観的な外部から入ってきた知識をたくさんもっているとうぬぼれ

付論Ⅰ　シュプランガーのソクラテス観　235

ていたが、実は自分自身の倫理的実質と結びつき一つになる、そうした知識については無知であったことに目覚める。これも、客観的知識などの内面化であり、こうしたことをも、シュプランガーはソクラテスから学び取り我がものにしたと見てよかろう。それ故に、「学は人なり、人は学なり」という言葉が、全く両人に当てはまる。

　シュプランガーによれば、ソクラテスの場合には「まことの知識は、そこから善の行為が必然的に生じる、行為的知識(Tatwissen)であるといえよう[8]」。ソクラテスにおける知識の概念は、ヘーゲルなどはもちろん、プラトン、アリストテレスなどとも異なり、「ソクラテスにとっては真の認識は行動力、強さ、指導力などでもあり、……思考と認識は人格の全体運動(Totalbewegung der Person)である[9]」。従って、真の思考と認識は、知・情・意と身体との全体に関わるものである。また、倫理的思考は、魂や良心と一体となった形で人間的・内面的変革を引き起こすものでもあり、逆に、人間の内面的実質が変らなかったら、真に倫理的思考をしたことにはならない。もし「別人になる」「生まれ変わる」「二度生まれの人間になる」というような場合には、人間は最も典型的な倫理的思考を体験することになるであろう。これらを裏返していえば、ソクラテスにあっては、「概念の未熟は、人間の未熟を意味する。というのは、語ることができるためには、ソクラテスは……そのような生き方をしなくてはならなかったからである[10]」。つまり、ただ行為(動)し、体験したことしか概念化できなかったからである。かつて和辻哲郎は、世界の四聖とされている釈迦、孔子、ソクラテス、イエスを「人類の教師」と呼んだが、これに教育の神様ペスタロッチーを加えて、これら典型的な五人について上述のことが明言できる。

　それでは、ソクラテスにとって全体としての倫理的規準、あるいは善と正義との規準は、最終的にはいったいどこにあるのだろうか。シュプランガーにいわせれば、「これは、自己自身、つまりみずからの本質の深層(die Tiefenschicht des eignen Wesens)との一致の意識のなかに存する[11]」

のである。ここで、「みずからの本質の深層」とは「個人的良心」を意味する。知・情・意と身体、思考と行動などをすべて統轄する「全体の指揮者としての良心」によって、多数に分裂した自己が本来の自己と一つになることが求められる。この場合には、多数者支配はよくないのであり、良心という「統合的な一者」だけが命じるべきであろう。良心とは、すべてが収斂する中心点であり、「多様の統一」の特質を有する。

　良心論で名高いシュトーカー（H. G. Stoker）によれば、「良心とは、あらゆる――知・情・意に関わる――道徳意識を自己の個々の行為のそのつど固有の全体的連関において総合的に働かせる全人格的な働きである[12]」。従って、良心とは全人的は働きであり、例えばソクラテスやペスタロッチーのような全人でなければ、良心を実際に働かせることはむずかしいということになるであろう。また、ソクラテスから多くを受容した、シュプランガーの考え方によれば、具体的な「状況」のなかでの「良心的決断」に属するものとして、あらゆる誘惑と攻撃とに耐えうる「勇気」と「力」（実践力、行動力など）とが欠かせないのである[13]。

　それ故に、シュトーカーとシュプランガーとの見解を結びつけて、良心教育とは、まさしく「知・情・意、及び勇気と力とを調和的に発展させる教育」であるといえよう。ただ、良心の中核は、やはり「心情」であり、「宗教・倫理的なもの」であることに変わりはない。従って、良心教育とは、宗教・倫理的心情を中核にもっている、全人の育成であるといっていい。こうしたことについても、シュプランガーはソクラテスから多くを学び取った、と見ることができる。少なくとも、間接的に学んだり、あるいは両人の思考形式が共通していることだけは確かである。

II　心の教育としての魂の世話と対話法

　ソクラテスは、論理だけしか追究しない論理家ではない。彼のあらゆる努力の核心は、論理的なものではなく、倫理的なものに存する。ソクラテス的教育法を象徴している「助産法」と「対話法」も、途中駅はい

ろいろあるが、最終的には教え子自身による倫理的な「魂の世話」をねらっているといえよう。これこそが、ソクラテスやシュプランガーにいわせれば、真の教育なのである。ソクラテスは、質問をする哲人であり、哲学者ではない。彼が「質問者」であるという点だけは、何ぴとの見解も一致している。彼は、教え子たち自身が自分について熟慮せざるをえなくなるような質問をくり返す。すなわち、一度自分のなかへ入って行き、自分の魂、自分の「生き方」や「生活態度」(Lebensführung) などの内密な前提 (die verborgene Voraussetzung) について熟慮させようとする。まず、自分自身でよく考えさせ、「自己省察」「自己吟味」をさせておく。

その後初めて、ソクラテス的対話におけるあの「電撃」(der elektrische Schlag) が、教育的に意味をもつ。ソクラテスは、質問を受け対話を行っている教え子たちを「動揺させ」「覚醒させ」、彼らに「ショックを与え」「電撃を加える」、あるいはまた彼らの「魂を強く揺り動かす」のである。これらはすべて、類似語、あるいはほぼ同義語と見て間違いなかろう。従って、ソクラテスにおいては、「電撃」は「覚醒」であり、「覚醒」は「電撃」であるといえる。しかも、最終的には「覚醒」は、主として「良心・魂・内界の覚醒」を意味する。これはすなわち、シュプランガーのあの「個人的倫理」としての「徳」に「目覚める」ことであり、教育者の立場では「目覚ませる」ことに他ならない。

しかし、その前段階として、教え子たちはみずからの「無知」に「目覚まされ」なくてはならないであろう。シュプランガーもいっているように、「ソクラテスは彼の問いを通して教え子たち自身が問いを発せざるをえないようにすることによって、彼らを目覚ました。彼は彼ら自身が『問題をもつ』(problematisch) ようにさせた[14]」。つまり、「疑問をもつ」ようにさせたのである。問題も疑問ももたない (nicht problematisch) ようなことでは、まだ目覚めることができないと考えたので、自分たちの無知に問題と疑問をもたせ、目覚めさせようとした。こうして、いかに自分たちが倫理的には無知で、自分たちの知識が徳と無縁なもので、倫理

的な行為と結びつかないものであり、まして自己自身の内奥の魂や良心と決して結びつき一致するものではないことに目覚めさせようとした、と見てまず間違いなかろう。「対話の参加者たちは、強く魂を揺り動かされ、習慣的自明性の眠り (der Schlummer der angewöhnten Selbstverständlichkeit) から目覚まされた……[15]」のである。

　一般的な知識であれ、倫理的・宗教的な知識であれ、あるいは生き方や生活態度であれ、ソクラテスはただ非主体的・非自主的に、また他律的に当時のアテネの伝統と習慣にのみ服従することに対して、若者たちに魂の根底からの深い反省を促したのである。ちょうどこれは、シュプランガーが伝統的な既存の「社会的道徳」に服従するだけでは不十分であり、いっそう大切なのは個々人の主体的・自主的な、また自律的な良心を中核にもつ「個人的倫理」であるとした、あの道徳思想とほぼ同様の創造的・改革的思考形式である。ただ、ソクラテスは、イエスと同様にきわめて激しい魂の改革者であり、善かれ悪しかれ、その激しさの程度においてはシュプランガー以上であったといえよう。

　いずれにせよ、若者たちにみずからの「無知」に気づかせ、目覚めさせることが大切である。これができればできるほど、彼らは自己自身を知ることができる。従って、「汝自身を知れ!」というソクラテスの要求に応えることができる。これはすなわち、「自己の無知を知れ!」ということを意味し、あの「無知の知」であり、「何も知っていないことを知っている」ということである。

　こうした意味で「無知の知」というものは、「無知」と「知」との中間に位置する。若者たちが無知に目覚める、ちょうどその時に彼らは「無知と知との間に立つ」ことができる。シュプランガーに語らせれば、「こうした立場を、われわれは『問題意識』(Problembewußtsein) と呼ぶ。ソクラテスは、自信をもっている人間を問題の前に置き、これによって彼に自分自身において問題をもたせることを、倫理的に救いとなると考えた[16]」のである。ここで、「自信をもっている人間」とは、自信過剰で、多くの

知識をもっているとうぬぼれている人間のことである。また「自分自身において問題をもたせる」とは、自分自身にこそ問題があることに気づかせ目覚ます、という意味であろう。

それ故に、ソクラテスは、多くの知識をもっているとうぬぼれている若者たちに対して、まず自分自身の無知に目覚めさせ、これによって次に、そのように傲慢であった自分自身に問題、あるいは疑問をもたせようとした。この無知と知との中間地帯としての「問題意識」こそが、不断の「自己探究」の動機と意欲となるであろう。こうして必ずや、無知から、単なる知ではなく倫理的な「真知」を目指す、不断の運動が始まるであろう。シュプランガーもまた、彼の生き方と思想内容とのいずれにおいても、確かに「不断の探究者」であった、といって決して過言ではない。

こうした「不断の自己探究」において問題となるのは、自己自身の「内界」(Innenwelt) に他ならない。シュプランガーのソクラテス理解によれば、問題はみずからの「内部」(das Innere) だから、人間はみずからの「深い層」(die Tiefe) を掘り下げていかなくてはならない。不断に自己を問い探り、究明することが求められる。これは、特に「生き方」や「生活態度」に関わる教育についていえることである。もし人間に「内部への道」(der Weg nach innen) を指し示したいとすれば、「ソクラテス的対話法・助産法」に優るやり方は、全く考えられない[17]。

このように、この「内部への道」にいついても、シュプランガーはソクラテスから学び取り、これが彼の教育方法論の中心問題にまでなっているのである。

しかし、これはペスタロッチーについてもいえることであろう。シュプランガーによれば、「ペスタロッチーは、彼の「内への転回」(Wendung nach innen) によって、あらゆる教育と高き陶冶との本来の中心神秘に触れたのである[18]」。ここで、「内への転回」とは、「外界から内界への、あるいは客観から主観への転換」を意味する。

先人の思想を学び取りながら、シュプランガー自身においてもまた、最も大切なことは、教え子たちが、「内から自由に意欲的に」学び、教育者はこれを助力することに他ならない。この「内から」(von innen haraus) にこそ、教育の重要な契機が存する[19]。これこそまさに、シュプランガーの不動の確信である。内から生成発展しないものは、死物同然であり、そこには教え子たちとの人格的なつながりが全くない。だから、それは人格の向上、あるいは正しい生き方や生活態度などのための教育とは無縁であろう。まして良心・内界の覚醒と無縁であることは、もはや言を俟たない。

　以上は、要するに「無知と知との間のソクラテス」に関わる考察であった。すなわち、無知と知とを共にそれ自身のなかに包含している、また無知と知との中間に位置する、そうした「問題意識」を教え子たちにもたせて、無知から知へのいわば「不断の上昇運動」を助成することこそが真の教育であり、これはソクラテス的対話法を通して「内部への道」を探究することによって初めて、可能であることが明らかになった。こうした思考形式は、シュプランガー自身の顕著な特質でもある。だから、例えば「善と悪との分水嶺上に立つ人間」、「彼岸と此岸との間における良心」等々の思想表現が、しばしば見いだせる。いったいどこまでがこれらをソクラテスから受容したのか、どこからがそうでないのか、ということは必ずしもはっきりしないとしても、少なくとも両人の思考形式の共通性だけは明言できる。

　他に、プラトンは「善と悪との間に立つ者だけが哲学する[20]」といっている。そうしてまた、ペスタロッチーの場合には、あの「社会状態」における人間は、動物的欲望と道徳的義務との間で絶えず動揺している「中間的存在」である。そうして「道徳状態への移行は、深刻な堕落を否定的媒介としてなされる道徳的覚醒、さらに言えば宗教的回心としての死の飛躍によってこそ可能なのである[21]」（傍点は筆者）。すなわち、善と悪との間に立つ者だけが、覚醒することができる、ということになる。

この引用文における「道徳的覚醒」と「宗教的回心」とは、シュプランガーの個人的倫理における「良心の覚醒」と同義であると見てよかろう。また、これらは、キリスト教という問題は残るが、ソクラテスにおける広義の宗教的覚醒にも、意味的につながりうるであろう。そうだとすれば、ペスタロッチー、ソクラテス、シュプランガーのいずれにおいても、究極的には孤独で個人的な「良心の覚醒」による新しい倫理への方向転換と革新とが、決定的に重要な教育問題となる。

　ところで、善と悪との、あるいは知と無知との「中間的存在」としての人間は、激しい葛藤、不安動揺、煩悶、つまり「自己自身との内部分裂・不一致」に苦悩するのではなかろうか。しかし、上述のように、中間的存在者だからこそ、良心の覚醒が可能である。これはいったいどういうことなのだろうか。おそらく葛藤や自己自身との不一致の苦悩をくぐりぬけ、これをみずから克服して初めて、全体を統轄する「一者なる良心」の覚醒が可能となり、従って自己自身と一致することができる、と見て間違いなかろう。まさしく、中間的存在としての葛藤と苦悩こそが、良心の覚醒を生み出すのである。だから、良心教育においては、教え子たちに魂の根底を揺り動かす「深い葛藤体験」をさせなくてはならない。これを、ソクラテスは電撃的な対話によって行ったのである。

　さて、もう一度、あらためて「助産（産婆）法」、あるいは「対話法」について考えてみたい。というのも、ソクラテスを教育学的視座から考察する場合には、何よりもこれらが中心問題となるからである。これらの方法は、いわゆる「無知の知」や先の「内部への道」などをねらっている。そうして、倫理的確信を何ぴとにも完成したものとして外部から（von außen her）与えることはできない、ということを意味している。シュプランガーに語らせれば、「人はこの種の真理を自分で生み出さなくてはならない。確かに、まさしく自己自身による精神的誕生が大切である[22]」。だから、ソクラテス的助産法では、教え子たちに完成した知識は何一つ与えず、彼らの意識に何一つ安易に注ぎ込むのではなく、ただ一切を彼

らから「引き出す」(herauslocken) だけである。つまり、比喩で表現すれば、「誘い水で誘い出す」といっていい。特に、倫理的な教育においては「内から自由に意欲的に」学ばせる必要があり、教え子自身の内発的活動が求められる。しかも、「良心の覚醒」については、なおさらである。

シュプランガーは、「ソクラテス的対話法・問答法」の原理を、次のように定式化できるといっている。すなわち、「深部にまで達する教育は、教育者が、教え子の内面から生まれてくる自己機能(Eigenleistung)——思考、あるいは価値評価、あるいは意欲——がおのずと発現する、そうした状況を引き起こすことに成功する時にのみ、行われるものである。その他のあらゆる方法は『まだ教育ではない[23]』」と。

しかし、それに先だって、循環関係を形づくりながらも、上述したように、自分が自分で自分自身を生み出しておく必要がある。少なくとも、その方向で努力していなくてはならない。他者による一切の人間形成は、そこから可能であろう。これはちょうどよく予習をして、例えば英文講読の授業に臨むならば、力がつき、逆の場合には全く非生産的なものとなってしまうようなものであろう。いやそれどころか、「人間の生き方」や「良心の覚醒」というような倫理的な教育については、なおさらである。教え子たちが、日びの生活を通しての「深い葛藤と苦悩」「思考と生き方との不一致」「自己省察による無知の自覚」などについて、あらかじめいろいろ深い体験と思考とを積み重ねていてこそ、その後の対話と問答はきわめて実り豊かなものとなりうるであろう。

その時、タイミングよくソクラテスのあの「電撃」を加えれば、まことに効果的に覚醒させることができる。教育者の援助とは、教え子たちが、一度は自己自身について熟慮した後、逆に熟慮するように、見事に選び抜かれた名人芸のような「衝撃」を与えることに他ならない。こうした意味での覚醒は、教え子たちによる「自由な同意[24]」(das freie Ja)、つまり「内心からの是認」を生み出すものである。

それが倫理的な問題であれば、「良心の是認」を得ることができるであ

ろう。これこそが、「自由な良心」、あるいは「良心の自由」と呼ばれてきたものであり、ソクラテスやシュプランガーの思想全体を貫いている、と見て間違いなかろう。こうした言葉は、本来、また歴史的にも「きわめて不当な宗教的、あるいは政治的拘束からの良心による自由」を意味する。ソクラテスやイエスは、文字通り身をもって「良心の自由」を死守した、典型的な人物である。シュプランガーも、ヒトラー体制下で、身をもって「良心の自由」を信条として生き抜き、かつ彼の思考形式にもそれが写し出されているといえる。

　教育の目的・内容・方法のいずれにおいてもまた、教え子たちは不当な外的拘束から守られ、「良心の自由」を認められなくてはならない。だからこそ、ソクラテス的対話法においては、教育者は問い続けるだけで、決して答えを与えないのである。しかし逆に、教え子自身の立場からいえば、外的拘束が緩和されればされるほど、ますますきびしい自制が求められ、自己自身の内奥における「良心の拘束」を受けるべきである。従って、たとえ外部からの強制や命令が全くなかったとしても、あるいはソクラテス的対話法において答えを与えられなくても、「良心の声」に耳を傾け、これに従うべきである。このように「良心の自由」とは、すなわち「良心の拘束」を意味する。また、一般に、自由と拘束とは表裏一体のものであるといえよう。こうした問題について、シュプランガーは、ソクラテスをも援用しながら、「自由への教育者としての教師」のなかで詳細に論究している[25]。

　ところで、ソクラテスの主要な命題の一つは、「徳は知識である」（Die Tugend ist ein Wissen.）ということである。しかしこれは、単なる一般的な知識や専門的知識ではなく、このドイツ語表現でも明らかなように、「ある種の」、もしくは「一種の」知識である。あるいはまた「全く特別な性質の」（von ganz besonderer Art）知識なのである[26]。もしも、普通の意味での知識であったとしたら、一応は教えることができ、ある程度は与えることもできるであろう。しかし、「徳の知識」についてはそうはいかない

からこそ、ソクラテス的助産法では、教育者はもっぱら質問ばかりして、決して知識や答えを与えないのである。

　ソクラテスにおいては、行為（動）と結びつき、かつ自己自身と一致した「倫理的な生き方の知識」こそが、問題なのである。しかし、これについては、何とアテネで最もよくものを知っている人たちが「全く無知である」ことを、ソクラテスは発見した。別言すれば、最高の知識人の「倫理的無知」を発見したのである。生きた真の倫理的知識に関して、シュプランガーはソクラテスの精神をみずからの精神としながら、次のようにいっている。すなわち、「いかにみずからの生活を形成すべきかを知るためには、自己自身を直視しなくてはならない。こうした種類の知識を、各人は不断の自省と前向きの自己認識とによって、みずからの内部から引き出さなくてはならない[27]」（傍点は筆者）と。従って、外部から注入することはできないのであり、まことの倫理的教育は「助産法」による助成以外には考えられないといっていい。そうして、これは特に「良心の覚醒」についてこそ、いえるのではなかろうか。

III　教育的革新としての良心原理

　ソクラテスは「定義づけ」や「概念的形式」においては、何も知らない。シュプランガーに語らせれば、「より本質的には、本来たち返るべき法廷は、知識 (das Wissen) ではなく、良心 (das Gewissen) である。良心とは、ドイツ語におけるその名が表しているように、なるほど一種の知識（ein Wissen）ではあるが、しかし『概念からの』知識ではない (kein Wissen »aus Begriffen«)[28]」のである。従って、体験と一体になり、人格と深く結びついている、倫理的知識であり、英知であるといえる。しかも、すでに「I」でも見たように、良心とは知・情・意と身体、また思考と行為などをすべて統轄する「統合的一者」であり、たとえていえば、大オペラの指揮者のようなものであろう。

　シュプランガーによれば、ソクラテスが発見したものは、「内面性の原理」(Prinzip

der Innerlichkeit)、「良心の原理」(Prinzip des Gewissens)、「信仰の原理」(Prinzip des Glaubens)である[29]。これら三つは三つにして一つ、三位一体であり、「良心の原理」に他の二つを統合させることも、可能であるといえよう。何故ならば、シュプランガー自身においても、また彼のソクラテス理解においても、「内面性」は「良心」とほぼ同義であり、かつ「信仰」とは特定の歴史的な既成宗教にのみ拘束されるものではなく、基本的には個々人の「良心」から生まれ育ち、「良心」に基づくものに他ならないからである。

　ソクラテス自身にとっては、彼がみずからの内奥において拠り所にしたあの「ダイモニオン」(Daimonion)こそが、良心なのである。ダイモニオンとは、彼がしばしばみずからの魂の内奥で聴いたといわれている「精（神）霊（Daimon）の声」を意味する。ダイモニオンは「神託」(Orakel)に似ているが、古代ギリシアの人々一般にとっては後者が、ソクラテスにとってはむしろ前者が拠り所であった。後者が伝統的な神であるのに対して、前者は彼によって唱導された、いわば個々人の良心に宿る現世的で哲学的な「新しい神」であるといえる。当時の宗教改革的神であり、ソクラテスは最も広い意味において宗教改革者であり、このことが彼に対する告訴の理由に他ならなかったのである。ソクラテス自身は、実際には国家の認める「神託」を積極的に否定したのではなかったとしても、当時の権力者にとっては彼は危険人物そのものだったのである。

　最も固い「信仰」としての無条件的「確信」のためにのみ、ソクラテスは自由意志で生き、かつ死を引き受けた。シュプランガーによれば、「ソクラテスのいわゆる知識は、何といっても確信と呼ばれるべきであろう[30]」。そうして、その「確信」を確信たらしめるもの、またその中核に位置するものこそ「良心」なのである。これは、個々人にとって「永遠の導きの星」といっていい。ここで、「知識」(Wissen)、「確信」(Gewissheit)、「良心」(Gewissen)という三者が、三つにして一つであり、密接不可分の関係にあることが明らかになった。そうして、「確信」は「信仰」である

から、「信仰」と「知識」との中核に「良心」が存することになる。それ故に、ソクラテスにおいては、「良心」とは「知識」「確信」「信仰」であるといっていい。これは、シュプランガー自身についてもいえることである。

　こうした意味での良心、あるいはダイモニオンは、当時のギリシアではソクラテスが唱導した「新しい神」であり、危険だと見なされていた。いったいなぜだろうか。これを明らかにするためには、彼が生きていた「時代状況」を一瞥する必要があろう。彼の時代には、あらゆる伝統的な宗教観とあらゆる従来の道徳規範とが、崩壊し始めていた。それは「ギリシアの啓蒙時代」、あるいは「アテネの啓蒙期」であった。彼は、こうして崩壊して倒れ込むカオスをまのあたりに見ながら、同時代の人たちに「新しい確たる支え」を獲得させる使命を果たすために、自分が「精（神）霊の声」、つまり「ダイモニオン」に呼び出されている、と感じた。崩壊の時代を救済し、ギリシアをより美しい世界へと再建せよ、とダイモニオンに呼びかけられた。しかし、この再建が、宗教や教育などにおける旧体制の単なる破壊だと見なされたので、ソクラテスは危険人物として告訴され、ついに毒杯を仰ぐことになってしまったのである。

　伝統的な価値観にしがみついて無反省に生きていたギリシア人たちに対して、ソクラテスは「意識の内奥」、つまり個々人の「良心」へと導くための助成をした。また、個々人はみずからの「魂の世話」をしなくてはならない、と説いた。そうして、シュプランガーによれば、「ソクラテスは次のことを確信していたのである。すなわち人間は自分自身の深部に立ち返るならば、そこにみずからの倫理的方向づけのための確実な導きの星 (Leitstern) を見いだすであろう。『そこには規則がないことに気づくであろう。自主独立的良心 (das selbständige Gewissen) が、汝の倫理の太陽なのだ！[31]』」ということである。ここで、「導きの星」と「倫理の太陽」は「個人的良心」を、逆に「規則」とは「外的・社会的規則」を意味する。激しい変動の時代であればあるほど、個人的良心が大きな役割を担

うべきである、といっているのである。ソクラテスの教育活動は、当時の時代状況のなかで、結局はこの「個人的良心の覚醒」を若者たちに助成することであったといっていい。

　彼自身は無知と知識との間に立ち、常に道の途上に身を置きながら、みずからの魂の内部に「精(神)霊の声」、つまり「良心の声」を聴いた。すなわち、シュプランガーによれば、「ソクラテスはみずからの胸のなかで、聴き逃すことのできない神の声を聴いた[32]」のである。ここで、「胸」とは「良心」を、「神の声」とは「良心の声」を意味することは、もはや言を俟たない。そうしたソクラテス自身の「不断の自己探究」を前提とした、彼の教育における本質的目的は、何といっても若者たちに自己の内界に耳を傾けさせ、そこに「永遠の導きの星」としての「良心」を発見させ、覚醒させることに他ならなかったのである。

注
1　Spranger：Der geborene Erzieher, 1958. In：GS. Bd. I, 1969. S.286.
2　Spranger：Das Rätsel Sokrates, 1954. In：GS. Bd. I, S.257.
3　Spranger：a. a. O., S.257.
4　Spranger：a. a. O., S.258.
5　Spranger：a. a. O., S.258.
6　Spranger：a. a. O., S.265-266.
7　Spranger：a. a. O., S.273.
8　Spranger：Philosophische Grundlegung der Pädagogik [Tübinger Vorlesung], 1948. In：GS. Bd. II, 1973. S.121.
9　Spranger：Hegel über Sokrates, 1938. In：GS. Bd. XI, 1972. S.311.
10　Spranger：Sokrates, 1931. In：GS. Bd.XI, S.11.
11　Spranger：a. a. O., S.12.
12　小林靖昌「シュトーカーの良心論とその問題点——『良心論概説』にかえて——」、金子武蔵編『良心——道徳意識の研究——』(日本倫理学会論集12)、以文社、1977年、137頁。
13　Vgl. Spranger：Erziehung zur Menschlichkeit, 1953. In：GS. Bd. I, S.241.
　　Vgl. Spranger：Der Lehrer als Erzieher zur Freiheit, 1951. In：GS. Bd. II, S.331.

14　Spranger：Ist Pädagogik eine Wissenschaft?, 1953. In：GS. Bd. II, S.349.
15　Spranger：Das Rätsel Sokrates, GS. Bd. I, S.274.
16　Spranger：a. a. O., S.274.
17　Vgl. Spranger：a. a. O., S.275.
18　Spranger：Das Leben bildet —— Eine geistesphilosophische Analyse, 1959. In：GS. Bd. II, S.177.
19　村田　昇「シュプランガー」、天野正治編著『現代に生きる教育思想5』ぎょうせい、1982年、327頁参照。
20　Spranger：Philosophische Grundlegung der Pädagogik, In：GS. Bd. II, S.121.
21　岡田渥美編『人間形成論――教育学の再構成のために――』（山口　充論文）玉川大学出版部、1996年、328頁。
22　Spranger：Das Rätsel Sokrates, In：GS. Bd. I, S.275.
23　Spranger：Das Gesetz der ungewollten Nebenwirkungen in der Erziehung, 1962. In：GS. Bd. I, S.384.
24　Vgl. Spranger：Philosophische Grundlegung der Pädagogik, In：GS. Bd. II, S. 139.
25　Vgl. Spranger：Der Lehrer als Erzieher zur Freiheit, 1951. In：GS. Bd. II, S. 327-340.
26　Vgl. Spranger：Das Rätsel Sokrates, In：GS. Bd. I, S.262.
27　Spranger：a. a. O., S.275-276.
28　Spranger：a. a. O., S.277.
29　Vgl. Spranger：Sokrates, In：GS. Bd. XI, S. 13.
30　Spranger：Vom Wissenschaftskakter der Pädagogik, 1957. In：GS. Bd. II, S. 374.
31　Spranger：Das Rätsel Sokrates, In：GS. Bd. I, S.279.
32　Spranger：a. a. O., S.279.

付論II　老いと死の人間形成論的考察

　従来の教育学における「老いと死」の問題の欠落は、致命的な欠陥であり、人間と教育とをライフサイクルの全体から把握すべきである今後の人間形成論は、「老いと死」の問題に積極的にアプローチする必要がある。

　本稿では、「老いと死の人間形成論」を老人自身の自己教育、あるいはその生涯学習という視点に立って論究したい。しかも、主として理想的可能性としての「老いと死の人間形成論」をシュプランガーにおける「良心論」を手がかりにして考察したいと考える。何故ならば、「良心」こそ、彼の人間形成論の全体を貫くキーワードに他ならないからである。

I　老いと死の今日的課題

　これからの教育学、あるいは人間形成論には、「老いと死」の問題を積極的に導入すべきであろう。そのようにしてこそ、それらは真の生涯教育学や真の生涯学習論となりうるのである。岡田渥美によれば、「照準をもっぱら若い世代においてきた従来の教育学は、『老いと死』を主題的に扱うことはなかったのである。こうした事態は、明らかに従来の教育理論の内容上の欠如を示しているが、しかし……それは単なる内容上の問題には止まらず、むしろ教育理論として本質的な欠陥を示すものである。というのも、『老いと死』が見落されてきたということは、例えば人生における減衰、引退、喪失、死、有限性、別離など、……人間存在にとって必然的で本質的な諸局面を、十分に組み込むだけの理論枠を有していなかったことを端的に示しているからである。この理論的な意味での視野狭窄は、人間存在の全体との関わりにおいて成り立つ『教育』の営みを扱う学問にとっては、致命的ともいうべき本質的欠陥であろう[1]」。

今後の生涯教育学と生涯学習論とは、そうした従来の教育学の根本的欠陥を克服し、その再構築を試みなくてはならない。つまり、岡田によれば、まず「人間存在を『全一的に』――すなわち"as a whole"として――再規定すること」、換言すれば「『人間の生』(human life)を、身体的・社会的・人格的・宗教的な存在諸層の全体において統合的に捉えること」、さらに「その生を、出生から死に至るまでのライフサイクル全体から把握すること」が大切なのである[2]。だから、これからの教育学は、単に「子どもの発達」だけではなく、いわゆる「揺り籠から墓場までの発達」を問題にしなくてはならない。生涯発達教育学や生涯発達心理学のいっそうの発展が求められる。

　しかしながら、一般的に「発達」という言葉は、無限の直線的な上昇と発展と拡大、また一面的な西洋近代精神をイメージさせるといえよう。だから、それは青年期、あるいはせいぜい壮年期までについては、適切な概念であるとしても、老年期や死が迫っている時期の人たちについては、一部適切ではあるが、概して不適切な概念であるといわざるをえない。青年期以降、少なくとも壮年期以降はしだいに発達よりも、むしろ「成熟」という概念がより適切であり、前者の割合が減り、その分後者の割合が増えるのが望ましいのではなかろうか。人生の折返し地点を過ぎて当分の間はもちろん、老いて死を目前にしての発達でさえも一部可能でもあるし、また大切で価値あることでもあるが、逆に、老いて子どもに帰り、人間の原点に戻り、成熟と円熟の境地で安らかに死を迎えることもさらに大切ではなかろうか。人生や教育にとって、直線的な上昇も必要ではあるが、逆に折返しや円環運動、あるいは回帰説も忘れられてはならない。

　岡田は、老年期に見合った「縮減の哲学」(philosophy of reduction)の構築を提唱して、次のようにいっている。すなわち、「ここにいう"reduction"（縮小、削減、減力）とは、いうまでもなく、歴史的には産業化社会に、そしてまた人生に関しては青年期や壮年期に最もふさわしい"production"

（生産、製造、産出）の対概念である。したがって、近・現代を通じて支配的であった"プロダクション"中心の世界観・人生観に対して、……それとは全く異質で別次元の価値の地平を示唆しようとして、敢えて"リダクション"という言葉を用いてみた[3]」と。こうした主張は、正しい。そうして、上述のphilosophy of reductionは、われわれの文脈では「ユーターンの哲学」「折返しの哲学」「企業拡張しない哲学」「量ではなく質の哲学」「前進ではなく磨きをかける哲学」「発達ではなく成熟の哲学」等々と適宜に意訳することができる。しかも、これらは、哲学であると同時に、確かに「教育哲学」と「生涯学習の哲学」でもあるといっていい。「生涯学習の哲学」一般においては、productionとreductionとの調和が求められるが、そのなかでも「老いと死の人間形成論」としてのその哲学においては、reductionによりいっそう力点が置かれるべきである。

　しかし、一般にこれまでの「生涯学習論」においては、こうした視点が欠落しているといわざるをえないであろう。例えば、生涯教育論の草分けであるといわれているラングラン（P. Lengrand）についても同様であろう。彼の生涯教育論は、基本的には従来の青少年の教育を、だからproduction中心の教育を墓場まで延長することを意味するのではなかろうか。彼は変化する社会への適応が何よりも大切と考え、この適応を成長として、一生涯の不断の成長を生涯学習と考えたのであろう。しかし、もし「老いと死」を考慮するならば、われわれはそのように徹底して社会に適応し、無限に進歩、発展、成長することのみが生涯学習のすべてであるとは考えることができない。生涯学習論において社会的適応と不断の発達や発展や成長のみが一面的に強調されすぎたとしたら、それは生涯にわたる人間の画一的な「学習管理」に陥りかねないともいえよう。これからの生涯学習論は、老人や瀕死者の立場、及び死の問題をも考慮して、reductionの哲学をも導入しなくてはならない。

　ところで、デーケン（Alfons Deeken）は、「教育の改革が急務となった現在、とくに『死への準備教育』は、生涯教育として幼児から高齢者ま

で、人生の各段階に応じて行う必要がある[4]」といっている。また、「『死への準備教育』が生涯教育である以上、あらゆる年代に向けて、それぞれに適切な方法を模索する必要がある[5]」ともいっている。そうだとすれば、「死への準備教育」は、明確に生涯教育・学習として行われるべきものである。時間的には、揺り籠から墓場まで、場所的には家庭・学校・社会のいずれにおいても、また無意図的・非形式的教育と意図的・形式的教育とのいずれによっても、あるいは他者教育・形成と自己教育・形成とのいずれによっても、行われるべきものである。

　学校での死への準備教育も大切であり、ドイツ、アメリカ、イギリス、オーストラリア、スウェーデンなどでは、実際にそれが行われている。子どもにその教育を実施するためには、教師もあらかじめその教育を受けており、死について生涯学習を続けなくてはならないであろう。さらに、視野を拡大してみるならば、これはしばしば患者の死に出会う医師や看護婦についても、いえることではなかろうか。また、高齢者施設や家庭で、老いて死が近づいている人たちを介護している人々についても、いえることではなかろうか。このように、生涯学習としての死への準備教育の範囲は著しく拡大し、その主体と対象はきわめて多様であるといえよう。しかし、本稿では問題を限定して、「老いと死の人間形成論」を老人自身の自己教育・形成、あるいはその生涯学習という視点に立って論究したい。

　さて、デーケンは、death educationを「死への準備教育」と訳しており、しかもこの日本語を自己自身のキーワードとして頻繁に用いているが、彼によれば「『死への準備教育』（デス・エデュケーション）はそのまま、自分の死までの毎日を、よりよく生きるための『生への準備教育』（ライフ・エデュケーション）となる[6]」のである。だから、もっぱら「死への準備教育」がその内容となっている、彼の著書名も『生と死の教育』なのである。他の人たちによっても、death education は「生と死の教育」と訳されたり、また死に関わる教育のことが最初からこの日本語で表現さ

れることもある。さらに、浄土真宗の立場では、その英語は「いのちの
教育」を意味する、という説もある[7]。

　これらに関連して、「死生学」(thanatology（英）、Thanatologie（独）＝Sterbensfor-
schung（独）、辞書的には「死学」「死亡研究」などの訳語。最近は「死生学」
と訳す人も多い）と呼ばれる学問は、生と死を表裏一体のものとして捉
え、生を死に関わりのあるテーマから学際的に探究するのである。それ
は哲学、医学、心理学、民俗学、文化人類学、宗教学などのあらゆる分
野から、生との関わりにおける死の問題に、あるいは死との関わりにお
ける生の問題にアプローチする。本稿は、哲学を中心とした死生学の探
究であるといっていい。これは、いわば「哲学的死生学」であり、しか
も、教育学的な考察でもあるから、結局本稿は「教育哲学的死生学」、あ
るいは「生涯学習の哲学的死生学」であるといってよかろう。ちなみに、
デーケンによれば、「死生学の実践段階が、『死への準備教育』である」[8]。
これは、死までの時間をどう生きるかを考え学ぶ教育である。

　いずれにせよ、確かに生と死は密接不可分で一体のものである、と見
るべきであろう。人間とは、生まれたその瞬間から、すでに死につつあ
る存在である。死は生命の第一幕から始まっているのだ。だから、死を
タブー視して、考えまいとすれば、これは生きることへの意識を希薄に
してしまうであろう。逆に、死を考えるならば、真剣に生を考えること
になるであろう。同様に、死への教育は生への教育へとつながるであろ
う。

　先に述べたように、生涯学習としての死への準備教育の範囲は著しく
広いし、その主体と対象もきわめて多様ではあるが、しかし本稿では「老
いと死の人間形成論」を「老人自身の自己教育」、あるいは「自身の生涯
学習」という視点に立って論究することにする。その際、老いと死の消
極的な面や影の面よりも、むしろ積極的な面や「光の面」を中心にして、
すなわち主として「理想的可能性」としての「老いと死の人間形成論」
を考察したい。しかも、これをシュプランガーにおける「良心論」を手

がかりにして考察したいと考える。何故ならば、われわれは上述の諸課題に対してきわめて有意義な思想的基盤を彼から導出し、学び取ることができ、かつ「良心」こそ、彼の人間形成論の全体を貫く鍵概念に他ならないからである。

II 老いの回想の人間形成的意義

老年期の人たちは、それ以前のいかなる年齢期にもまして「回想」のなかに生きているが、その同じ老人たちが「記憶」が悪くなるばかりであると嘆いているのは、不思議なことであろう。前者の方がいっそう内面、魂の深奥、良心に根ざしているのではなかろうか。シュプランガーによれば、「回想に際して問題なのは自己の生の構成要素であり、従って……生の連関に意義規定的に組み込まれている事実である[9]」。単なる記憶は、心の深部とつながっていないので、良心とも無縁である。それに対して「回想のなかで記憶に残っているものは、すでに Erinnerung という語が表明しているように、われわれの人格の内面 (das Innere) の一部となっている[10]」のである。その際、回想が個人的倫理に関わるものであったとしたら、それは内奥の個人的良心と結びつくであろう。

回想といっても、例えば過ぎ去りし青春の日々の回想のように、明るい回想もあるが、これは魂の根底を揺り動かし、良心を覚醒させるほどのものではなかろう。本稿では、人間形成にとってもっと積極的意義を有すると思われる回想についてのみ考えてみたい。それには、大別して、以下の二種類がある。

まず、第一にそれは「無常の痛み」を伴い、そこから「永遠の予感」を生み出すような、一種の「宗教的回想」とでもいうべきものである。それは苦悩や良心の呵責を伴い、これが「光」へとつながるような回想であるといっていい。シュプランガーによれば、「思い出の痛みは、かつて体験された痛みに関わるだけではない。邪道であったがために、人はかつての勝利を泣くことがありうる[11]」のである。すなわち、かつての痛

みを痛みとして回想するだけではなくて、かつては勝利であり成功と喜びであったと思っていたことをも、老いの回想のなかでそれが目的のためには手段を選ばない邪道であったと深く悔いあらためることになり、「良心の呵責」が生まれるというのである。この「良心の呵責」の底から、もう一度力強く立ち上がって光と老成を目指さなくてはならない。良心による徹底した悪の自覚こそが、人間を善へと生まれかわらせうるであろう。これができたら、「一切の価値の転換」が行われ、「一切が本質的になる」のである。そうして、たとえいかに素朴な生活であっても、老人はみずからの生活のなかでの回想を通して、哲学者にも、またシュプランガーのあの「現世的敬虔」の人にもなることができるであろう。たとえいかに素朴であっても一種の「悟りの境地」に達し、良心の満足と安らぎとを体験することができる。回想を通して、böses Gewissenからgutes Gewissenが生み出されたことになる。

　こうして、老人は謙虚になり、優しく強く豊かになれるのであろう。自己に正直になることができ、自己の内奥から聞こえてくる良心の声に耳を傾けることができるようになるであろう。そうすれば、人はみずからの生涯において真に「成果を上げた」ことになる。良心に問いたずねてみて、心の底から「本当によい人生であった」ということができるであろう。自己の生涯の存在理由について納得でき、自己の人生には意味があったと確信して、「良心の満足」と共に死を受容し迎えることができるであろう。

　次に、必ずしも明るい回想でもないし、だからといって必ずしも悲痛な回想でもない、別の回想について考えてみよう。精力的に働く壮年期の意義は、自我を世界の一部に刻印することである。偉人の場合はもちろん、名もなき人たちの場合も素朴な形で、その足跡は世界に残るであろう。こうした自我の作品を、ゲーテは「人生の足跡」と呼んだ。シュプランガーによれば、老人の課題は「彼がみずからの自我を再び世界から取り戻さなくてはならないということであり、回想のなかでいったい

さて自分とは本来何であるのかという問題に取り組むということであろう。こうしたより深い自己への回帰のなかでその時に、確かに何かあるものが時間から救出されたのだ、ということが示されるであろう[12]。「生き方の根本軸」の転換によって、より深くより高い自己の中核としての良心のなかで、あるいは永遠性・超時間的なもの、あるいは宗教的・形而上的なものが予感されるであろう。なるほど、働き盛りの年齢期に「自我（主観）の客観化」を精力的に行い、「人生の足跡」を残すことは、必要でもあり、望ましいことでもある。しかし、そのままではまだ、不十分である。逆に、老年期にはその人生の足跡としての客観的作品と仕事とを根底から反省することによって、それを再び主観へと連れ戻し主観化しなくてはならない。すなわち、老年期には、回想を通しての「客観の主観化」が求められる。シュプランガーの宗教論と良心論との関連でいえば、「主観化」とは、むしろ「内面化」を意味する。これによって、良心のなかで宗教的・形而上的なものが予感されるであろう。

　一例をあげて考えてみよう。いったいなぜプラトンは老年期に彼の生涯の主要テーマである「国家」をもう一度取り扱ったのであろうか。これに対して、シュプランガーはいっている。すなわち、「むろん、プラトンがその間にさらに学んだ（知識をふやし知的に学んだという意味、筆者注）からではなく、老齢であることから異なった見方をしなくてはならなくなったからである。確かに、より円熟したのであり、より精力的（energischer）になったのではない[13]」と。青年期や壮年期には精力的に客観的知識をふやし正確で壮大な理論構築をすることができるというその時期の固有性があるが、老年期にはそれまでに行ってきた仕事を回想し、老いの英知を発揮して磨きをかけ円熟したものにすることができるというこの時期ならではの固有性がある。仕事の前進、拡張についてはもはや多くは望めないにしても、以前の仕事に磨きをかけ、丹精込めて見事な作品として仕上げていくことは十分にできる。老年期には、いたずらに青年や壮年と競い合うことなく、老年期でないとできないことを胸をはって堂々

と行うべきではなかろうか。こうしたことも、老いの回想を通しての「客観の主観化」、あるいは「客観の内面化」に他ならない。また、productionではなく、むしろreductionである。だから、プラトンは、岡田渥美の先のphilosophy of reductionを身をもって実践したことになる。

しかも、こうしたことは、プラトンの場合に限られず、いずれの分野のいずれの仕事についてもいえることであろう。何も特別な人の特別な仕事に限られたことではなかろう。偉人の仕事は確かに偉大であるが、ごく平凡な人の場合にも基本は同じであるといえよう。いわば濃度や密度が違うだけである、と筆者は考える。もしそうだとしたら、上述のプラトンのことは、基本的にはすべての人に当てはまると見ていい。従って、すべての老年期の人々に特に求められることは、これまでの長い人生と仕事とを良心的に回想し、かつphilosophy of reductionを実践することなのである。

さてしかし、そうした一切の回想も、やがては死と同時にすべて消滅してしまうのだろうか。これについて、シュプランガーは次のようにいっている。すなわち、「そうであると考える者は、自己回想の本来の神秘について、おそらくまだ十分に深く考えたことがないのだろう。彼は自己の内なる宗教的なものをまだ感じたことがないのである。もちろん、それはきわめて深いところにある[14]」と。つまり、魂の深奥・良心のなかにあるといえよう。回想は老人を魂の根底、つまり良心において永遠なものと結びつけ、老人に「宗教心」を呼び起こすと考えていると思われる。人間の本質の核心としての良心が、無に対して抵抗する。人間の最内奥の魂、あるいは良心は、不滅なものを求めずにはおれないようにつくられているのではなかろうか。

とはいえ一方、現世に生きている人間は、死を免れえないことも確かな事実である。だから、シュプランガーはいっている。すなわち「他ならぬ人間は、この無常とあの永遠の持続との中間に立つようにつくられている。回想に幸あれ！それは時の単なる流れと経過に架橋するものだ

から[15]」と。これは、全く良心についてもいえることである。回想を通しての良心こそ、現世と来世、時と永遠との間を媒介するといっていい。各々の間に架橋することは、大なり小なり生涯の継続的課題ではあるが、確かに老年期こそそのための最適時である。

III 生と死とを媒介する良心

シュプランガーは「老年期には少しずつ此岸と彼岸との間に立つことを学ばなくてはならない[16]」といっている。これは、すなわち、「生と死との間に立つこと」の学習を意味している。その際、両者をそれぞれ結びつけ、媒介するものは、個々人の内奥における良心に他ならない。

老年期には激しい労働、競争と闘争との生活から解放されて、ゆとりと静寂のなかで彼岸や精神界への思いが深まる可能性が増してくる。ついには、あふれんばかりの神秘的なものが、現世的・現実的な制約を越えて湧き出てくるであろう。つまり、一切が「本質的」になり、一切が無限の彼方からきて、いわば別の世界の息吹を連れてくるであろう。ゲーテは「老年期にはわれわれは神秘主義者になる[17]」といっている。ここでも神秘主義者とは、必ずしも特定の宗教的信仰に生き、特定の神を信仰しているのではなくて、むしろシュプランガーのあの「現世的敬虔」につながる生き方をする人を意味する。今日、定説として一般的にあげられている神秘主義の主要な特徴は、「普遍性」(Allgemeinheit) に他ならない。

老年期の神秘主義を、シュプランガーは次のように比喩的に表現している。すなわち、「海と山と野の上に柔らかい澄みきった雲の層が横たわっている、あのよく晴れた晩秋の日々を人は知っている。そのように、老人は人生の晩秋のなかで世界を見る。前景は本質的なものではない。この雲の層が一切を包み込み、すべての輪郭を柔らかにする[18]」と。ここで「前景」とは、その前に出てくる「海と山と野」を指し、地上界としての「此岸」を意味する。それに対して「雲の層」とは、天上界として

の「彼岸」を意味する。そうして、現世的敬虔と結びついた神秘主義においては、地上界と天上界、此岸と彼岸とは互いにつながり合って全体としての精神界を形成していると見ていい。

　ところで、人間は老いて再び「単純さ」へと回帰するものであるが、これがいわゆる「かれた」境地であり、清澄さであろう。これも一種のreductionといえよう。そうしてそこにも、宗教的・神秘主義的要素が含まれている、と見ることができる。ちなみに、ここで「単純さ」は、シュプランガーのあの「心の純粋性」につながるといえよう。彼は良心の声が聴き取れるようになるためには心の純粋性が不可欠であることをくり返し強調しているが、これは確かに「老いの心の単純さ」をも含むと見ていい。ゲーテも、「純粋な心のなかにのみ、すべての救いが宿る」といっている。これは人間の一生涯にわたっての学習課題ではあるが、特に老齢になればなるほど、ますます求められるべきものであろう。たとえ途中ではいろいろ不純なことがあったにせよ、やはり「老いと死」という最後の段階の生き方こそが、最も大切なのではなかろうか。

　以上で明らかなように、確かに「老人は一種の神秘主義者になる」。しかし、もし地上的な現実を完全に払い除けうると考えるとしたら、それこそ思い違いであろう。現実との対決は、死の間際まで続く。先にも述べたように、神秘主義は地上界ともつながり合っている。やはり、現世と来世、此岸と彼岸との間に立つことを学ぶべきである。その際、両者をそれぞれ結びつけ媒介するものは、シュプランガーにあっては個々人の内奥における良心に他ならない。上述の「心の純粋性」と一体になったものとしての良心のなかでこそ、時と永遠、此岸と彼岸とが出会い生と死とが合一するといえよう。老人は、他のいかなる年齢期の者にもまして、回想のなかで良心を通して地上的存在としての有限な自己を永遠の世界につなげることができる。また、自己の生から死を、逆に自己の死から生を見ることができるであろう。そのための準備はすでに早い時期からなされるべきではあるが、老年期こそ最適期である。彼岸への道

は、良心が目覚めており精神的に力強く生き続ける限りにおいて、すでにこの此岸で開けるといえよう。

このようにしてこそ、老人は心安らかに「死」を受容することができるであろう。死に対する心の準備と死の近づきとが、良心をさらに覚醒させ、人間を純粋かつ高貴にする。最高の生と最大限の人間的・倫理的成熟とを達成させてくれるであろう。死を目前にし、苦しみを耐え忍び、初めて人は深い世界が見えてくるのであろう。孤独に苦しみながら、初めて人は人生の深みに気づかされる。老い、病い、死の近づきなどの絶対的苦悩、極限状況、つまり悲劇的体験の極致において、物事が見えてくる。また、良心の呵責と苦悩との地獄巡りをなし終えることなしに、偶然「愛の人」になることができるなどとは、とうてい考えられない。苦悩と死の近づきとの体験によってこそ、他者からの愛と思いやりに感謝し、他者への愛と思いやりを取り戻し、こうして平安な光のなかで死を受容することができるようになる。

シュプランガーもいっているように、「死そのものが何であるかは、全くわれわれの知識の及ばないところである」。しかし、「死の恐怖と死に方は、まだ生の側に属する[19]」。だから、よい死に方のためにも、最後の最後までよい生き方を求め続ける他ないのではなかろうか。ヌーランド (Sherwin B. Nuland) によれば、「死に方とは、すなわち生き方である。いかに誠実に品位をもって生きたかによって、死に方が決まるのだ[20]」。「誠実に」とは、すなわち「良心的に」という意味であろう。だから、現世と来世との架橋としての良心を目覚めさせ続けることこそが、大切なのではなかろうか。

おわりに

死に際しては、金、権力、地位、業績、学識などすべて無力である。ただ、人間にとって最も本質的なもの、最も根源的なものだけが問題となるのであり、それが「良心」や「愛」に他ならない。「真心」や「優し

さ」といってもよかろう。死に直面している本人にとっても、その周囲の人たちにとっても同様である。なるほど本人としては、威厳のある「よい死に方」を目指すべきであろう。だから、本稿では老いと死の「光の面」を中心に考察してきた。けれども、逆の面も知っていなくてはならない。努力しても思い通りにならない場合もあるが、それはそれでよいではないか。純粋な良心と愛、素朴な心と優しさだけで十分ではないか。特に周囲の人たちは、本人に対して無条件的な態度で接することができなくてはならない。"一瞬でも長く生きて下さい。何もしなくてもよいから、ただ生き続けてね。それがすべてです"、といえることが大切である。まさに良心と愛との本質は、無条件的なのではなかろうか。

注

1 岡田渥美編『老いと死──人間形成論的考察──』玉川大学出版部、1994年、2頁。
2 同書、373頁。
3 同書、375頁。
4 アルフォンス・デーケン著『生と死の教育』岩波書店、2001年、106頁。
5 同書、70頁。
6 同書、4頁。
7 岡田渥美編、前掲書、222−223頁参照。
8 デーケン、前掲書、3頁。
9 E. Spranger：Menschenleben und Menschheitsfragen, 1963. S.140−141.
10 Spranger：a. a. O., S.141.
11 Spranger：a. a. O., S.146.
12 Spranger：Zur Psychologie der Bildsamkeit des Erwachsenen, 1953. In：GS. Bd. IV, Max Niemeyer Verlag Tübingen, 1974・S.354.
13 Spranger：Das Wesen der Lebensalter mit besonderer Berücksichtigung der späten Lebensalter, 1941. In：GS. Bd. IV. S.342.
14 Spranger：Menschenleben und Menschheitsfragen, S.147.
15 Spranger：a. a. O., S.147.
16 Spranger：a. a. O., S.159.
17 Spranger：a. a. O., S.161.

18 Spranger：Das Wesen der Lebensalter mit besonderer Berücksichtigung der späten Lebensalter, In：GS. Bd. IV, S.343－344.
19 Spranger：a. a. O., S.345.
20 シャーウイン・B・ヌーランド著、鈴木主税訳『人間らしい死にかた』河出書房新社、1995年、361頁。

ります。

参 考 文 献

I シュプランガー原著

(A) Eduard Sprangers Gesammelte Schriften（著作集）

Bd. I. Geist der Erziehung. Hrsg. von Gottfried Bräuer und Andreas Flitner, Quelle & Meyer Verlag Heidelberg, 1969.

S. 7-19	Grundlegende Bildung, Berufsbildung, Allgemeinbildung, 1918.（村井実・長井和雄訳『文化と教育』玉川大学出版部、1956年）
S. 20-69	Der gegenwärtige Stand der Geisteswissenschaften und die Schule, 1922. 2. Aufl. 1925.
S. 70-89	Die Generationen und die Bedeutung des Klassischen in der Erziehung, 1924.
S. 90-161	Die wissenschaftlichen Grundlagen der Schulverfassungslehre und Schulpolitik, 1928.
S. 162-188	Pestalozzis»Nachforschungen«. Eine Analyse, 1935.
S. 189-207	Macht und Grenzen des Einflusses der Erziehung auf die Zukunft, 1950.（村田　昇・山邊光宏訳『教育学的展望――現代の教育問題――』東信堂、1987年）
S. 208-231	Grundstile der Erziehung, 1951.（前掲訳書『教育学的展望』）
S. 232-246	Erziehung zur Menschlichkeit, 1953.（前掲訳書『教育学的展望』）
S. 247-256	Phantasie und Erziehung, o. J.
S. 257-279	Das Rätsel Sokrates, 1954.
S. 280-338	Der geborene Erzieher, 1958.（浜田正秀訳『教育者の道』玉川大学出版部、1967年）
S. 339-347	Erziehung zum Verantwortungsbewußtsein, 1959.（村田　昇・山邊光宏訳『人間としての生き方を求めて――人間生活と心の教育――』東信堂、1996年）
S. 348-405	Das Gesetz der ungewollten Nebenwirkungen in der Erziehung, 1962.
S. 406-419	Erziehungsethik, 1951.
S. 420-429	Rede über Erziehung, 1906.
S. 430-454	Quellenverzeichnis und Anmerkungen〔von den Herausgeber〕.
S. 456-459	Nachwort〔von den Herausgeber〕.

Bd. II. Philosophische Pädagogik. Hrsg. von Otto Friedrich Bollnow und Gottfried Bräuer,

Quelle & Meyer Verlag Heidelberg, 1973.

S. 7-61　　　Umrisse der philosophischen Pädagogik, 1933.
S. 62-140　　Philosophische Grundlegung der Pädagogik (Tübinger Vorlesung), 1948.
S. 141-189　»Das Leben bildet«. Eine geistesphilosophische Analyse, 1959.
S. 190-207　Gedanken zur Pädagogik, 1902.
S. 208-221　Grundfragen der philosophischen Pädagogik, 1907.
S. 222-231　Die philosophischen Grundlagen der Pädagogik (Antrittsvorlesung), 1910.
S. 232-259　Das Problem der Bildsamkeit, 1916/17.
S. 260-274　Die Bedeutung der wissenschaftlichen Pädagogik für das Volksleben, 1920. (前掲訳書『文化と教育』)
S. 275-293　Berufsbildung und Allgemeinbildung, 1923.
S. 294-319　Der Bildungswert der Heimatkunde, 1923. (岩間　浩訳『小学校の固有精神』槇書房、1981年)
S. 320-326　Die Fruchtbarkeit des Elementaren, 1948, 1953. (前掲訳書『教育学的展望』)
S. 327-340　Der Lehrer als Erzieher zur Freiheit, 1951. (前掲訳書『教育学的展望』)
S. 341-350　Ist Pädagogik eine Wissenschaft?, 1953.
S. 351-364　Betrachtungen über Entstehen, Leben und Vergehen von Bildungsidealen, 1955.
S. 365-376　Vom Wissenschaftscharakter der Pädagogik, 1957.
S. 377-382　Eine neue Formel für das Problem der Pädagogik, 1955-1960.
S. 383-398　Allgemeine Menschenbildung?, 1958. (村田　昇訳『滋賀大学学芸学部研究紀要』第9号、1959年)
S. 399-428　Quellenverzeichnis und Anmerkungen 〔von den Herausgeber〕.
S. 429-440　Nachwort 〔von den Herausgeber〕.

Bd. III. Schule und Lehrer. Hrsg. von Ludwig Englert. Quelle & Meyer Verlag Heidelberg, 1970.

S. 7-26　　　Allgemeinbildung und Berufsschule, 1920.
S. 27-73　　Gedanken über Lehrerbildung, 1920. (横溝政八郎訳『教員養成論』日本教育大学協会、1959年)
S. 74-89　　Die drei Motive der Schulreform, 1921. (前掲訳書『文化と教育』)
S. 90-101　　Die Verschulung Deutschlands, 1928. (岡田俊一訳『独逸の学校化』大学書林、1937年)
S. 102-117　Pädagogische Betrachtungen zur Frage einer Schulpflichtverlängerung,

1929.
S. 118-125　Weltanschauung, Erziehung, Schule, 1931.
S. 126-130　Zum Geleit, 1949.
S. 131-176　Zur Geschichte der deutschen Volksschule, 1949. (長尾十三二監訳『ドイツ教育史』明治図書、1977年)
S. 177-187　Innere Schulreform, 1949. (前掲訳書『教育学的展望』)
S. 188-199　Die Volksschule in unserer Zeit, 1950. (前掲訳書『教育学的展望』)
S. 200-209　Umbildungen im Berufsleben und in der Berufserziehung, 1950.
S. 210-222　Humanismus der Arbeit, 1952.
S. 223-241　Innere Voraussetzungen des Erziehertums, 1952.
S. 242-260　Entmutigendes und Ermutigendes im Lehrerberuf, 1954.
S. 261-319　Der Eigengeist der Volksschule, 1955. (前掲訳書『小学校の固有精神』)
S. 320-323　Von der Lernschule zur Erziehungsschule, 1956. (前掲訳書『教育学的展望』)
S. 324-345　Die Erziehungsaufgabe der deutschen Berufsschule, 1958.
S. 346-365　Der Landlehrer in der verwandelten bäuerlichen Welt, 1960.
S. 366-392　Der Sinn des altsprachlichen Gymnasiums in der Gegenwart, 1960.
S. 393-405　Ungelöste Probleme der Pflichtberufsschule, 1960.
S. 406-423　Quellen pädagogischer Berufswünsche, 1961.
S. 424-457　Zu den Texten [vom Herausgeber].
S. 458-459　Zu diesem Band [vom Herausgeber].

Bd. IV. Psychologie und Menschenbildung. Hrsg. von Walter Eisermann. Max Niemeyer Verlag Tübingen, 1974.
S. 1-36　Die Frage nach der Einheit der Psychologie, 1926.
S. 37-64　Grundgedanken der geisteswissenschftlichen Psychologie, 1934.
S. 65-90　Geist und Seele, 1937.
S. 91-94　Das forschende Subjekt der Psychologie, o. J.
S. 95-125　Grundlagen der Psychologie, 1957.
S. 126-147　Großer Entwurf zur geisteswissenschaftlichen Psychologie, 1961.
S. 148-156　Zur Entstehungsgeschichte der geisteswissenschaftlichen Psychologie, o. J.
S. 157-162　Psychologie und Verstehen, 1909.
S. 163-189　Phantasie und Weltanschuung, 1911.
S. 190-196　[Über die Psychologie Wilhelm Wundts], 1917.
S. 197-205　Verstehen und Erklären. Thesen, 1927.

S. 206-262   Männliche Jugend, 1932.
S. 263-280   Die Urschichten des Wirklichkeitsbewußtseins, 1934.
S. 281-304   Metapsychologische Meditationen, 1934.
S. 305-327   Wege und Ziele der Völkercharakterologie, 1939.（大日方勝・喰代驥訳『民族性格学』刀江書院、1940年）
S. 328-345   Das Wesen der Lebensalter mit besonderer Berücksichtigung der späten Lebensalter, 1941.
S. 346-365   Zur Psychologie der Bildsamkeit des Erwachsenen, 1953, 2. Fassung 1954.
S. 366-370   Erlebniskapazität, 1960.
S. 371-376   Erlebnis und Gehalt, 1962.
S. 377-393   Ausdruckstheorie, o. J.
S. 394-407   Das sich selbst sehende Auge, o. J.
S. 408-430   Quellenverzeichnis und Anmerkungen〔vom Herausgeber〕.
S. 431-434   Nachwort〔vom Herausgeber〕.

Bd. V. Kulturphilosophie und Kulturkritik. Hrsg. von Hans Wenke. Max Niemeyer Varlag Tübingen, 1969.
S. 1-29   Die Kulturzyklentheorie und das Problem des Kulturverfalls, 1926.（村井実・長井和雄訳『現代の文化問題』牧書店、1959年）
S. 30-106   Das deutsche Bildungsideal der Gegenwart in geschichtsphilosophischer Beleuchtung, 1926.
S. 107-128   〔Von der deutschen Staatsphilosophie der Gegenwart〕, 1928.
S. 129-172   Probleme der Kulturmorphologie, 1936.
S. 173-193   Kulturpathologie?, 1947.（篠原正瑛訳『文化病理学』弘文堂、1950年）
S. 194-210   Die Geburt des geschichtsphilosophischen Denkens aus Kulturkrisen, 1954.
S. 211-232   Zur geistigen Lage der Gegenwart, 1930.
S. 233-246   〔Wissenschaft-Ideologie-Gesellschaft〕, 1937.
S. 247-264   Volksmoral und persönliche Sittlichkeit, 1939.（小塚新一郎訳『文化哲学の諸問題』岩波書店、1937年）
S. 265-289   Zwei Auffassungen vom Wesen der Philosophie, 1942.
S. 290-308   Kulturbegegnungen als philosophisches Problem, 1948.
S. 309-319   Grenzen der Menschheit, 1950.
S. 320-327   Aufgaben der Philosophie in der Gegenwart, 1953.
S. 328-347   Ist der moderne Kulturprozeß noch lenkbar?, 1953.（前掲訳書『現代の文化問題』）

S. 348-381	〔Die Wirtschaft unter kulturphilosophischem Aspekt〕, 1954.
S. 382-398	Die kulturphilosophischen Voraussetzungen der gegenwärtigen Bildungsaufgabe, 1955.
S. 399-405	Weltverkehr und geistige Kultur, 1956.
S. 406-414	Über das Gewissen, 1959.（前掲訳書『人間としての生き方を求めて』）
S. 415-429	Leben wir in einer Kulturkrisis?, 1960.（長谷川博隆・明子訳「文化の危機に直面して」『世界の知性』河出書房新社、1964年）
S. 430-446	Das Historismusproblem an der Universität Berlin seit 1900, 1960.
S. 447-464	Die moralbildende Kraft in unserem Zeitalter, 1961.（前掲訳書『人間としての生き方を求めて』）
S. 465-472	Nachwort〔vom Herausgeber〕.
S. 473-474	Quellenverzeichnis〔vom Herausgeber〕.

Bd. VI. Grundlagen der Geisteswissenschaften. Hrsg. von Hans Walter Bähr. Max Niemeyer Verlag Tübingen, 1980.

S. 1-42	Zur Theorie des Verstehens und zur geisteswissenschaftlichen Psychologie, 1918.
S. 43-73	Die Einheit der Wissenschaft, ein Problem, 1952.
S. 74-90	Über Kategorien des Verstehens, o. J.
S. 91-103	Leben und Wissenschaft, 1905.
S. 104-119	Die psychologisch-historische Typenbildung, 1905.
S. 120-132	Die Stellung der Werturteile in der Nationalökonomie I u. III, 1913.
S. 133-150	Die soziologie in der Erinnerungsgabe für Max Weber, 1925.
S. 151-183	Der Sinn der Voraussetzungslosigkeit in den Geisteswissenschaften, 1929.
S. 184-200	Objektiver Geist, 1934.
S. 201-215	Bemerkungen zum Strukturbegriff in den Geisteswissenschaften, 1934.
S. 216-227	Theorie und Ethos, 1936.
S. 228-235	Die Krisis der Geisteswissenschaften in der Gegenwart, 1937.
S. 236-244	Die weltanschauliche Bedeutung der modernen Biologie, 1944.〔Philosophische Konsequenzen der neuen Umweltlehre J. v. Uexkülls〕.
S. 245-264	Das Echte im objektiven Geist, 1952.
S. 265-269	Mitverantwortung der Wissenschaft. Zwei Dokumente, 1952.
S. 270-277	Das Standortproblem, o. J.
S. 278-287	Ideologisches im Verstehen, o. J.
S. 288-304	Das normative Problem, o. J.

S. 305-312   Vom Wesen des Geistigen, 1962.
S. 313-344   Zu den Texten [vom Herausgeber].
S. 345-351   Nachwort [vom Herausgeber].

Bd. VII. Briefe: 1901-1963. Hrsg. von Hans Walter Bähr. Max Niemeyer Verlag Tübingen, 1978.
S. 1-100   In einer neuen Generation (Berlin und Leipzig), 1901-1920.
S. 101-148   In Berlin in der Weimarer Republik, 1920-1933.
S. 149-231   In der Diktatur und im Zweiten Weltkrieg, 1933-1945.
S. 232-404   In den Nachkriegsjahren und in der Bundesrepublik, 1945-1963.
S. 405-460   Erläuterungen und Anmerkungen [vom Herausgeber].
S. 461-469   Nachwort [vom Herausgeber].

Bd. VIII. Staat, Recht und Politik. Hrsg. von Hermann Josef Meyer. Max Niemeyer Verlag Tübingen, 1970.
S. 1-33   Die Individualität des Gewissens und der Staat, 1933.
S. 34-53   Der Ertrag der Geistesgeschichte für die Politik, 1946. (前掲訳書『文化病理学』)
S. 54-76   Wesen und Wert politischer Ideologien, 1954.
S. 77-124   Gedanken zur staatsbürgerlichen Erziehung, 1956.
S. 125-140   Das Problem des Aufstieges, 1918. (前掲訳書『文化と教育』)
S. 141-155   Völkerbund und Rechtsgedanke, 1919.
S. 156-168   Staat und Sittengesetz. Eine Auseinandersetzung mit F. W. Foerster, 1919.
S. 169-191   Probleme der politischen Volkserziehung, 1928.
S. 192-205   Die männliche Jugend und die Politik, 1930.
S. 206-223   Recht und Grenzen des Staates in den Bildungsaufgaben der Gegenwart, 1932.
S. 224-231   Ehre, 1934.
S. 232-259   Die Wirklichkeit der Geschichte, 1936.
S. 260-267   [Die Frage der deutschen Schuld], 1946.
S. 268-276   Verstrickung und Ausweg. Ein Wort über die Jugend, 1946.
S. 277-289   Falsche Ehrbegriffe, 1947.
S. 290-308   Zur Frage der Erneuerung des Naturrechts, 1948.
S. 309-317   Volksmoral und Gewissen als Erziehungsmächte, 1948. (前掲訳書『人間としての生き方を求めて』)

S. 318-344	Fünf Jugendgenerationen 1900-1949, 1950.（前掲訳書『教育学的展望』）
S. 345-358	[Deutschland und Europa]. Rede zum 2. Jahrestag der Bundesrepublik am 12. September, 1951.（前掲訳書『現代の文化問題』）
S. 359-370	Vom europäischen Bildungsideal, 1951.
S. 371-377	Was heißt Liberalismus?, 1953.
S. 378-391	Parteien und Weltanschauung, 1956/57.
S. 392-410	Das Preußische, o. J.
S. 411-423	Nachwort [vom Herausgeber].
S. 424-454	Quellenverzeichnis und Anmerkungen [vom Herausgeber].

Bd. IX. Philosophie und Psychologie der Religion. Hrsg. von Hans Walter Bähr. Max Niemeyer Verlag Tübingen 1974.

S. 1-14	Gibt es eine »religiöse Entwicklung«?, 1945.
S. 15-74	Die Schicksale des Christentums in der modernen Welt, 1947.（篠原正瑛訳『たましいの魔術』岩波書店、1951年）
S. 75-100	Der unbekannte Gott, 1954.
S. 101-161	Hauptprobleme der Religionsphilosophie — vom systematischen Standpunkt, 1910/1911.
S. 162-207	Der Kampf gegen den Idealismus, 1931.
S. 208-223	Religionsphilosophische Fragen eines Abendländers, 1937.
S. 224-250	Weltfrömmigkeit, 1941.（前掲訳書『たましいの魔術』）
S. 251-270	Zur Psychologie des Glaubens, 1942.（前掲訳書『たましいの魔術』）
S. 271-302	[Glaube, Geschichtsprozeß und Bewußtsein], 1944.
S. 303-314	Der Humanitätsgedanke und seine Problematik III, 1948.
S. 315-331	Nemo contra Deum nisi Deus ipse, 1949.
S. 332-336	Schlechte und wahre Unendlichkeit, 1958.
S. 337-349	Vom metaphysischen Leid, 1963.
S. 350-355	Zur Methode und Aufgabe der Religionsphilosophie, 1901.
S. 356-359	Die Bedeutung der Geschichte für die Religiosität, 1911.
S. 360-369	Briefwechsel Eduard Spranger — Gerhard Bohne, 1952.
S. 370-377	[Religionsphilosophische Reflexionen], 1963.
S. 378-418	Zu den Texten [vom Herausgeber].
S. 419-435	Nachwort [vom Herausgeber].

Bd. X. Hochschule und Gesellschaft. Hrsg. von Walter Sachs. Quelle & Meyer Verlag

Heidelberg, 1973.
S. 7-81　　　　Begabung und Studium, 1917.
S. 82-158　　　Das Wesen der deutschen Universität, 1930.
S. 159-182　　 Forschung, Berufsbildung und Menschenbildung an der gegenwärtigen deutschen Universität, 1953.（前掲訳書『現代の文化問題』）
S. 183-188　　 Die humanistische Fakultät, 1921.
S. 189-224　　 Hochschule und Staat, 1930.
S. 225-238　　 Über Gefährdung und Erneuerung der deutschen Universität, 1930.
S. 239-253　　 Probleme der Begabtenförderung, 1930.
S. 254-272　　 Über Sinn und Grenzen einer Hochschulreform, 1932.
S. 273-321　　〔Die Universität Berlin nach Kriegsende, 1945〕
S. 322-341　　 Gehalt und Gestalt der deutschen Universität im Wandel von 1810 bis 1950, 1951.
S. 342-360　　 Ein Professorenleben im 20. Jahrhundert, 1953.
S. 361-375　　 Studium und Lebensführung, 1954.
S. 376-390　　 Gedenkrede zur 150-Jahrfeier der Gründung der Friedrich-Wilhelms-Universität in Berlin, 1960.
S. 391-405　　 Der Universitätslehrer als Erzieher, 1961.
S. 406-413　　 Akademische Lehrfreiheit, 1961.
S. 414-427　　 Gestalt und Problematik der deutschen Universität, 1962.
S. 428-430　　〔Rückblick〕, o. J.
S. 431-479　　 Zu den Texten〔vom Herausgeber〕.

Bd. XI. Erzieher zur Humanität. Studien zur Vergegenwärtigung pädagogischer Gestalten und Ideen. Hrsg. von Otto Dürr. Quelle & Meyer Verlag Heidelberg, 1972.
S. 7-14　　　　Sokrates, 1931.
S. 15-32　　　 Luther, 1917.（前掲訳書『文化と教育』）
S. 33-38　　　 Comenius, 1920.（前掲訳書『文化と教育』）
S. 39-63　　　 Jean Jacques Rousseau, 1908.（前掲訳書『文化と教育』）
S. 64-73　　　 Kants kritische Methode in geistesgeschichtlicher Beleuchtung, 1924.
S. 74-93　　　 J. G. Herder: Ahnung und Erfüllung, 1949.
S. 94-160　　　Pestalozzis Denkformen, 1959.（吉本　均訳『教育の思考形式』明治図書、1962年）
S. 161-183　　 Goethe über sich selbst, 1949.（浜田正秀訳『ゲーテ全集』別冊『ゲーテと現代』潮出版、1989年）

S. 184-268   Schillers Geistesart, gespiegelt in seinen philosophischen Schriften und Gedichten, 1941.
S. 269-293   Fichte, 1945.
S. 294-300   Wilhelm von Humboldt, 1914.
S. 301-316   Hegel über Sokrates, 1938.
S. 317-327   Hölderlin und das deutsche Nationalbewußtsein, 1919.（前掲訳書『文化と教育』）
S. 328-375   Aus Friedrich Fröbels Gedankenwelt, 1938.（小笠原道雄・鳥光美緒子訳『フレーベルの思想界より』玉川大学出版部、1983年）
S. 376-388   Wilhelm Dilthey, 1912.
S. 389-403   Nietzsche über Sokrates, 1939.
S. 404-413   Georg Kerschensteiner, 1932.
S. 414-417   Der Idealismus. An Albert Schweitzer, 1960.
S. 418-424   Theodor Litt, 1963.
S. 425-452   Quellenverzeichnis und Anmekungen〔vom Herausgeber〕.
S. 454-458   Nachwort〔vom Herausgeber〕.

（B）　その他のシュプランガー原著
1　Die Grundlagen der Geschichtswissenschaft. Eine erkenntnistheoretisch-psychologische Untersuchung, Reuther & Reichard Verlag Berlin, 1905.
2　Wilhelm von Humboldt und die Humanitätsidee, Reuther & Reichard Verlag Berlin, 1909.
3　Wilhelm von Humboldt und die Reform des Bildungswesens, Reuther & Reichard Verlag Berlin, 1910.
4　Das humanistische und das politische Bildungsideal im heutigen Deutschland, Mittler Verlag Berlin, 1916.
5　Kultur und Erziehung, Quelle & Meyer Verlag Leipzig, 1919. 4. verm. Aufl. , 1928.（前掲訳書『文化と教育』）
6　Zum politischen Bildungsideal. In：Vergangenheit und Gegenwart, Jg. 8. 1918.
7　Lebensformen. Geisteswissenschaftliche Psychologie und Ethik der Persönlichkeit, 2. völlig neu bearb. u. erw. Aufl. Max Niemeyer Verlag Halle, 1921. 9. Aufl. Max Niemeyer Verlag Tübingen, 1966.（伊勢田耀子訳『文化と性格の諸類型』全2巻、明治図書、1961年）
8　Die Erziehung der Frau zur Erzieherin. In：Deutscher Fröbel-Verband. Berlin, 1919. In：Kultur und Erziehung, 2. Aufl. 1923.（前掲訳書『文化と教育』）

9 Kulturpolitik. 1923. In: Die Erziehung, Jg. 13. 1938.
10 Psychologie des Jugendalters, [1. und] 2. Aufl. Quelle & Meyer Verlag Leipzig, 1924. 29. Aufl. Quelle & Meyer Heidelberg, 1979.（原田　茂訳『青年の心理』協同出版、1973年）
11 Antrittsrede in der Preussischen Akademie der Wissenschaften zu Berlin 2. Juli 1925. In: Eduard Spranger. Sein Werk und Sein Leben, Quelle & Meyer Verlag Heidelberg, 1964.
12 Über Erziehung zum deutschen Volksbewußtsein, 1925. In: Volk, Staat, Erziehung, Quelle & Meyer Verlag Leipzig, 1932.
13 Der deutsche Klassizismus und das Bildungsleben der Gegenwart, Stenger Verlag Erfurt, 1927.
14 Zur geistigen Lage der Gegenwart. In: Die Erziehung, Jg. 6. 1931.
15 Volk, Staat, Erziehung. Gesammelte Reden und Aufsätze, Quelle & Meyer Verlag Leipzig, 1932.
16 Aufbruch und Umbruch. In: Die Erziehung, Jg. 8. 1933.
17 März 1933. In: Die Erziehung, Jg. 8. 1933.
[Schreiben über die Gründe des Rücktritts vom Lehramt an der Berliner Universität.]
Der Rücktritt Sprangers. In: Deutsche Allgemeine Zeitung Reichs-Ausgabe, Jg. 72. 1933. Nr. 195/196, 28. April. Beiblatt.
18 Der politische Mensch als Bildungsziel. In: Die Erziehung, Jg. 9. 1934.
19 Buchpädagogik. In: Die Erziehung, Jg. 11. 1936.
20 Kulturmorphologische Betrachtungen. In: Die Erziehung, Jg. 12. 1937.
21 Was heißt Geistesgeschichte? In: Die Erziehung, Jg. 12. 1937.（小塚新一郎訳『文化哲学の諸問題』岩波書店、1937年）
22 Volkstum und Erziehung. In: Die Erziehung, Jg. 13. 1938. In: Der Bildungswert der Heimatkunde, Reclam. Leipzig, 1943.（大日方勝・喰代驥訳『民族性格学』刀江書院、1940年）
23 Die Epochen der politischen Erziehung in Deutschland. In: Die Erziehung, Jg. 13. 1938.（小塚新一郎訳『現代文化と国民教育』岩波書店、1938年）
24 Der Philosoph von Sanssouci, Akademie der Wissenschaft Verlag Berlin, 1942. 2. erw. Aufl. Quelle & Meyer Verlag Heidelberg, 1962.
25 Lebenserfarung, Wunderlich-Verlag Tübingen, 1947.
26 Von alten und neuen Zielen, In: Studentische Blätter. Nr 1. 1947.（篠原正瑛訳『文化病理学』弘文堂、1950年）
27 Verstrickung und Ausweg. Ein Wort über die Jugend, Sübverlag Konstanz, 1947.

28　Vom Wandel des Lebens und der Werte, Daigakusyorin Verlag Tokio, 1949.〔Aus：Das Innere Reich. Bd. I. 1934〕
29　Pädagogische Perspektiven. Beiträge zu Erziehungsfragen der Gegenwart, Quelle & Meyer Verlag Heidelberg, 1951. 3. erw. Aufl. 1955.（前掲訳書『教育学的展望』）
30　Kulturfragen der Gegenwart, Quelle & Meyer Verlag Heidelberg, 1953. 2. Aufl. 1956.（前掲訳書『現代の文化問題』）
31　Gedanken zur Daseinsgestaltung, Ausgew. v. H. W. Bähr. Piper Verlag München, 1954.（村田　昇・山崎英則訳『人間としての在り方を求めて――存在形成の考察――』東信堂、1990年）
32　Rede über die Hausmusik, Bärenreiter-Verlag Kassel und Basel, 1955.（田中宏幸訳注『ハウスムジークを語る』郁文堂、1977年）
33　Die Veränderungen des pädagogischen Denkens und der pädagogischen Wirklichkeit in den letzten 50 Jahren. In：Billdung und Erziehung, Jg. 8. 1955.
34　Mein Konflikt mit der Hitlerregierung 1933. Als Manuskript gedr.〔Geschrieben 1945.〕In：Universitas. Jg. 10. 1955.
35　Wider den Lärm. In：Vom stilleren Leben, Werkbund-Verlag Würzburg,〔Weltbild und Erziehung. 16.〕1956.
36　Erinnerung an meinen Lehrer Friedrich Paulsen, In：Universitas. Jg. 13. 1958. In：Vom pädagogischen Genius. Quelle & Meyer Verlag Heidelberg, 1965.
37　Kurze Selbstdarstellungen, 1961. In：Eduard Spranger. Sein Werk und Sein Leben, 1964.
38　Menschenleben und Menschheitsfragen. Gesammelte Rundfunkreden, R. Piper & Co. Verlag München, 1963.（前掲訳書『人間としての生き方を求めて』）
39　Stufen der Liebe. Über Wesen und Kulturaufgabe der Frau, Rainer Wunderlich-Verlag Hermann Leins Tübingen, 1965.
40　Vom pädagogischen Genuis. Lebenbilder und Grundgedanken großer Erzieher, Quelle & Meyer Verlag Heidelberg, 1965.
41　Goethe. Seine geistige Welt, Rainer Wunderlich-Verlag Hermann Leins Tübingen, 1967.（林　昭道訳『国民教育を支えるもの』明治図書、1986年）

II　シュプランガー原著の邦訳書

1　伊勢田耀子訳『文化と性格の諸類型』（上）・（下）明治図書、1961年。
2　岩間　浩訳『小学校の固有精神』槇書房、1981年。
3　小笠原道雄・鳥光美緒子訳『フレーベルの思想界より』玉川大学出版部、1983年。

4　大日方勝・喰代驥訳『民族性格学』刀江書店、1940年。
5　小塚新一郎訳『文化教育学研究』刀江書店、1935年。
6　小塚新一郎訳『文化哲學の諸問題』岩波書店、1937年。
7　小塚新一郎訳『現代文化と國民教育』岩波書店、1938年。
8　篠原正瑛訳『たましいの魔術』岩波書店、1951年。
9　篠原正瑛訳『文化病理学』弘文堂、1950年。
10　杉谷雅文・村田　昇訳『教育学的展望——現代教育の諸問題——』関書院、1956年。
11　長尾十三二監訳『ドイツ教育史』明治図書、1977年。
12　中川良夫訳『ゲーテの世界観』不二書店、1944年。
13　浜田正秀訳『教育者の道』玉川大学出版部、1967年。
14　林　昭道訳『国民教育を支えるもの』明治図書、1986年。
15　原田　茂訳『青年の心理』協同出版、1973年。
16　村井　実・長井和雄訳『文化と教育』玉川大学出版部、1956年。
17　村井　実・長井和雄訳『現代の文化問題』牧書店、1959年。
18　村田　昇・山邊光宏訳『教育学的展望——現代の教育問題——』(改訳・増補版　付録「学習学校から教育学校へ」「自由への教育者としての教師」) 東信堂、1987年。
19　村田　昇・山崎英則訳『人間としての在り方を求めて——存在形成の考察——』東信堂、1990年。
20　村田　昇・山邊光宏訳『人間としての生き方を求めて——人間生活と心の教育——』東信堂、1996年。
21　吉本　均訳『教育の思考形式』明治図書、1962年。

III　シュプランガーに関する研究文献

1　Bähr, H. W. Wenke, H (Hrsg.): Eduard Spranger — Sein Werk und sein Leben, Quelle & Meyer Verlag Heidelberg, 1964.
2　Bosshart, Emilie: Die systematischen Grundlagen der Pädagogik Eduard Sprangers, Leipzig, 1935.
3　Croner, Else: Eduard Spranger. Persönlichkeit und Werk, Berlin, 1933.
4　Eisermann, W. Meyer, H. J, Röhrs, H (Hrsg.): Maßstäbe. Perspektiven des Denkens von Eduard Spranger, Schwann Verlag Düsseldorf, 1983.
5　Hohmann, Joachim S.: Beiträge zur Philosophie Eduard Sprangers, Duncker & Humblot Verlag Berlin, 1996.

6 Huschke-Rhein, Bernhard: Das Wissenschaftsverständnis in der geisteswissenschaftlichen Padagogik. Dilthey-Litt-Nohl-Spranger, Klett-Cotta Verlag Stuttgart, 1979.
7 Keim, Wolfgang (Hrsg.): Pädagogen und Pädagogik im Nationalsozialismus, Frankfurt am Main, Bern, New York, Paris, 1988.
8 Kollmann, Roland: Bildung, Bildungsideal, Weltanschauung. Studien zur pädagogischen Theorie Eduard Sprangers und Max Frischeisen-Köhlers, A. Henn Verlag Ratingen. Kastellaun. Düsseldorf, 1972.
9 Löffelholz, Michael: Philosophie, Politik und Pädagogik im Frühwerk Eduard Sprangers 1900-1918, Helmut Buske Verlag Hamburg, 1977.
10 Meyer-Willner, Gerhard: Eduard Spranger und die Lehrerbildung, Julius Klinkhardt Verlag Bad Heilbrunn, 1986.
11 Meyer-Willner, Gerhard: Eduard Spranger. Aspekte Seines Werks aus heutiger Sicht, Julius Klinkhardt Verlag Bad Heilbrunn/Obb., 2001.
12 Neu, Theodor: Bibliographie Eduard Spranger, Max Niemeyer Verlag Tübingen, 1958.
13 Retter, Hein/Meyer-Willner, Gerhard (Hrsg.): Zur Kritik und Neuorientierung der Pädagogik im 20. Jahrhundert, August Lax Verlag Hildesheim, 1987.
14 Ritzel, Wolfgang: Philosophie und Pädagogik im 20. Jahrhundert, Wissenschaftliche Buchgesellschaft Verlag Darmstadt, 1980.
15 Sacher, Werner: Eduard Spranger 1902-1933, Peter Lang Verlag Frankfurt am Main, Bern. New York. Paris, 1988.
16 Scheuerl, Hans (Hrsg.): Klassiker der Pädagogik, Bd. 2, C. H. Beck Verlag München, 1979.
17 Wenke, Hans (Hrsg.): Eduard Spranger. Bildnis eines geistigen Menschen unserer Zeit, Heidelberg, 1957.
18 安谷屋良子「シュプランガーにおける教育理念と教育者の位置」(『教育哲学研究』第6号)、1962年。
19 安谷屋良子「エドゥアルト・シュプランガーの宗教思想の特色について」(琉球大学教育学部紀要、第12集)、1969年。
20 安谷屋良子「シュプランガーの理論」(金子孫一編『現代教育理論のエッセンス』)、1970年。
21 天野正治「シュプランガーの内面的学校改革について」(『教育哲学研究』第3号)、1960年。
22 天野正治編『現代に生きる教育思想(5)――ドイツ(II)――』ぎょうせい、1982年。

23 新井保幸「1920年代シュプランガーにおける文化教育学思想の特質」(『教育哲学研究』第30号)、1974年。
24 伊東亮三「シュプランガーにおける生活と教育との関連について」(『教育哲学研究』第4号)、1961年。
25 岩間　浩「シュプランガーの内界覚醒論」(『教育哲学研究』第29号)、1974年。
26 荘司雅子「シュプランガー博士の思い出」(『教育哲学研究』第10号)、1964年。
27 田代尚弘「シュプランガーにおける『良心教育』の実践的・政治的目標――戦後民主主義との関連で――」(『教育哲学研究』第53号)、1986年。
28 田代尚弘「シュプランガーの宗教的人間観への一考察」(『教育哲学研究』第58号)、1988年。
29 田代尚弘著『シュプランガー教育思想の研究――シュプランガーとナチズムの問題――』風間書房、1995年。
30 長井和雄著『シュプランガー』牧書店、1957年。
31 長井和雄「シュプランガー」(長田　新企画『教育哲学』御茶の水書房)、1962年。
32 長井和雄著『シュプランガー研究』以文社、1973年。
33 村田　昇「シュプランガーにおける教育の本質概念について」(『教育哲学研究』第3号)、1960年。
34 村田　昇「シュプランガーの政治教育思想」(『教育哲学研究』第10号)、1964年。
35 村田　昇著『現代道徳教育の根本問題』明治図書、1968年。
36 村田　昇著『国家と教育』ミネルヴァ書房、1969年。
37 村田　昇「シュプランガー」(杉谷雅文編『現代のドイツ教育哲学』玉川大学出版部)、1979年。
38 村田　昇編著『シュプランガーと現代の教育』玉川大学出版部、1995年。
39 村田　昇著『シュプランガー教育学の研究』京都女子大学、1996年。
40 村田　昇著『パウルゼン　シュプランガー教育学の研究』京都女子大学、1999年。
41 山崎英則著『シュプランガー教育学の基礎研究』学術図書出版、1997年。
42 山崎英則著『シュプランガー教育学の研究――継承・発展過程と本質理論をたずねて――』溪水社、2005年。

IV　その他の参考文献

1. Bollnow, O. F.：Die Ehrfurcht, 2 Aufl. Frankfurt am Main, 1958.
2. Bull, N. J.：Moral Education, Routledge & Kegan Paul, 1969.
（森岡卓也訳『子供の発達段階と道徳教育』明治図書、1977年。）
3. Dewey, J.：A Common Faith, Yale University Press, 1934.
（岸本英夫訳『誰でもの信仰』春秋社、1951年。）
4. アルフォンス・デーケン著『生と死の教育』岩波書店、2001年。
5. ゲーテ著、関　泰祐訳『ウィルヘルム・マイステルの遍歴時代』（中）岩波書店、1976年。
6. エッゲベルト著、横山　滋訳『ドイツ神秘主義』、1979年。
7. ジェイムズ、W. 著、比屋根安定訳『宗教経験の諸相――人間性の研究――』誠信書房、1973年。
8. ジェイムズ、W. 著、桝田啓三郎訳『プラグマティズム』岩波書店、1957年。
9. シャーウイン・B・ヌーランド著、鈴木主税訳『人間らしい死にかた』河出書房新社、1995年。
10. シュライエルマッヘル著、佐野勝也・石井次郎訳『宗教論』岩波書店、1949年。
11. ヘルムート・クーン著、斎藤　博・玉井　治訳『存在との出会い――良心の形而上学のための省察――』東海大学出版会、1978年。
12. ボルノー著、森田　孝・大塚恵一訳編『問いへの教育』川島書店、1978年。
13. 石川文康著『良心論――その哲学的試み――』名古屋大学出版会、2001年。
14. 上田閑照編『ドイツ神秘主義研究』創文社、1982年。
15. 上田閑照『宗教への思索』創文社、1997年。
16. 岡田渥美編『人間形成論――教育学の再構築のために――』玉川大学出版部、1996年。
17. 小口偉一・堀　一郎監修『宗教学辞典』東京大学出版会、1973年。
18. 長田　新著『教育哲学』岩波書店、1963年。
19. 押谷由夫著『「道徳の時間」成立過程に関する研究――道徳教育の新たな展開――』東洋館出版、2001年。
20. 加藤常昭他編『キリスト教人名辞典』日本基督教団出版局、1986年。
21. 金子武蔵著『良心と幸福』清水弘文堂、1967年。
22. 金子武蔵編『良心――道徳意識の研究――』（日本倫理学会論集12）、以文社、1977年。
23. 岸本英夫著『宗教学』大明堂、1961年。

24 高橋和夫著『スウェーデンボルグの宗教世界──原宗教の一万年史──』人文書院、1997年。
25 田島照久編訳『エックハルト説教集』岩波書店、1990年。
26 田島照久著『マイスター・エックハルト研究』創文社、1996年。
27 田丸徳善「ドイツ観念論と宗教の問題」、廣松　渉・坂部　恵・加藤尚武編『ドイツ観念論』第6巻、弘文堂、1990年。
28 中村正雄著『良心の自由──倫理学的考察──』晃洋書房、1994年。
29 西谷啓治著『宗教とは何か』創文社、1961年。
30 原　聰介編著『教育の本質と可能性』八千代出版、1996年。
31 廣松　渉他編『哲学・思想辞典』岩波書店、1998年。
32 森　昭著『教育の実践性と内面性──道徳教育の反省──』黎明書房、1954年。
33 山邊光宏著『人間形成の基礎理論』東信堂、1995年。

あ と が き

　本書は、平成15年2月に安田女子大学より授与された文学博士（論文博士）の学位論文に、多少の加除を施し、表題を改めたものである。学位論文の原題は、「シュプランガー教育学の研究――宗教思想的視座からの考察――」であった。

　この書が公刊できたのは、長年にわたって温かくご指導いただいた先生方のお蔭である。積年の学恩を思わずにはおれない。広島大学大学院時代の恩師で、その後も幾歳月、研究指導をいただき続けた故杉谷雅文先生。先生には研究の「基礎の基礎」から厳しくも親身にご指導を賜り、しかも学者としての誠実性や真摯な態度をも身をもって教えていただき、それは今も筆者の支えになっている。「早く学位論文をまとめなさい」と常に励まし続けて下さったにもかかわらず、先生のご期待に応えることができなかったことが悔やまれてならない。さらに、滋賀大学名誉教授の村田　昇先生には、筆者が大学院修士課程修了後、今日に至るまで、先生のご専門の「シュプランガー研究」に関して、親身に一方ならずご指導を賜った。先生のお導きがなかったならば、筆者は決して今日までシュプランガー研究を継続することはできなかったし、その成果をこのたび本書に具体化することもかなわなかったであろう。また、その間、広島大学名誉教授の小笠原道雄先生には、教育哲学研究に関してご指導を賜り感謝申し上げたい。

　次に、元安田女子大学長の河野　眞先生には、10数年もの間、是非学位を取得するよう励まし続けていただき、心からお礼を申し上げたい。一方、鳥居秀次事務局次長にも、温かく厳しく励まし続けていただき深く感謝申し上げたい。ご両人のお導きがなかったならば、決して学位も本書も、日の目を見ることはかなわなかったであろう。

　学位論文の審査の段階（平成14－15）においては、主査の池田秀男先生

（当時安田女子大学教授、広島大学名誉教授）、審査委員として金子照基先生（当時安田女子大学教授、大阪大学名誉教授）、大塚忠剛先生（当時安田女子大学教授、愛媛大学名誉教授）、今泉信人先生（安田女子大学教授）、押谷由夫先生（昭和女子大学短期大学部教授）、こうした５人の方々に温かいご指導を賜り厚くお礼申し上げたい。

　本書は、平成17年度安田女子大学「研究助成費」の交付を受けて公刊するものである。吉野昌昭学長と安田裕実事務局長を始め、大学関係者の方々に対して、深甚なる感謝の念を捧げなくてはならない。

　最後に、採算のとれるとも思えぬ本書の出版については、東信堂の下田勝司社長を始め、社をあげて格別のご高配をいただいた。まことに感謝に堪えない思いで、厚くお礼申し上げる次第である。

　以上、多くの方々に対するお礼の言葉は、時間的な順序に従っていることを申し添えておきたい。

　　平成17年12月１日

　　　　　　　　　　　　　　　　　　　　　　山　邊　光　宏

人名・事項索引

【 ア 行 】

愛　79、89、91、140、204、205、208、224-226、229、260
　　──（へ）の教育　12、140、204-206、224、226
　　──の人　92、205、224、260
　　人格的──　79
　　人間──　205、224、225
安谷屋良子　122
アリストテレス　235
イエス・キリスト　23、45、48、56、97、99、106、107、142、162、232、235、238、243
生き方　237-240、242、244、256、259、260
異教の宗教性　74
畏敬　193-198、201、202、220、221、229
　　──の念　194-198、220
　　──の念（へ）の教育　11、12、193、196、206、220、226
いのちの教育　253
ヴァイゲル（V. Weigel）　60
ヴィンデルバント（W. Windelband）　53
ヴォルフ（C. Wolff）　67
エクスタシー　81
エックハルト（M. Eckhart）　60、61、100、138
老いと死　249、251-253、259
老いの回想　255

岡田渥美　212、213、249、250、257
オットー（R. Otto）　78、100
オルポート（G. W. Allport）　192
恩寵　100
　　──宗教　100

【 カ 行 】

回心　65
　　宗教的──　240、241
　　信仰覚醒的──　62
回想　254-259
確実性　130
確信　130、245、246
覚醒　125、195、196、226-229、231-233、237、240-242、247
　　宗教的──　209、228、241
　　道徳的──　240、241
　　──運動　64
　　信仰──運動（Erweckungsbewegung, revival）　62、63、65
　　──体験　197
葛藤　189、190、219、241、242
　　──状況　186
　　──体験　241
カトリシズム　26、95
カトリック教会　26、27
金子武蔵　131、140、224
神　17-19、20、21、23、32、36-40、52-54、55、71、74-83、85、86、88

-91、95、97-99、100-103、105、106、108-112、114-116、122、137-139、141、142、188、189、198、245、246
　　隠れた── 81
　　知られざる(『知られざる』)── 19、89、119
　　──との出会い 91、106、132、139、198
　　──の愛 19、79、89、92、97、109、140
　　──の声 91、101、108、124、128、132、133、135、187、200、203、209、221、228
　　──の言葉 20、36、70、105
　　──の諸類型 75
　　──の閃光 107、135、141、142
　　──の体験 9、53、82、87-89
　　──の探究者 19
　　──人共働説(Synergismus) 100、102
環境(Milieu) 167
環境界(Umwelt) 159
カント 43、46-48、63、67、86、98-101、137、141、154、164、186
　　──の良心法廷説 130
　　──の良心論 137
感動(激) 195、208、210、220、228
　　──体験 87、197、208、228
危機神学 36、96、102、104、141
規範
　　客観的な──的精神 155、158、160、164、176、177、179、181
　　共同生活の── 161、162、175
　　形而上的・宗教的 ── 163、181
　　個人的── 162、174、175
　　事柄的── 159、162、174、175、177
　　自己形成の── 159、160、162、163、164、174、175、177、181
　　社会的── 162、174、175、178-180、182
　　集団的── 180
　　主観的な──的精神 155、158、160、164、177、179、182
　　存在としての── 161
　　当為としての── 161、163、181
　　道徳── 246
　　理念としての── 161
　　良心の── 162、181
　　倫理的── 161、163、181
　　──的精神 152、155、156、159-163、166、174-179
　　──の── 161、163、181
客観化された精神 151、153-155、157-160、163、166、168、171-175、176、177、194
客観化された道徳 172、174、175、177
客観的精神 152-156、159、162、163、165、173-175、178-180
教育 3、125、231
　　──思想 3-7、9-11、13、75、121、128、151、171、177、186
　　──的風土(雰囲気) 167、196、228
　　──の可能性 12、212-215、218
　　──万能論 213、215、217
　　──悲観論 213
　　──楽観論 212、213
教育学 3
　　『──的展望』 29、215

——の宗教的基盤　3
教育者　158、165、196、213、220、226、
　　228-229、232、240、242-243
教会再一致運動（Ökumenismus）　26、
　　27
共通精神　152、153、162、173-175
キリスト教　24、25、28、45、46、63
　　-71、79、81、87、91、94-98、145、
　　146、162、216、217、233
　　　　——信仰　16、29、30
　　　　——的愛　79
　　　　——的ヒューマニズム　69、97、
　　104-106、108、217
　　　　——の文化化　110
キリスト教徒(者)　16、80、87、108、
　　146
キリスト中心（christozentrisch）　45
キルケゴール（S.A.Kierkegaard）　66、
　　99、102、232
空（くう）　78
苦悩　89、124、241、242、254、260
クリーク（E.Krieck）　4
グリーゼバッハ（E.Griesebach）　99
グロース（H.Groos）　63、71
クーン（H.Kuhn）　140
群集的人間　216
経験　87
　　　　根本——　14、87
敬虔主義（者）　62、65-68、70、136
啓示　39、90、100、106、107、165
　　　　一般——　106、142
　　　　特殊——　106、142
　　　　——宗教　23
形而上学　84、195
形而上的自己　189

形而上的次元　124、186
形而上的力　194
形而上的なもの　75、108、124、134、
　　145、165、189、199、209、228、229、
　　256
啓蒙主義　61、62、65-70、107、116
　　　　ドイツ的——　67、71
　　　　——的宗教　63
ゲーテ　28、29、62、71、88、91、97、
　　103、105、116、195-198、201、255、
　　258、259
原罪　95、98、101、109
現世的敬虔（Weltfrömmigkeit）　5、8-
　　10、15、16、23、38、39、55、64、
　　66、72、87、94-96、104、107、114、
　　117、118、120-122、136、144-147、
　　162、163、195、198、199、209、216、
　　217、221、224、231、255、258
現世と来世　258、260
孔子　67、162、172、189、235
高次の自己　130-135、143
コーエン（H.Cohen）　53
ゴーガルテン（F.Gogarten）　99
護教論（apologetics）　146
心の教育　200、236
心の純粋性(純粋な心)　91、133-135、
　　259
個人的倫理　11、173、175、176、178
　　-182、186-189、192、233、237、238
古典的なるもの（内容・作品）　158、
　　173、176、177
コメニウス（J.A.Comenius）　212、213

【 サ 行 】

再教育（reeducation） 214
再生 65
悟り 90、255
自愛と他愛 225
シェーラー（M.Scheler） 79
シェリング（F.W.J.Schelling） 60、63、71
此岸と彼岸 144、258、259
自己吟味 237
自己省察（自省） 200、202、203、209、220-222、237、244
　　　　——への教育 12、200
死生学（thanatology, Thanatologie） 253
自然 71、78-80、87、88、106、168
　　　超—— 78-81、85
　　　——宗教 79
　　　——神学 70
自尊（心） 132、133、200-203
　　　　——と自己批判 12、202
　　　　——への教育 200、202、221
実証主義 67、143、144
　　　　——的教育学 67
実存哲学 99
死に方 260
死への準備教育 251-253
篠原正瑛 185
釈迦 162、235
社会化援助 189、191
社会的人間 205、224
シュヴェンクフェルト（K.Schwenkfeld） 60
宗教 3、9、28、43、44、55、56、74、84、87、94、114-120、123、185、217、224
　　（歴史的）既成—— 10、21、32、37-40
　　客観的—— 38
　　合理主義的—— 68
　　世界—— 23、74、87
　　理性—— 68
　　——改革 60、62、64、69
　　——思想（論） 3-10、13、15、16、37、39、43、44、59、75、94、96、100、102、103、106、110、117、121、122、128、136、146、163、177
　　——心 50、116、117、144、195、221、257
　　——性 33、37、38、47、55、115、116
　　——的回想 254
　　——的価値 33
　　——的経験の多様性 25
　　——的体験 8、10、32、50、51、55、56、89、107、117、121、122
　　——的なもの 33、36、114、145、193、198、209、220、228、229、236、256、257
　　——的ヒューマニズム 8-10、39、59、60、64、66、69、72、94-96、101、105-107、117、141、144、163、198、217
　　——的良心論 10、11、128、185
　　——と文化 8、32、37、104
　　——と良心 3
　　——と倫理 33、34
　　——の内面化 10、55、56、124

──の文化化　35、36、39
自由意志　183、232、245
自由主義神学　96
自由と拘束　189、243
自由への教育　215
集団精神　153、159、160、173
主観－客観問題（関係）など　4、8-11、
　　39、43、43、46、47、51、54、55、
　　75、76、80、82、83、85、88、89、
　　90、135、138、139、151-160、163、
　　165-167、171-173、176、177、179、
　　184、188、194、204、223
主観的精神　152、153、155、156、158、
　　159、165、172、174-184
　　──の優位　11、165、167
縮減の哲学（philosophy of reduction）
　　250、251、257
シュトーカー（H.G.Stoker）　131、207、
　　236
シュバイツァー（A.Schweitzer）　198
シュペーナー（P.J.Spener）　65
シュライエルマッハー（F.E.D.Schleiermacher）　43、44、46、54、56、63、66、
　　68、70、71、88、91、96、105、116、
　　118、119、121-123
生涯学習（論）　249-253
生涯教育・教育学（論）　249-252
生涯発達教育学　250
生涯発達心理学　250
状況　131、134、186、190、207、236
　　道徳的──　219
ショーペンハウアー（A.Schopenhauer）
　　86、213
助産（産婆）法　236、239、241、244
自力救済　100、102、109

新エルサレム教会　30
人格化援助　189、190
人格神　77、83、138
　　愛の──　81、82
　　超自然的──　79、85
信仰　87、146、245、246
　　共通の──　25
　　──による義認（──　によってのみ）（sola fide）　61
　　──の原理　245
　　──の自由　108、142
新人文主義　68
神性　17、23、53、91、102、142、145
真知　239
人文主義（者）　94、95
神秘主義（者）　8-10、25、26、44、
　　59、60、61-64、70、74、75、78、81
　　-87、90、136、140、144、146、147、
　　162、163、195、198、208、217、221、
　　258、259
　　信仰の──　61
　　超越的──　116
　　哲学的・思弁的──　61
　　ドイツ──　60、100
　　東方教会の──　27
　　内在的──　5、39、72、90、116、
　　　117、120
　　──的宗教　63、64
　　──的信仰　195
　　──の良心論　136
神秘的合一（unio mystica）　81
神秘的体験　81、82
神秘的なもの　193、198、220
神律と自律　142、144
人類の教師　233、235

スウェーデンボルグ（スヴェーデンボリ）（E.Swedenborg） 30、31
鈴木大拙 31、80
スピノザ（B.Spinoza） 80
生活が陶冶する 157、164、168
「生活が陶冶する」 152、168
生活教育 164
生活圏の原理 225
生活主義 164
生活態度 222、237-240
成（円）熟 250、256、260
聖書原理 60、61
聖書主義 95
聖書のみ 61
精神生活 151-153、157、161、171、173
　　客観的―― 157
　　超個人的―― 155
精神哲学 11、151、152、155、157、171、174
正統主義（Orthodoxie） 107、109
　　プロテスタント―― 8、59、65
　　プロテスタント――者 64
生と死の教育 252
『青年の心理』 17、24、115
『生の諸形式』（Lebensformen） 35、55、115、119
生の体験 55
生への準備教育 252
生命哲学 11
聖霊 107
精（神）霊（Daimon）の声 245-247
世界の四聖 235
責任意識への教育 203、223
絶対精神 44、155

ソクラテス 162、231-247
尊敬 193、195、197、201、202、220、221
全人 207、227、236
　　――（へ）の教育 207、227
全体性への教育 12、207、227

【 タ 行 】

体験 9、87、90、121-123、136、187、194、200、235、242、244、260
　　究極の―― 86、87、146
　　――の哲学 121
ダイモニオン（Daimonion） 245、246
対話（法） 209、236-242
多神教 77、79
田中毎実 212、213
魂 76、77、83、90、177、232、233、235、237、238、247
　　――の根底 32、90、107、137-139、142、194、208、209、227、228、231、238、254、257
　　――の深奥 203、208、227、228、231、254、257
　　――の世話 237、246
　　――の体験 87、88
　　――の（最）内奥 56、90、92、107、124、138、142、201、245
　　――の魔術 28、100、124、147
　　『――の魔術』 28、124
田丸徳善 60、69
多様の統一（良心の特質） 131、236
他力救済 100、102、109
誰でもの信仰 10、16、146、147

地上界と天上界　259
超越と内在　142、144、199
超人格神　78
ツィンツェンドルフ（N.L.Zinzendorf）
　　65-66
出会い　168、197、229
ディルタイ（W.Dilthey）　71、121、123、
　　155
デーケン（A.Deeken）　251-253
デューイ（J.Dewey）　4、146、147
典型（Vorbild）　163、168、197、229
ドイツ観念論　8、10、59-71、107、117、
　　136、137
　　——の宗教　63、162、163
　　——の良心論　137
統合的一者（良心の特質）　236、244
道徳　159、171-176、184、186
　　国民——　161
　　社会的——　161、164、172、173、
　　175、178-180、182、186、188、
　　189、191、192、219、220、233、
　　238
　　集団的——　161-164、173、178-
　　180、182、190
　　自律的——　189
　　超個人的——　11、173、178
　　他律的——　189
　　——意識　187、207、219、231、
　　236
　　——教育　158、159、164、189-192、
　　214
　　——教育思想　6、7、161、177
　　——思想　11、171-173、177
　　——的法典　174
　　——への教育　11-12、185、219、
　　226
東方教会（Ostkirche）　27
陶冶　158、160、163、164、166、176
　　——価値　176
　　——財　172
時と永遠　134、258、259
徳　237、243
特殊と普遍　134
ドレヴス（A.Drews）　47
トレルチ（E.Troeltsch）　15、45-47、
　　49、52

【　ナ　行　】

内奥の法廷　202、222
内界覚醒　195、200、208、209、220、
　　227、231、237、240
　　——の原理　201、208、227、228
　　——への教育　12、227
内面性　199、233、245
　　——の原理　244
長井和雄　5、71、117、155
汝自身を知れ　238
西谷啓治　74、83、84
ニーチェ（F.W.Nietzsche）　114
人間形成（論）　242、249、251-254
人間性　199-201、203-207、209、222
　　宗教的——　198-200、203、205
　　——への教育　11、198、200
人間的環境　196
ヌミノーゼ（das Numinose）（聖なるもの）　78
ヌーランド（S.B.Nuland）　260
ノイエ・キルヘ（Neue Kirche, New

Church) 30、31

【 ハ 行 】

発達 250、251
　　　——の援助 125、166、231
ハーマン（J.G.Hamann） 62、63
バルト（K.Barth） 70、96、100、106、141
ハルトマン（K.R.E.Hartmann） 47
ハルトマン（N.Hartmann） 154
汎宗教性 123
汎神論 71
万有内在神論 71、72
非神学者の立場 8、15、16、18、146
非人格神 78、80、81
否定神学 81
ヒトラー爆殺事件 21
ヒューマニズム 60、94-99、101-105、107-109、111、112、162、216、217
　　　社会主義的・マルクス主義的—— 217
　　　ルネッサンス・—— 69、95
フィッシャー（A.Fisher） 213
フィヒテ（J.G.Fichte） 43、52、53、63、69、101、124、134、137
ホォールストホッフ（H.Forsthoff） 96、97
福音 30
　　　——教会 26、27
　　　——主義 18、19
フシュケ・ライン（R.B.Huschke-Rhein） 38
仏教 24-25、74、87、146、221

仏性 91、145
普遍的宗教(性) 8、24、27、29、31、40、122、146
プラトン 240
フランケ（A.H.Franke） 65
フリットナー（W.Flitner） 213
フリードリッヒ大王（Friedrich II） 67
ブル（N.J.Bull） 180、192
ブルンナー（E.Brunner） 70、96、100、141
フレーベル（F.W.A.Fröbel） 159、171
プロティノス（Plōtinos） 71
プロテスタンティズム 26、95、96、103、120
　　　新（近代）—— 65
　　　文化的—— 36
　　　——の良心原理 217
プロテスタント 116
　　　——教会 35、36
文化（財） 164、172
文化財の伝達 125、166
文化哲学 11、151、152
『文化と教育』 35、36
文化の宗教化 35、39
フンボルト（K.W.Humboldt） 68、91
ヘーゲル 44、45、71、99、102、155、235
ペスタロッチー（J.H.Pestalozzi） 90、105、117、120、157、167、199、205、207、224、225、235、236、239-241
ベーメ（J.Böhme） 60
ベール（H.W.Bähr） 24、26、27、30
ヘルダー（J.G.Herder） 71、91
ヘルマン（W.J.G.Herrmann） 45-49、56

ヘルンフート派（兄弟団）　65、66、68
弁証法神学（者）　8、36、59、69、70、96-99、103-106、109、111、112、141-143
ボーネ（G.Bohne）　18、20、22-24
ボルノー（O.F.Bollnow）　125、167、194、196、220

【　マ　行　】

マイヤー（H.J.Meyer）　7、188、190、200、219、221
交わり　168、197、209、229
無意図的教育　161、165
無宗教　114、115
無神論　75、99、114、115、146
無知の知　238、241
村田　昇　6-8
名誉　178、183、195、201、203、220、221
　　外的——　201、203
　　形而上的——　195
　　世間的——　174、195、201、221
　　内的——　201、221
モーセの十戒　172、189
モンテッソリ（M.Montessori）　159、171
問答（法）　242

【　ヤ　行　】

ヤスパース（K.Jaspers）　140
ヤコービ（F.H.Jacobi）　62

有神論　71

【　ラ　行　】

ライシュレ（M.Reischle）　45、46、49-51、56
ライプニッツ（G.W.Leipniz）　67、71、212
ラングラン（P. Lengrand）　251
リッケルト（H.Rickert）　53
リッチュル（A.Ritschl）　45-47、82
　　——学派　45、46、49
リュトゲルト（W.Lütgert）　61-63
良心　8-12、35、39、56、91、101、107、111、122、124、128-135、137-143、145、156、162、163、166、173、178、180-183、185-193、197、199-209、215-224、226-229、231、233、235-237、240、241、243-247、249、254-260
　　自律的——　137、138、187、189、191、192、216、219、238
　　真実の——　98、111、143
　　神律的——　137、138、187
　　他律的——　192
　　——教育　12、140、151、187、196、200、214、215、217-227、231、241
　　——教育の可能性　12、212、218
　　——教育（へ）の道　12、218、220、227
　　——教育論　7
　　——経験　190
　　——体験　186、200、206、219、

221、226
　——的確信　233
　——的葛藤　189
　——的決断　131、189、207、219、236
　——と愛　140、261
　——の覚醒　6、7、8-11、56、94、123、125、136、140、147、166-168、195、200、208、217、220、221、231、232、237、240-242、244、254、260
　——の呵責　132、140、141、188、203、205、254、260
　——（へ）の教育　12、202、204、206-208
　——の原理　245
　——の拘束　243
　——の声　124、132-135、145、165、181、184、192、203、217、221、222、243、247、255
　——の自由　108、142、184、187、189-191、215、243
　——の火花（閃光）　135、139、140、232
　——の法廷　189
　——の良心　111、135、143
良心論　3-7、9-13、94、101、111、128、135-139、141、144、145、185、192、195、200、236、249、253、256
　　教育学的——　11、128、185
　　宗教的ヒューマニズムの——　136
　　超越的——　141
　　内在的——　141
　　ルターの——　137
隣人愛　224

ルヴァリス（N.Louvaris）　27
ルター（M.Luther）　36-38、60-62、65、81、82、116、137
ルネッサンス　61、68
ロック（J.Locke）　212
ドイツ・ロマン主義　60、71
『論語』　172

【　ワ　行　】

和辻哲郎　235

■執筆者紹介

山邊　光宏（やまべ　みつひろ）〔旧姓片山〕

1941年、山口県に生まれる。
1969年、広島大学大学院教育学研究科修士課程修了。
広島大学教育学部助手を経て、現在、安田女子大学・大学院教授、博士（文学）。
教育哲学・思想専攻。

主要著訳書

『新しい道徳教育の探究』（共著）学習研究社、1979年。『ドイツにおける教育学の発展』（共著）学文社、1984年。『道徳教育の理論と実践』（共著）福村出版、1985年。シュプランガー『教育学的展望――現代の教育問題』（共訳）東信堂、1987年。『道徳教育論（新版）』（共著）ミネルヴァ書房、1990年。『道徳教育原論』（共著）福村出版、1991年。『人間形成の基礎理論』（初版）東信堂、1994年。『シュプランガーと現代の教育』（共著）玉川大学出版部、1995年。シュプランガー『人間としての生き方を求めて――人間生活と心の教育』（共訳）東信堂、1996年。『近代教育思想の展開』（共著）福村出版、2000年。『人間形成の基礎理論』（第二版）東信堂、2000年。『新世紀・道徳教育の創造』（共著）東信堂、2002年。『教育の本質を求めて』東信堂、2005年。

現住所　広島市安芸区上瀬野南一丁目1985番地（〒739-0303）

シュプランガー教育学の宗教思想的研究

2006年3月30日　初版　第1刷発行　〔検印省略〕

＊定価はカバーに表示してあります

著者 ⓒ 山邊光宏　発行者　下田勝司

印刷・製本 ㈱カジャーレ

東京都文京区向丘1-20-6　郵便振替00110-6-37828
〒113-0023　TEL(03)3818-5521　FAX(03)3818-5514
E-Mail tk203444@fsinet.or.jp

発行所　株式会社　東信堂

Published by TOSHINDO PUBLISHING CO., LTD.
1-20-6, Mukougaoka, Bunkyo-ku, Tokyo, 113-0023, Japan
ISBN4-88713-667-6 C3037 Copyright ⓒ 2006 by Mitsuhiro Yamabe

― 東信堂 ―

教育の平等と正義	K・ハウ著 大桃敏行・中村雅子・後藤武俊訳	三三〇〇円
大学教育の改革と教育学	K・ノイマン著 小笠原道雄・坂越正樹監訳	二六〇〇円
ドイツ教育思想の源流	R・ラサーン著 小笠原道雄・坂越正樹監訳	二六〇〇円
経験の意味世界をひらく ―教育哲学入門 教育にとって経験とは何か	平野智美・佐藤直之・上野正道訳	三八〇〇円
洞察=想像力 ―知の解放とポストモダンの教育	市村・早川・松浦・広石編	三八〇〇円
文化変容のなかの子ども ―経験・他者・関係性	市村尚久・早川操監訳	三八〇〇円
教育の共生体へ ―ボディ・エデュケーショナルの思想圏	D・スローン著 市村尚久・早川操監訳	三六〇〇円
人格形成概念の誕生 ―近代アメリカの教育概念史	田中智志編	三五〇〇円
ナチズムと教育 ―ナチス教育政策の原風景	田中智志	三六〇〇円
サウンド・バイト ―思考と感性が止まるとき	高橋 勝	二三〇〇円
体験的活動の理論と展開 ―「生きる力」を育む教育実践のために	小田玲子	二五〇〇円
新世紀・道徳教育の創造	増渕幸男	二八〇〇円
学ぶに値すること ―複雑な問いで授業を作る	田中智志	三六〇〇円
再生産論を読む ―バーンスティン、ブルデュー、ボールズ=ギンティスの再生産論	小田勝己	二二〇〇円
階級・ジェンダー・再生産 ―現代資本主義社会の存続メカニズム	林 忠幸編	二八〇〇円
教育と不平等の社会理論 ―再生産論をこえて	林 忠幸	二三八一円
情報・メディア・教育の社会学 ―カルチュラル・スタディーズしてみませんか?	橋本健二	二二〇〇円
	小内 透	二二〇〇円
	小内 透	三三〇〇円
	井口博充	二三〇〇円

〒113-0023 東京都文京区向丘1-20-6
5TEL 03-3818-5521 FAX 03-3818-5514 振替 00110-6-37828
Email tk203444@fsinet.or.jp URL: http://www.toshindo-pub.com/

※定価:表示価格(本体)+税

東信堂

比較・国際教育学（補正版）	石附実編	三五〇〇円
教育における比較と旅	石附実	二〇〇〇円
比較教育学の理論と方法	石附実	二八〇〇円
比較教育学―伝統・挑戦・新しいパラダイムを求めて	J・シュリーバー編著 馬越徹・今井重孝監訳	三八〇〇円
世界の公教育と宗教	馬越徹・大塚豊監訳 M・プレイ編	五四二九円
世界の外国人学校	江原武一編著	三八〇〇円
世界の外国語教育政策―日本の外国語教育の再構築にむけて	福田誠治編著	三八〇〇円
日本の教育経験―途上国の教育開発を考える	末藤美津子 大谷泰照他編著 林桂子	六五七一円
アメリカの才能教育 多様なニーズに応える特別支援	国際協力機構編著	二八〇〇円
アメリカのバイリンガル教育―新しい社会の構築をめざして	松村暢隆	二五〇〇円
現代英国の宗教教育と人格教育（PSE）	末藤美津子	三二〇〇円
ドイツの教育	柴沼晶子他編著	二八〇〇円
21世紀を展望するフランス教育改革	天野正治他編著 別府昭郎	五二〇〇円
21世紀にはばたくカナダの教育〈カナダの教育2〉	結城忠編著	四六〇〇円
マレーシアにおける国際教育関係―教育へのグローバル・インパクト	小林順子編	八六四〇円
フィリピンの公教育と宗教―成立と展開過程	杉本均	五七〇〇円
社会主義中国における少数民族教育―江蘇省と広東省の比較	市川誠	五六〇〇円
中国の後期中等教育拡大と経済発展パターン	小川佳万	四六〇〇円
中国の職業教育拡大政策―背景・実現過程・帰結	劉文君	五〇四八円
東南アジア諸国の国民統合と教育―多民族社会における葛藤	呉琦来	三八二七円
オーストラリア・ニュージーランドの教育	村田翼夫編著	四四〇〇円
	石附稔 笹森健編著	二八〇〇円

〒113-0023 東京都文京区向丘1-20-6
TEL 03-3818-5521 FAX 03-3818-5514 振替 00110-6-37828
Email tk203444@fsinet.or.jp URL: http://www.toshindo-pub.com/

※定価：表示価格（本体）＋税

―― 東信堂 ――

大学の管理運営改革―日本の行方と諸外国の動向	江原武一・杉本均編著	三六〇〇円
新時代を切り拓く大学評価―日本とイギリス	秦由美子編著	三六〇〇円
模索されるeラーニング―事例と調査データにみる大学の未来	吉田文・田口真奈編著	三六〇〇円
私立大学の経営と教育	丸山文裕	三六〇〇円
公設民営大学設立事情	高橋寛人編著	二八〇〇円
校長の資格・養成と大学院の役割	小島弘道編著	六八〇〇円
短大ファーストステージ論―飛躍する世界の短期高等教育と日本の課題	舘昭編著	二〇〇〇円
短大からコミュニティ・カレッジへ	高鳥正夫編著	二五〇〇円
反大学論と大学史研究―中野実の足跡	中野実研究会編	四六〇〇円
アジア・太平洋高等教育の未来像	静岡総合研究機構編 馬越徹監修	二五〇〇円
戦後オーストラリアの高等教育改革研究	杉本和弘	五八〇〇円
大学教育とジェンダー	ホーン川嶋瑤子	三六〇〇円
一年次(導入)教育の日米比較―ジェンダーはアメリカの大学をどう変革したか	山田礼子	二八〇〇円
アメリカの女性大学：危機の構造	坂本辰朗	二四〇〇円
アメリカ大学史とジェンダー	坂本辰朗	五四〇〇円
アメリカ教育史の中の女性たち―ジェンダー、高等教育、フェミニズム	坂本辰朗	三八〇〇円
アメリカの大学基準成立史研究―「アクレディテーション」の原点と展開	前田早苗	三八〇〇円
大学改革の現在(第1巻)	山本眞一編著	三二〇〇円
大学評価の展開(第2巻)	山野井敦徳・清水一彦編著	三二〇〇円
学士課程教育の改革(第3巻)	絹川正吉・舘昭編著	三二〇〇円
大学院の改革(第4巻)	江原武一・馬越徹編著	三三〇〇円

(講座「21世紀の大学・高等教育を考える」)

〒113-0023 東京都文京区向丘1-20-6
TEL 03-3818-5521 FAX 03-3818-5514 振替 00110-6-37828
Email tk203444@fsinet.or.jp URL: http://www.toshindo-pub.com/

※定価：表示価格(本体)＋税